Christian Immler

# Der kleine Hacker
# Programmieren für Einsteiger

DER KLEINE HACKER

*Technik spielend verstehen*

Bibliografische Information der Deutschen Bibliothek

Die Deutsche Bibliothek verzeichnet diese Publikation in der Deutschen Nationalbibliografie; detaillierte Daten sind im Internet über http://dnb.ddb.de abrufbar.

Alle Angaben in diesem Buch wurden vom Autor mit größter Sorgfalt erarbeitet bzw. zusammengestellt und unter Einschaltung wirksamer Kontrollmaßnahmen reproduziert. Trotzdem sind Fehler nicht ganz auszuschließen. Der Verlag und der Autor sehen sich deshalb gezwungen, darauf hinzuweisen, dass sie weder eine Garantie noch die juristische Verantwortung oder irgendeine Haftung für Folgen, die auf fehlerhafte Angaben zurückgehen, übernehmen können. Für die Mitteilung etwaiger Fehler sind Verlag und Autor jederzeit dankbar. Internetadressen oder Versionsnummern stellen den bei Redaktionsschluss verfügbaren Informationsstand dar. Verlag und Autor übernehmen keinerlei Verantwortung oder Haftung für Veränderungen, die sich aus nicht von ihnen zu vertretenden Umständen ergeben. Evtl. beigefügte oder zum Download angebotene Dateien und Informationen dienen ausschließlich der nicht gewerblichen Nutzung. Eine gewerbliche Nutzung ist nur mit Zustimmung des Lizenzinhabers möglich.

© 2015 Franzis Verlag GmbH, 85540 Haar bei München

Alle Rechte vorbehalten, auch die der fotomechanischen Wiedergabe und der Speicherung in elektronischen Medien. Das Erstellen und Verbreiten von Kopien auf Papier, auf Datenträgern oder im Internet, insbesondere als PDF, ist nur mit ausdrücklicher Genehmigung des Verlags gestattet und wird widrigenfalls strafrechtlich verfolgt.

Die meisten Produktbezeichnungen von Hard- und Software sowie Firmennamen und Firmenlogos, die in diesem Werk genannt werden, sind in der Regel gleichzeitig auch eingetragene Warenzeichen und sollten als solche betrachtet werden. Der Verlag folgt bei den Produktbezeichnungen im Wesentlichen den Schreibweisen der Hersteller.

**Produktmanagement:** Jenny Pfeiffer
**Copy Editing:** Sibylle Feldmann
**Satz:** DTP-Satz A. Kugge, München
**Layout:** Journalmedia GmbH
**art & design:** www.ideehoch2.de
**Druck:** FIRMENGRUPPE APPL, aprinta druck GmbH, Wemding
Printed in Germany

ISBN 978-3-645-60278-5

# Inhalt

**So geht Scratch** .................................................................................................. 6

**1 Scratch installieren oder einfach nutzen** .................................................. 10
    Scratch 2.0 im Browser ............................................................................. 10
    Der Scratch 2 Offline Editor ...................................................................... 11
    Scratch 1.4 für schwächere PCs ............................................................... 13
    Scratch 1.4 auf dem Raspberry Pi ............................................................ 15

**2 Das erste eigene Spiel** .............................................................................. 16
    Der Hintergrund ........................................................................................ 16
    Der Ball ...................................................................................................... 18
    Der Schläger .............................................................................................. 23
    Die Spielregeln ......................................................................................... 29
    Punkte zählen ........................................................................................... 31

**3 Der kleine Hacker und die Bananen** ........................................................ 36
    Der kleine Hacker in Scratch .................................................................... 36
    Die Bananen ............................................................................................. 40
    Die Bananen fallen herunter .................................................................... 43
    Die Bananen fallen noch echter herunter ............................................... 46

**4 Spielwürfel** ................................................................................................ 48
    Würfel zeichnen ....................................................................................... 48
    Das Programm für den Würfel ................................................................. 55

## 5  Space Race – oder auf Deutsch: Raumschiffrennen .................................................. 56
Der Sternenhimmel ........................................................................................................ 56
Das Raumschiff ............................................................................................................... 56
Die Steuerung .................................................................................................................. 60
Kollisionserkennung ...................................................................................................... 64
Der Rundenzähler ........................................................................................................... 67

## 6  Ein Käfer sucht sich seinen Weg ........................................................................... 70

## 7  Scratch malt Retro-Computergrafiken ................................................................. 74
So entstehen die Grafiken ............................................................................................ 75
Das erste Grafikprogramm .......................................................................................... 76
Winkel über Variable einstellen .................................................................................. 79
Winkel interaktiv einstellen ......................................................................................... 81
Schnellere Grafik ............................................................................................................ 82
Der Turbo-Modus ........................................................................................................... 83

## 8  Musik mit Scratch ................................................................................................... 84

## 9  Flappy Bird ............................................................................................................... 90
Der Vogel fliegt ............................................................................................................... 91
Die Rohre kommen ........................................................................................................ 94
Kollisionserkennung und Punkte ............................................................................... 99

## 10  Labyrinth ............................................................................................................... 100
Das Koordinatensystem des Labyrinths ................................................................. 102
Zeichne das Labyrinth ................................................................................................. 103
Finde den Weg durch das Labyrinth ....................................................................... 110
Automatisch den Weg durch das Labyrinth finden ............................................. 117

## 11  Analoguhr .............................................................................................................. 124

## 12  Simon – Senso – Einstein .................................................................................. 130
Die Grafik ....................................................................................................................... 130
Den eigenen Block definieren ................................................................................... 133
Das Spiel ........................................................................................................................ 136

| | |
|---|---|
| **13 Die Scratch-Gemeinschaft** | **142** |
| Die coolsten Scratch-Projekte und wie sie funktionieren | 145 |
| PacMan | 147 |
| **14 Blinkende Spielautomaten – Scratch auf dem Raspberry Pi** | **152** |
| GPIO-Steuerung mit Scratch auf dem Raspberry Pi | 154 |
| Diese Teile brauchst du | 158 |
| LEDs | 160 |
| Die erste LED blinkt | 161 |
| Fußgängerampel mit Sensorkontakt aus Knete | 165 |
| Kneteklavier | 174 |
| **15 Für Profis** | **180** |
| Referenz: Alle Scratch-Blöcke im Überblick | 180 |

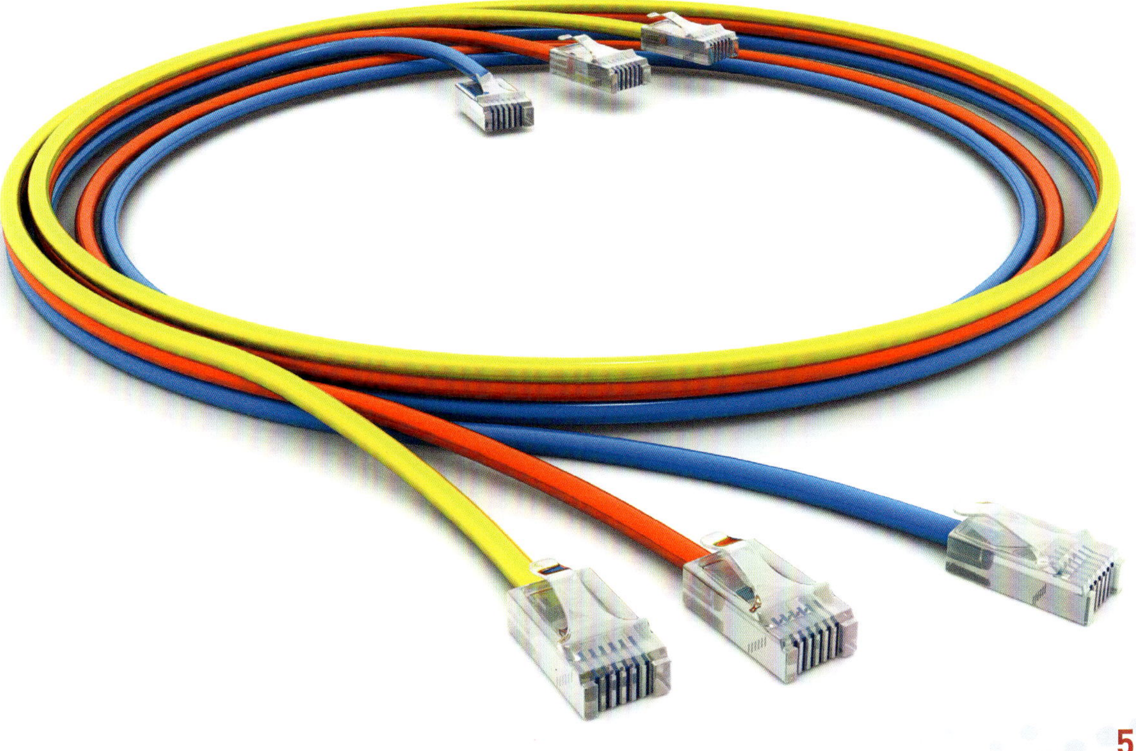

# So geht Scratch

Bevor wir mit den ausführlichen Erklärungen dazu anfangen, wie Scratch funktioniert und was man alles damit machen kann, probiere doch erst mal dieses kleine einfache Beispiel aus.

**❶** Starte einen Webbrowser (z. B. Firefox, Chrome, Internet Explorer) auf dem PC und besuche die Webseite *scratch.mit.edu*.

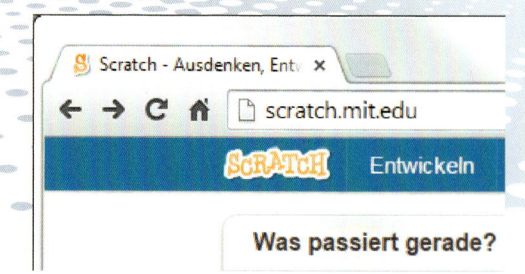

**❷** Klicke oben links auf *Entwickeln*. Damit kannst du ein neues Scratch-Skript erstellen.

**❸** Jetzt erscheint die Scratch-Programmieroberfläche mit der typischen Katze, der Symbolfigur von Scratch.

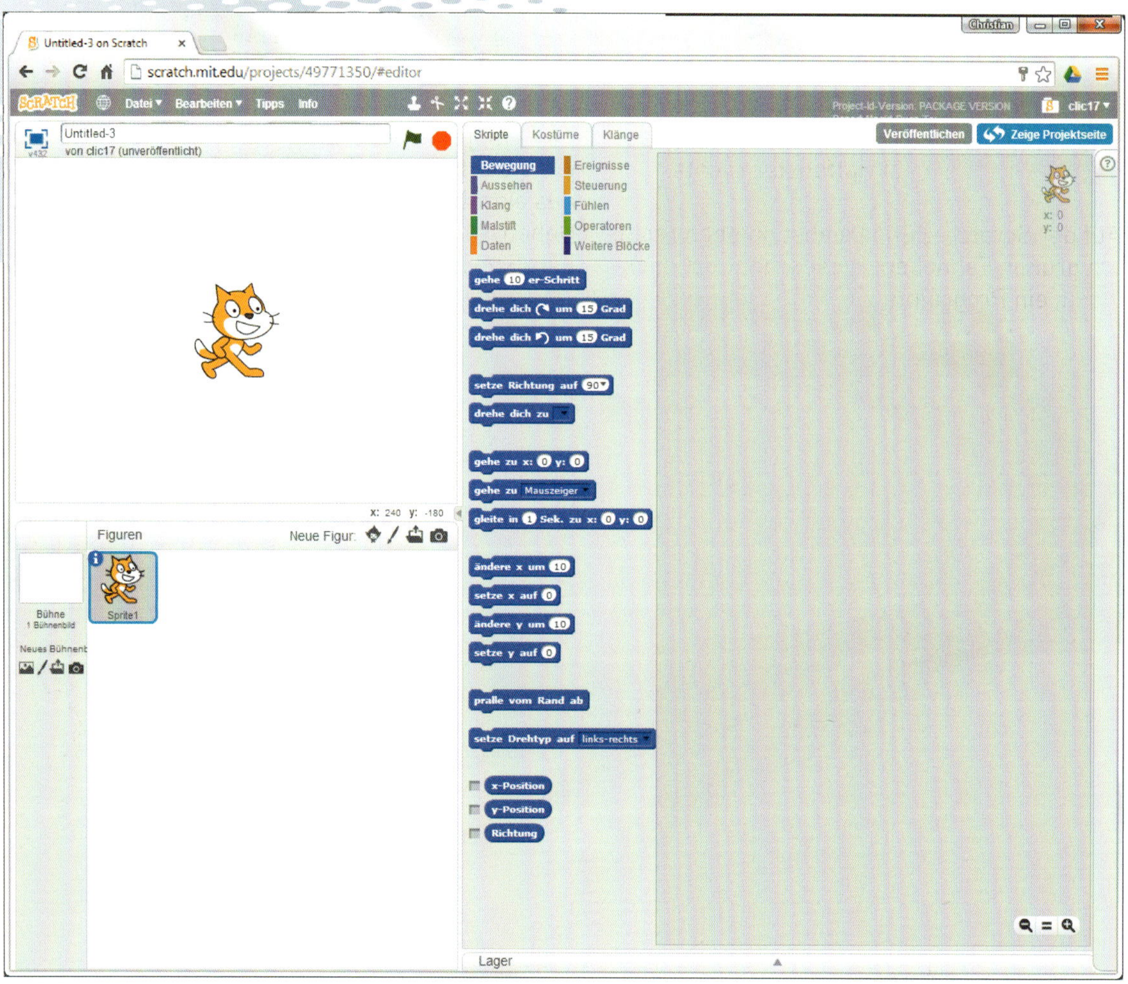

6  Der kleine Hacker – Programmieren für Einsteiger

④ In einem ganz einfachen Skript soll die Katze einmal im Kreis laufen und dabei ihre Farbe verändern.

⑤ Klicke in der Blockpalette in der Mitte oben auf das braune Symbol *Ereignisse*. Damit werden die Blöcke angezeigt, die auf bestimmte Ereignisse reagieren.

⑥ Ziehe den abgebildeten Block *Wenn Fahne angeklickt* aus der Blockpalette in das graue Skriptfenster rechts.

⑦ Auf der Scratch-Bühne siehst du oben rechts ein grünes Fähnchen. Dieses dient üblicherweise dazu, ein Programm zu starten. Die Bühne ist das Fenster links oben, in dem die Katze in der Mitte zu sehen ist.

⑧ Der Block *Wenn Fahne angeklickt* bewirkt, dass die folgenden Blöcke ausgeführt werden, wenn der Benutzer auf das grüne Fähnchen klickt. Der Block ist oben rund, passt also unter keinen anderen Block. Er muss immer als Erstes gesetzt werden.

⑨ Klicke jetzt in der Blockpalette auf das gelbe Symbol *Steuerung*.

⑩ Die kreisförmige Bewegung der Katze wird aus einzelnen Gehen- und Drehen-Schritten zusammengesetzt. Diese werden so oft wiederholt, bis die Katze einen ganzen Kreis gegangen ist. Ziehe für die Wiederholungsschleife den Block *wiederhole ... mal* in das Skriptfenster und docke ihn unten an den dort bereits vorhandenen Block an. Wenn du zwei Blöcke nahe genug zueinanderziehst, verbinden sie sich automatisch.

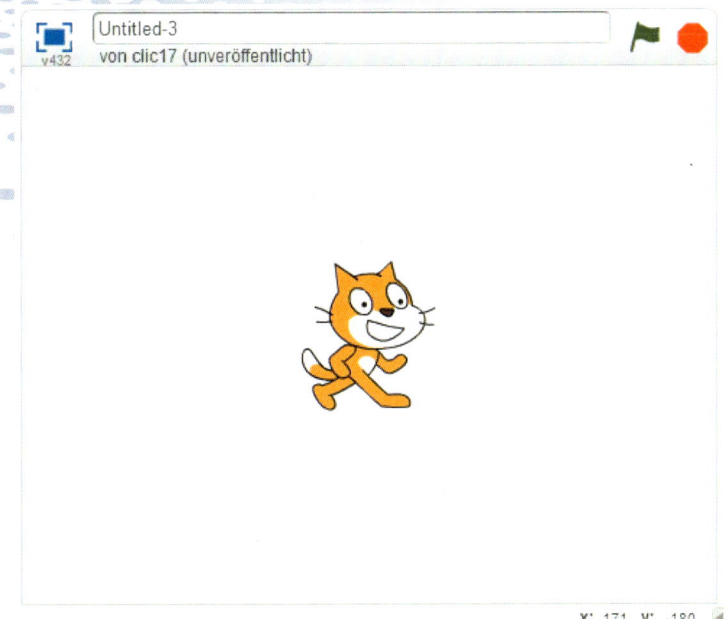

7

# So geht Scratch

⑪ In jedem Bewegungsschritt soll sich die Katze um 15 Grad drehen. Dabei dreht sie sich in 24 Schritten genau einmal. Tippe in das weiße Zahlenfeld des *wiederhole ... mal*-Blocks und ändere den vorgegebenen Wert auf *24*.

⑫ Damit die Katze eine Kreisbewegung ausführt, muss sie zunächst einen Schritt gehen, sich danach um 15 Grad drehen, wieder einen Schritt gehen usw. Um eine Bewegung zu programmieren, klicke in der Blockpalette auf das blaue Symbol *Bewegung*.

⑬ Ziehe den Block *gehe ... er-Schritt* in das Skriptfenster und docke ihn innerhalb der Schleife an.

⑭ Ändere dann noch die Schrittweise auf *20*.

⑮ Ziehe danach den Block für die Drehbewegung entgegen dem Uhrzeigersinn in das Skriptfenster.

⑯ Platziere ihn so über den vorhandenen Blöcken, dass er sich innerhalb der Schleife nach der Gehbewegung einklinkt.

⑰ Das Skript sollte jetzt wie abgebildet aussehen. Probiere es aus, um sicherzugehen, dass es auch wie erwartet funktioniert. Klicke dazu rechts oben in der Bühne auf das grüne Fähnchen. Die Katze wird sich im Kreis bewegen.

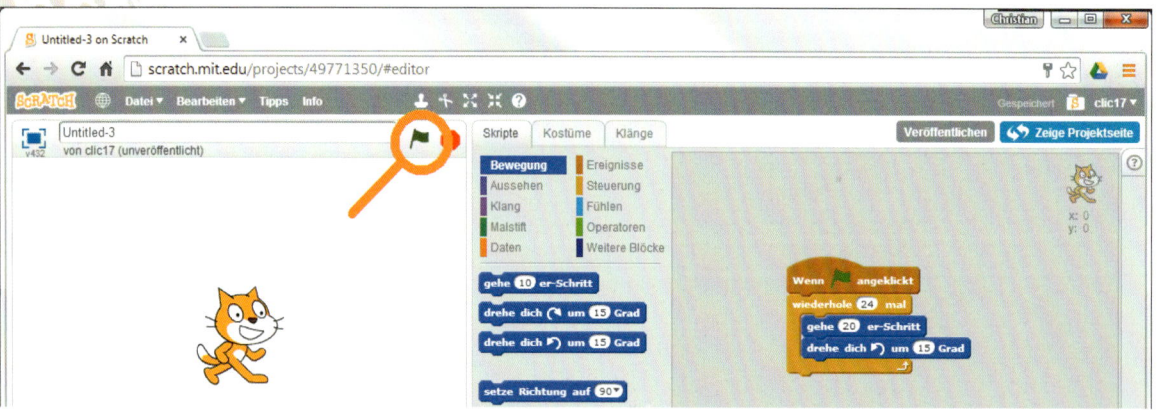

8  Der kleine Hacker – Programmieren für Einsteiger

⑱ Jetzt fehlt nur noch die gewünschte Veränderung der Farbe. Klicke dazu in der Blockpalette auf das violette Symbol *Aussehen*. Dadurch werden Blöcke angeboten, die das Aussehen des aktiven Objekts (der Katze in unserem Fall) beeinflussen.

⑳ Damit wird nach jeder Bewegung die Farbe um 25 Einheiten geändert.

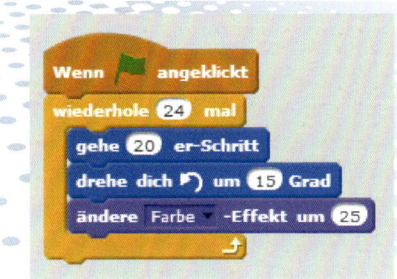

㉑ Lässt du das Skript jetzt wieder ablaufen, ändert die Katze im Laufe ihrer Bewegung zyklisch ihre Farbe. Am Ende der 24 Wiederholungen steht die Katze wieder an ihrer ursprünglichen Position und hat auch wieder ihre ursprüngliche Farbe.

⑲ Ziehe den abgebildeten Block *ändere Farbe-Effekt um ...* in das Skriptfenster in die Wiederholung hinter den *drehe dich um ... Grad*-Block.

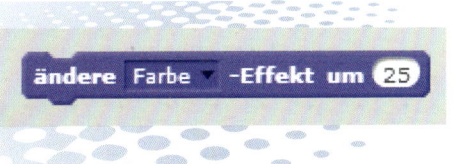

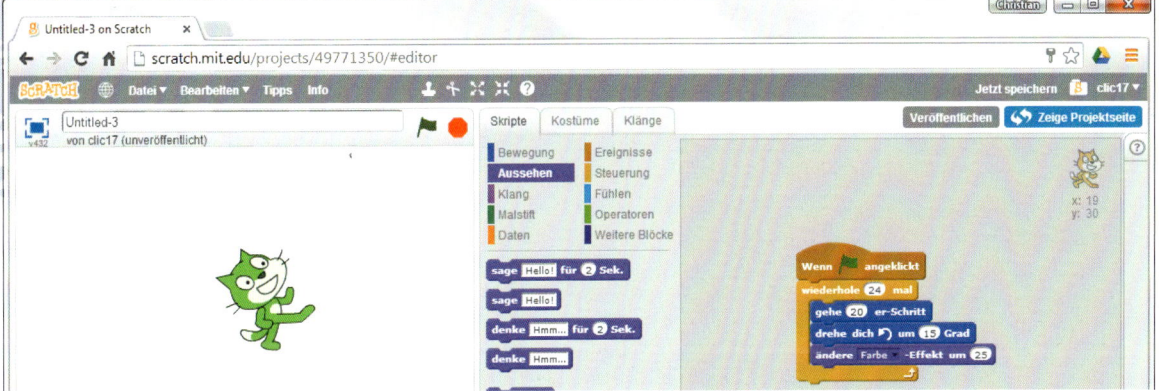

# ❶ Scratch installieren oder einfach nutzen

Was ist Scratch? Fragen wir einfach die Entwickler. Das Scratch-Team beschreibt es so: *Scratch ist eine Programmiersprache und Onlinegemeinschaft, in der du deine eigenen interaktiven Geschichten, Spiele und Animationen erstellen und deine Werke mit anderen überall auf der Welt teilen kannst. Beim Entwickeln und Programmieren von Scratch-Projekten lernen junge Menschen, kreativ zu denken, systematisch vorzugehen und kooperativ mit anderen zusammenzuarbeiten – grundlegende Fähigkeiten für das Leben im 21. Jahrhundert. Scratch ist ein Projekt der Lifelong-Kindergarten-Gruppe am MIT-Media-Lab. Es ist kostenlos.*

In dem YouTube-Video „What most Schools don't teach" (Was die meisten Schulen nicht unterrichten), *youtu.be/vwDSNbR-6UE*, erklären berühmte „Tech-Helden" wie Mark Zuckerberg (Facebook), Bill Gates (Microsoft) und andere, warum es wichtig ist, programmieren zu können.

Scratch möchte für jeden nutzbar sein, egal welche Sprache du sprichst, welche Hautfarbe oder Religion du hast, ob du ein Junge oder ein Mädchen bist. Die meisten Scratcher sind übrigens zwischen 11 und 14 Jahre alt.

Um möglichst viele Menschen anzusprechen, ist Scratch in 40 Sprachen verfügbar und läuft auf vielerlei verschiedenen Computern. Scratch wird in unterschiedlichen Varianten angeboten:

## SCRATCH 2.0 IM BROWSER

Am einfachsten funktioniert Scratch im Browser auf einem PC. Hier brauchst du nichts zu installieren, sondern musst einfach nur die Seite *scratch.mit.edu* besuchen, und los geht's mit der aktuellsten Version 2.0 von Scratch.

## SCRATCH 2.0 IM BROWSER LÄUFT MIT …

● … aktuellen Versionen von Firefox (31 und höher), Chrome (35 und höher), Internet Explorer (8 und höher) auf Windows-PCs mit Adobe Flash Player und mindestens 1.024 x 768 Pixeln Bildschirmauflösung

● … aktuellen Versionen von Firefox, Ice Weasel, Chromium auf den meisten Linux-Distributionen auf PCs

● … Windows 8.1 oder Windows 10 auf Tablets mit mindestens 1.024 x 768 Pixeln Bildschirmauflösung

## SCRATCH 2.0 IM BROWSER LÄUFT NICHT MIT ...

- ... Android-Tablets und -Smartphones
- ... Windows RT-Tablets (hier werden nur bestimmte Effekte nicht unterstützt)
- ... Raspberry Pi
- ... Browsern auf Fernsehern und Spielkonsolen

## DER SCRATCH 2 OFFLINE EDITOR

Nicht überall hat man ständig Internetzugang. Möchtest du zum Beispiel auf einer längeren Bahnfahrt etwas mit Scratch machen, kannst du dir den Scratch Offline Editor herunterladen. Viele Schulen haben zwar Computer in Klassenzimmern oder Aufenthaltsräumen, diese sind aber häufig nicht mit dem Internet verbunden. Auch hier kann man mit dem Scratch Offline Editor programmieren.

## SCRATCH 2 OFFLINE EDITOR INSTALLIEREN

Der Scratch 2 Offline Editor läuft unter Windows XP, 7 und 8.1 (klassischer Desktop), Mac OS X sowie vielen aktuellen Linux-Distributionen, jedoch nicht auf Android-Geräten, nicht auf Raspberry Pi und auch nicht auf Windows RT.

**1** Zuerst musst du von der Webseite *get.adobe.com/air* den Adobe AIR Installer herunterladen und installieren, wenn das auf deinem PC nicht bereits geschehen ist. Ist bereits eine ältere Version von Adobe AIR installiert, wird diese automatisch aktualisiert.

**2** Lade dir danach den Scratch 2 Offline Editor herunter und installiere ihn. Bei den meisten Betriebssystemen funktioniert das einfach per Doppelklick auf die heruntergeladene Datei.

| Windows | *bit.ly/1Bmi5fx* |
|---|---|
| Mac OS X | *bit.ly/1DhwGWd* |
| Linux | *bit.ly/1MYwFON* |

# ① Scratch installieren oder einfach nutzen

**③** Bestätige die Standardeinstellungen für die Installation und klicke auf *Weiter*. Je nach Windows-Einstellungen musst du möglicherweise noch Meldungen der Windows-Benutzerkontensteuerung bestätigen.

**④** Sobald der Scratch 2 Offline Editor gestartet ist, klicke als Erstes auf das Weltkugelsymbol oben links und schalte Scratch auf *Deutsch* um.

**⑤** Jetzt kannst du Scratch ohne Internetverbindung nutzen.

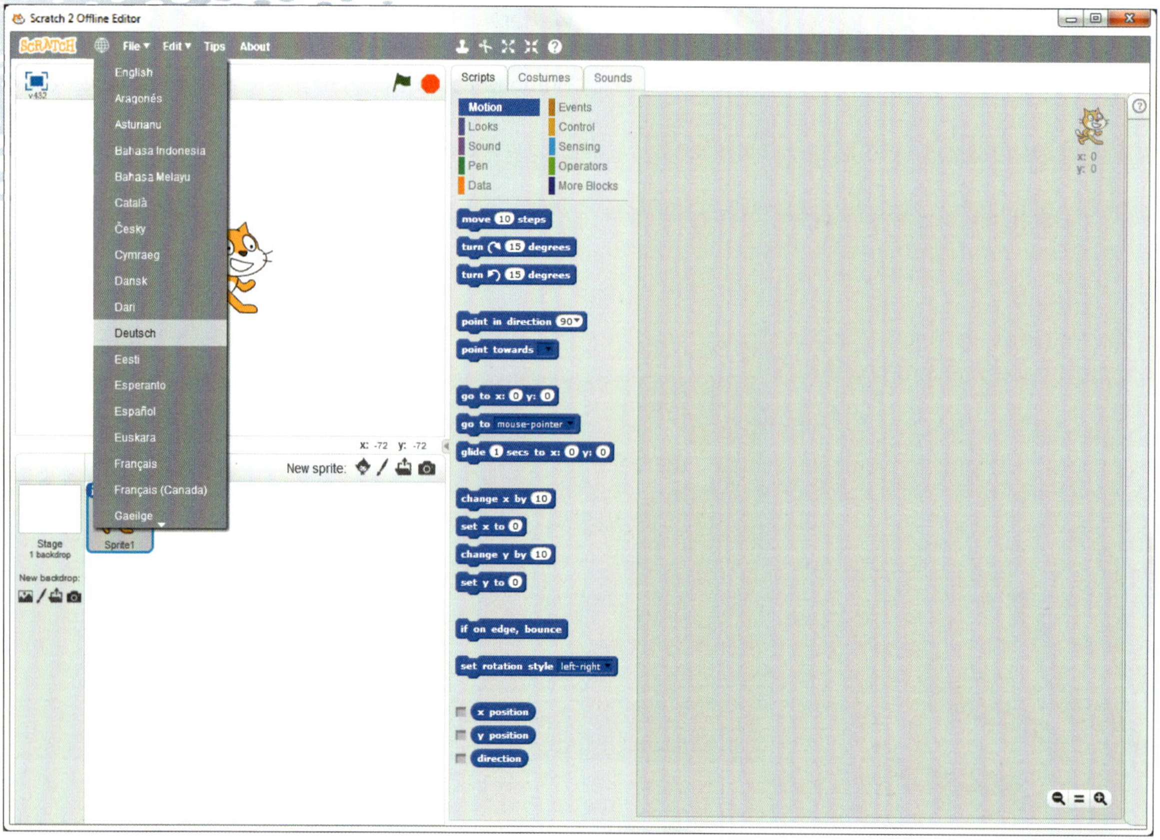

## SCRATCH 1.4 FÜR SCHWÄCHERE PCS

Nicht jeder Jugendliche auf der Welt hat Zugang zu einem modernen, leistungsfähigen PC. Das gilt sogar hier in Mitteleuropa, da Schulen und Freizeiteinrichtungen oft nur ältere Computer einsetzen, die sie kostenlos bekommen haben, nachdem sie in Büros durch neuere ersetzt wurden.

Die ältere Version Scratch 1.4 bietet zwar nicht alle Funktionen von Scratch 2.0, das meiste funktioniert hier aber auch. Scratch 1.4 braucht keinen Internetzugang, kein Flash und auch kein Adobe AIR.

## SCRATCH 1.4 LÄUFT AUF FAST JEDEM COMPUTER MIT …

- … Windows 2000 oder neuer

- … Mac OS 10.4 oder neuer

- … Ubuntu Linux 12.04 oder neuer

- … mindestens 800 x 480 Pixeln Bildschirmauflösung

- … mindestens 120 MByte freiem Speicherplatz auf der Festplatte

Lade dir den Scratch 1.4 Installer herunter und installiere Scratch per Doppelklick auf die heruntergeladene Datei.

| Windows | bit.ly/1wqLZt5 |
| --- | --- |
| Mac OS X | bit.ly/1Exgu7y |
| Ubuntu Linux | Download aus dem Ubuntu Software-Center |

Bestätige die Standardeinstellungen für die Installation und klicke in allen Installationsschritten auf *Weiter*.

Wenn Scratch 1.4 nicht automatisch auf Deutsch startet, klicke auf das Weltkugelsymbol oben links und schalte Scratch auf *Deutsch* um.

# 1 Scratch installieren oder einfach nutzen

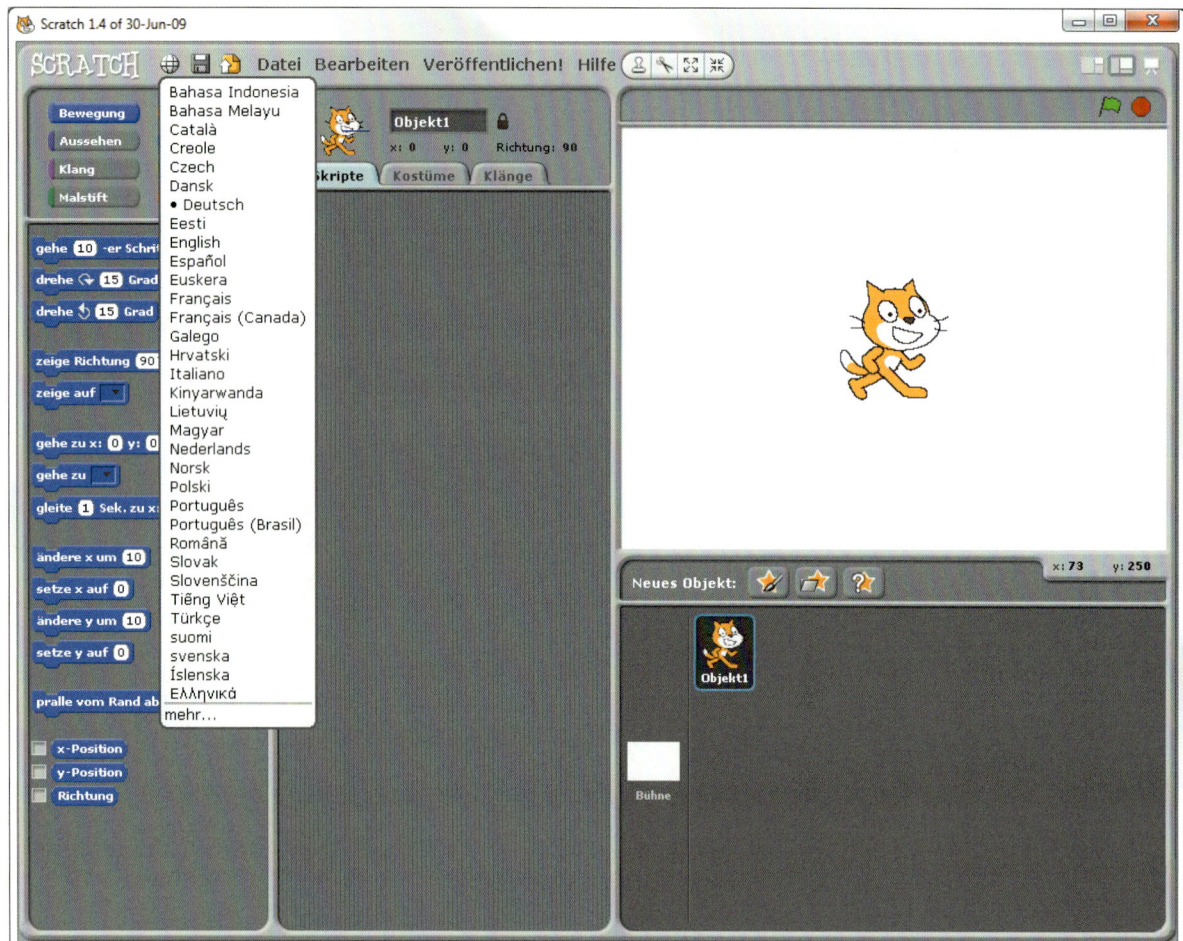

Scratch 1.4 sieht etwas anders aus als 2.0. Die Bühne und das Objektfenster befinden sich ganz rechts. Die meisten Funktionen sind aber gleich.

## EINSCHRÄNKUNGEN VON SCRATCH 1.4 GEGENÜBER DER NEUEN VERSION 2.0

Diese Komponenten wurden in Scratch 2.0 neu entwickelt, stehen also in Scratch 1.4 nicht zur Verfügung:

- Vektorgrafik
- selbst definierte Blöcke
- Figuren klonen
- Lager, um Blöcke oder Figuren aus anderen Projekten zu übernehmen
- Webcam zur Gestensteuerung
- Cloud-Variablen

## SCRATCH 1.4 AUF DEM RASPBERRY PI

Auf dem Minicomputer Raspberry Pi ist Scratch 1.4 bereits im Raspbian-Betriebssystem vorinstalliert. Du brauchst nur auf das Scratch-Symbol auf dem Desktop zu klicken. In der neuesten Raspbian-Version gibt es standardmäßig keine Desktopsymbole mehr. Wähle hier *Scratch* aus dem Menü *Entwicklung*.

Scratch 1.4 läuft auf dem Raspberry Pi sehr flüssig, Scratch 2.0 läuft auf dem Raspberry Pi aber nicht – weder im Browser noch offline.

## DAS ERSTE EIGENE SPIEL

Computerspiele zu programmieren, gehört zu den großen Herausforderungen für Profiprogrammierer. Hier müssen Spielthema, Grafik, Geschwindigkeit und die Spiellogik optimal aufeinander abgestimmt werden, damit das Spiel ein Erfolg wird.

Scratch ist bestens dafür geeignet, Computerspiele zu programmieren, wenn auch ganz einfache. Unser nächstes Projekt ist ein klassisches Pong-Spiel, wie man es von diversen Retro-Konsolen kennt. In diesem Spiel versuchst du, einen Ball, der im Raum herumfliegt, mit dem Schläger zurückzuschlagen. Wenn der Ball die far-

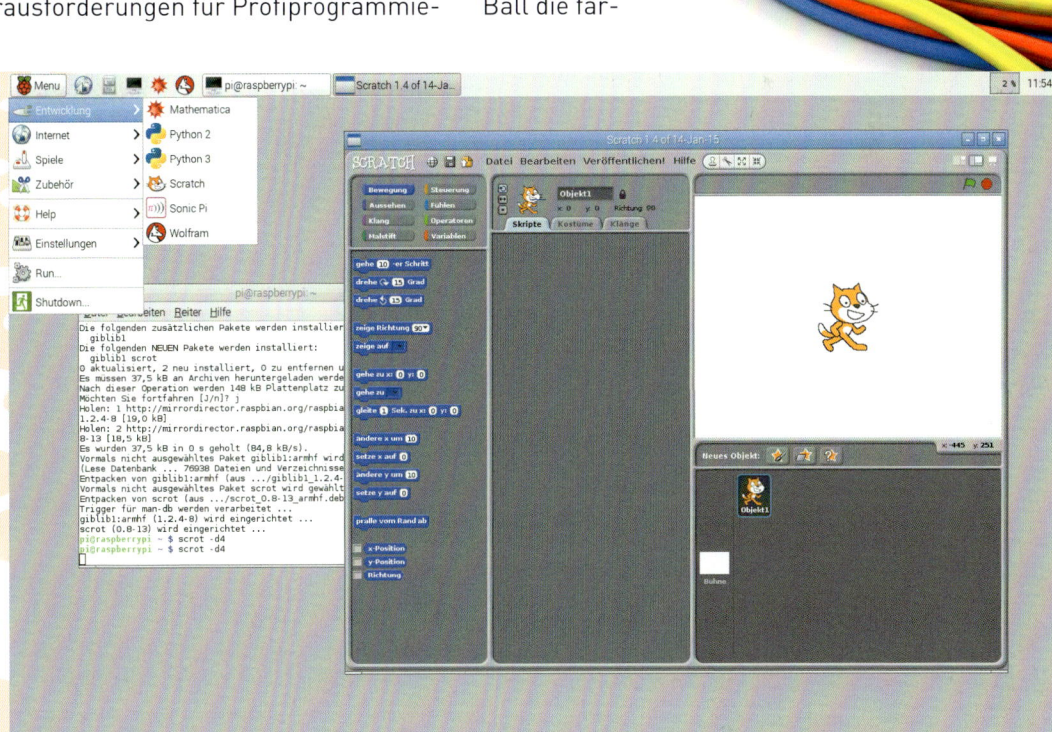

## ❷ Das erste eigene Spiel

In diesem Programm verwenden wir nicht die Katze, sondern eigene Objekte, denen bestimmte Funktionsblöcke zugeordnet werden. Dabei wirst du einige wichtige Programmiertechniken kennenlernen. Wir werden schrittweise den Hintergrund, die Objekte und das eigentliche Programm zusammenbauen.

## DER HINTERGRUND

❶ Klicke in Scratch oben auf das Menü *Datei* und wähle dort *Neu*, um mit einem ganz neuen Programm zu beginnen.

bige Linie am rechten Bildschirmrand berührt, bekommst du einen Minuspunkt, und der Ball startet in der Mitte wieder neu.

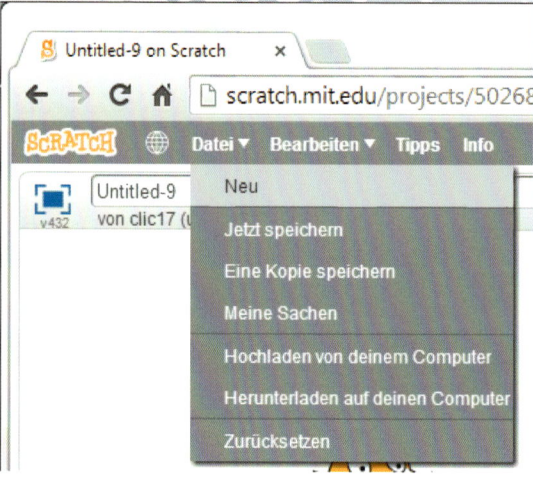

### ALLE PROJEKTE ONLINE

Alle in diesem Buch beschriebenen Projekte sind online auf der Scratch-Webseite verfügbar: *scratch.mit.edu/users/franzis*.

❷ Unten links findest du die Liste aller Figuren im Programm. Hier ist am Anfang nur die Katze und ganz links ein weißes Feld *Bühne*. Dieses bezeichnet das weiße Fenster oben links, auf dem sich die Katze oder eine andere Figur bewegt.

**16** Der kleine Hacker – Programmieren für Einsteiger

❸ Klicke links auf das Feld **Bühne**. Die Blöcke auf der Blockpalette **Bewegung** verschwinden, da sich die Bühne nicht bewegen kann. Alle Programmblöcke in diesem Bereich gelten immer für das angezeigte Objekt.

❹ Klicke in der Mitte oben auf die Registerkarte **Bühnenbilder**, um den Hintergrund der Bühne zu bearbeiten. Jetzt öffnet sich ein einfaches Grafikprogramm innerhalb von Scratch, mit dem du den Hintergrund und auch andere Objekte malen kannst.

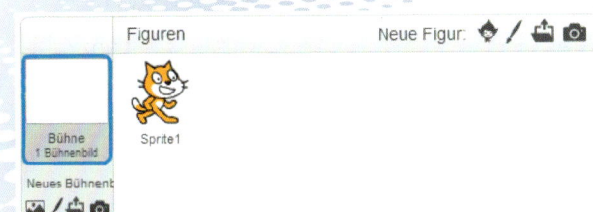

❺ Wähle hier das Rechteck-Werkzeug aus und bei diesem die gefüllte Variante. Wähle dann eine auffällige Farbe aus, z. B. Lila, und male damit am rechten Rand ein schmales Rechteck über die gesamte Höhe. Dieses erscheint dann auch gleich auf der Bühne links oben.

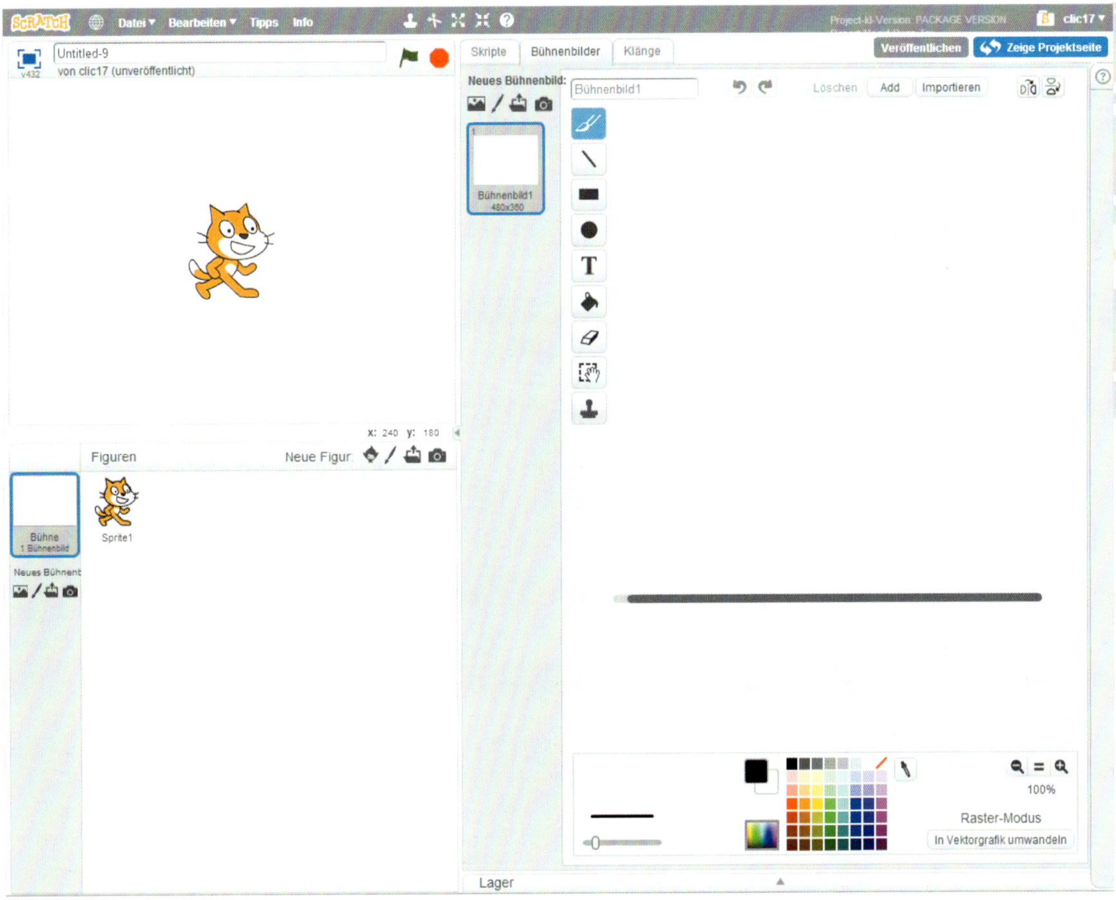

**17**

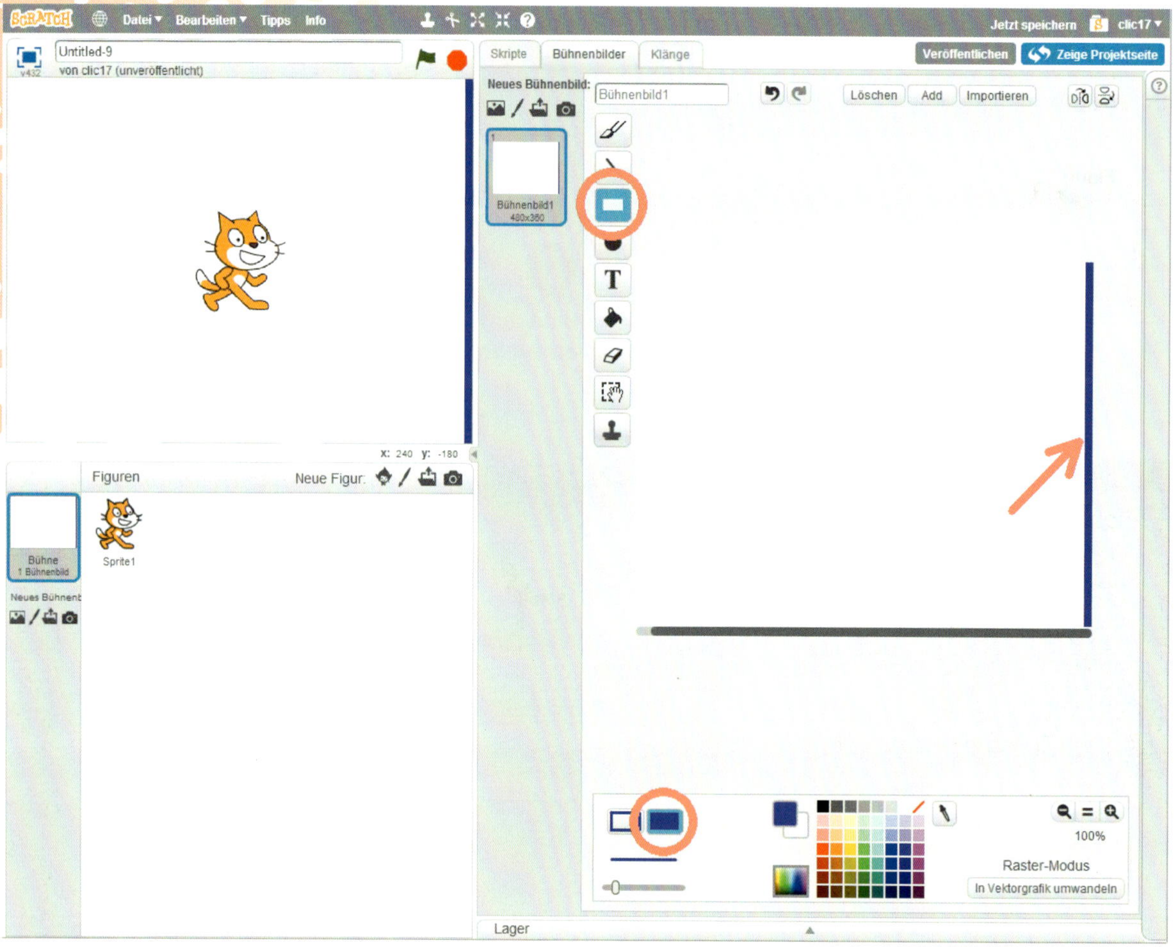

# ❷ Das erste eigene Spiel

## DER BALL

Als Nächstes brauchen wir den Ball. Natürlich könntest du auch die Scratch-Katze durch den Raum werfen, aber ein Ball sieht echter aus.

❶ Lösche als Erstes die Scratch-Katze, indem du mit der rechten Maustaste auf die Figur in der Figurenliste klickst und dann im Menü **Löschen** auswählst.

❷ Klicke jetzt auf das Symbol *Figur aus der Bibliothek wählen* in der Titelleiste der Figurenliste.

❸ Wähle in der *Figurenbibliothek* den *Basketball* aus und klicke auf *OK*.

❹ Der Ball erscheint in der Figurenliste auf der Bühne und, da er gerade ausgewählt ist, auch oben rechts im Programmfenster. Alle neu zusammengebauten Programmblöcke gelten also jetzt für den Ball.

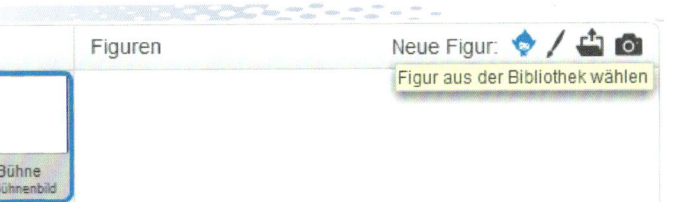

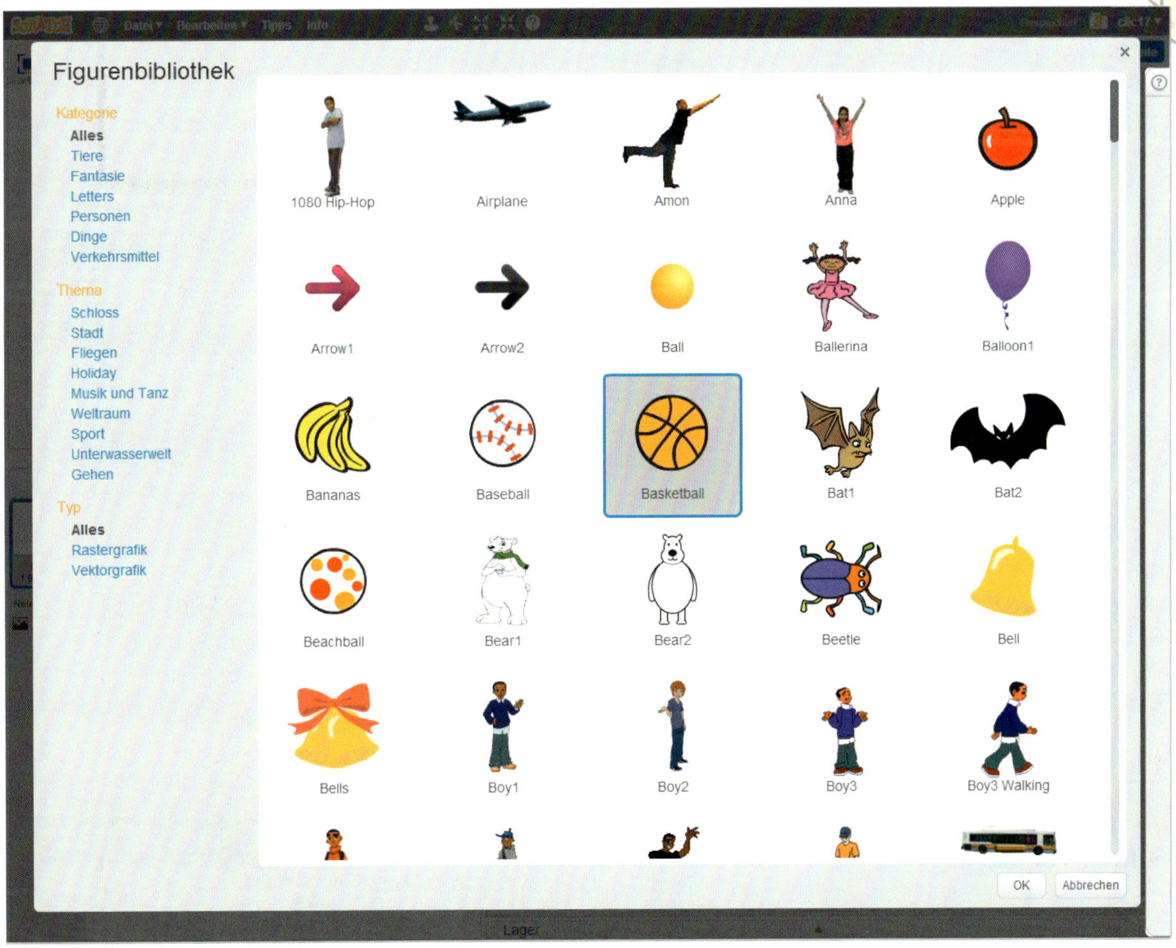

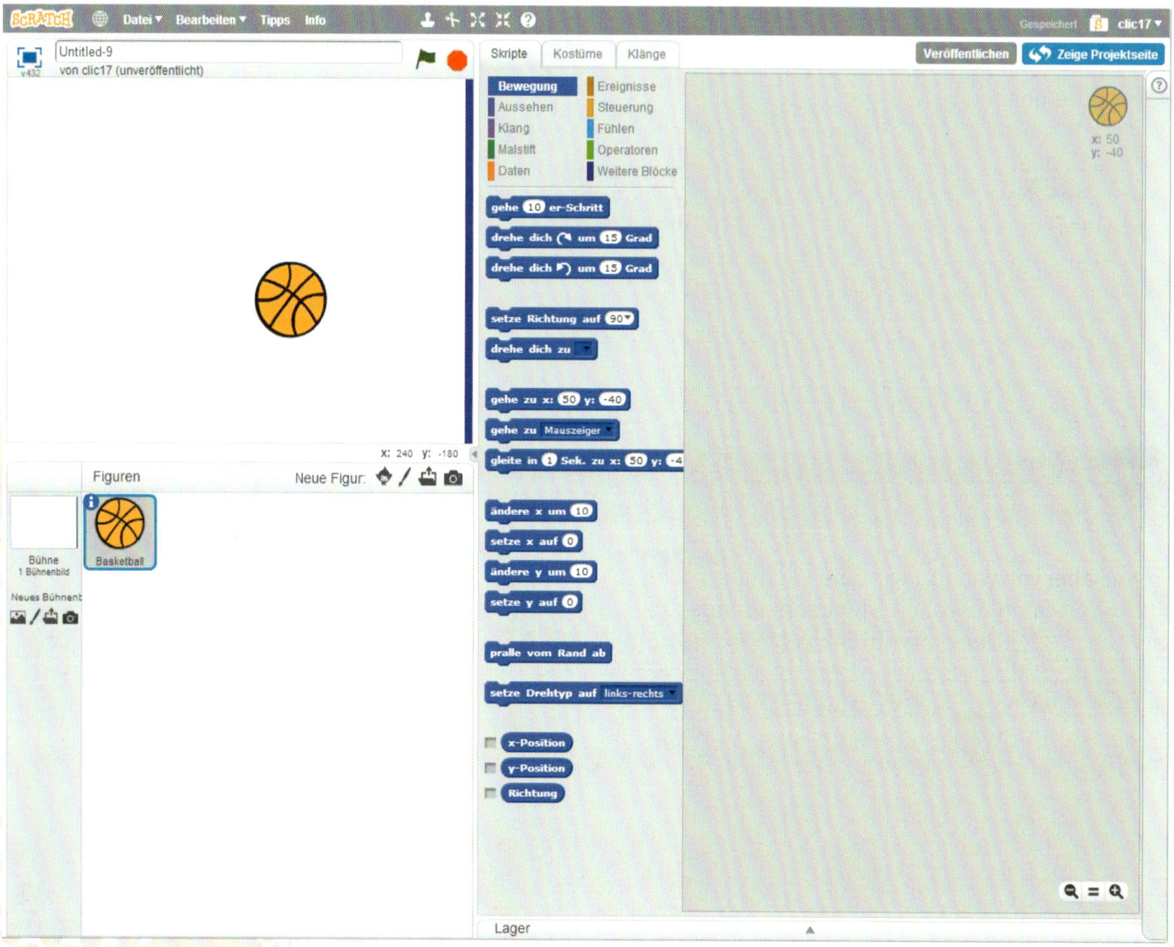

# ❷ Das erste eigene Spiel

❺ Als Nächstes bekommt der Ball seine Programmblöcke, nach denen er sich bewegen soll. Schalte dazu auf die braune Blockpalette *Ereignisse* und ziehe den Block *Wenn Fahne angeklickt* aus der Blockpalette in das Skriptfenster.

❻ Beim Start des Programms soll der Ball immer in der Mitte beginnen. Die Blöcke auf der blauen Blockpalette *Bewegung* steuern die Bewegung von Scratch-Objekten. Wähle hier den Block *gehe zu x: ... y: ...* und trage in beide Zahlenfeldern eine *0* ein.

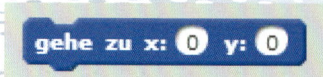

**7** Der Punkt **x:0, y:0** ist der Mittelpunkt des Koordinatensystems auf der Scratch-Bühne. Die positive x-Richtung läuft nach rechts, die negative nach links. Die positive y-Richtung läuft nach oben, die negative nach unten.

**8** Der Ball soll in einem zufälligen Winkel schräg nach links losfliegen. Dazu wird die Richtung mit dem blauen Block *setze Richtung auf ...* auf einen zufälligen Wert zwischen *-20* und *-160* gesetzt.

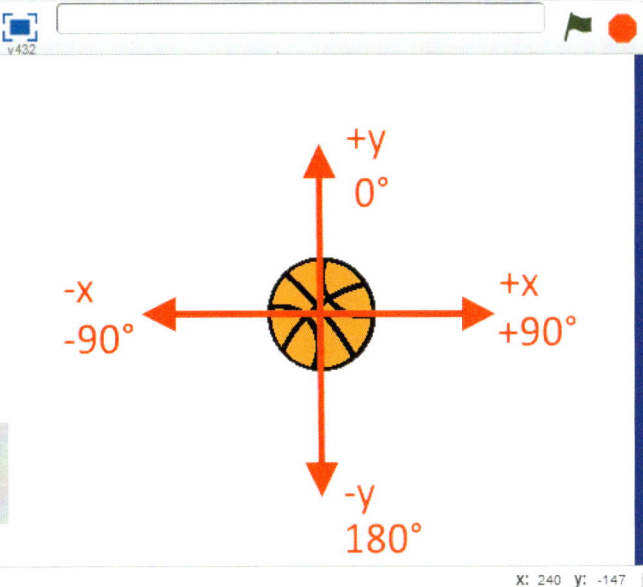

**9** Dabei verwenden wir eine wichtige Technik in Scratch, nämlich Blöcke ineinander zu verschachteln. Der blaue Block *setze Richtung auf ...* hat ein weißes Zahlenfeld mit abgerundeten Rändern links und rechts. Das bedeutet, hier kann ein weiterer Block mit abgerundeten Rändern eingesetzt werden.

**11** Anschließend wird die Bewegung des Balls fortlaufend wiederholt. Sollte dieser den Rand berühren, prallt er von ihm ab. Andernfalls fliegt er einen 4er-Schritt in die eingestellte Richtung. Diese Bewegung wiederholt sich theoretisch endlos. Ziehe dazu aus der gelben Blockpalette *Steuerung* den Block *wiederhole fortlaufend* in das Skriptfenster.

**10** Ziehe den Block *Zufallszahl von ... bis ...* in dieses Feld und trage in die beiden Felder die Werte *-20* und *-160* ein. Übrigens haben auch diese Eingabefelder abgerundete Ränder. Hier könnten ebenfalls weitere Blöcke eingebaut werden.

# ② Das erste eigene Spiel

**WIE ENTSTEHEN EIGENTLICH ZUFALLSZAHLEN?**
Man denkt, in einem Programm könne nichts zufällig passieren und alles sei geplant – wie kann ein Programm dann in der Lage sein, zufällige Zahlen zu generieren? Teilt man eine große Primzahl durch irgendeinen Wert, ergeben sich ab der x-ten Nachkommastelle Zahlen, die kaum noch vorhersehbar sind. Diese ändern sich auch ohne jede Regelmäßigkeit, wenn man den Divisor regelmäßig erhöht. Dieses Ergebnis ist zwar scheinbar zufällig, lässt sich aber durch ein identisches Programm oder den mehrfachen Aufruf desselben Programms jederzeit reproduzieren. Nimmt man jetzt aber eine aus einigen dieser Ziffern zusammengebaute Zahl und teilt sie wiederum durch eine Zahl, die sich aus der aktuellen Uhrzeitsekunde oder dem Inhalt einer beliebigen Speicherstelle des Rechners ergibt, kommt ein Ergebnis heraus, das sich nicht reproduzieren lässt und daher als Zufallszahl bezeichnet wird.

⑫ Alle Blöcke, die innerhalb dieser Klammer eingefügt werden, werden so lange fortlaufend wiederholt, bis du auf das rote Stoppsymbol klickst oder im Programm irgendetwas passiert, das dafür sorgt, dass die Wiederholung abgebrochen wird.

⑬ Ziehe als Erstes aus der blauen Palette **Bewegung** den Block **pralle vom Rand ab** in die Programmschleife **wiederhole fortlaufend** hinein. Dieser Block enthält mehrere Abfragen und Bewegungsvorgaben, die sonst mühsam programmiert werden müssten. Immer wenn die Figur (hier der Ball) an den Rand der Bühne stößt, ändert er automatisch seine Bewegungsrichtung, sodass es wie ein Abprallen von einer Wand aussieht. Berührt die Figur in diesem Moment den Rand nicht, passiert gar nichts.

⑭ Füge dahinter einen Block **gehe ...er-Schritt** ein und ändere den Wert im Zahlenfeld auf **4**, da sich der Ball einen vier Koordinateneinheiten großen Schritt bewegen soll.

 So sieht das Programm bis jetzt aus:

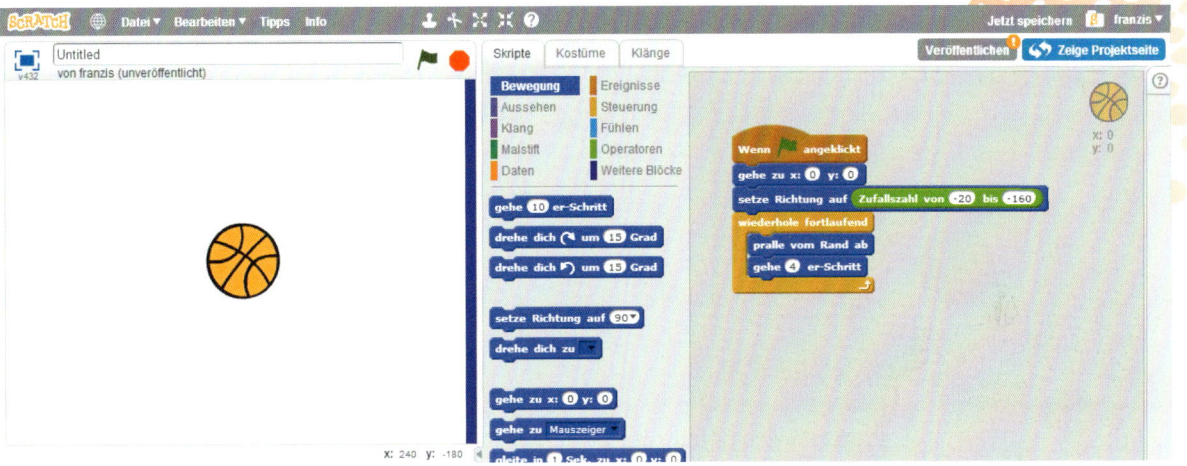

 Probiere es aus und starte das Programm mit dem grünen Fähnchen.

 Der Ball fliegt gleichmäßig durch den Raum und prallt an allen vier Rändern ab. Die lilafarbene Kante rechts unterscheidet sich nicht von den anderen Rändern. Die Zahlen bei **x:** und **y:** oben rechts im Skriptfenster unter dem Ball zeigen dessen aktuelle Position an.

 Stoppe den Ball mit dem roten Stoppsymbol, um weiter an dem Programm zu arbeiten.

## DER SCHLÄGER

Als Nächstes zeichnen wir den Schläger, mit dem du den Ball zurückwirfst, damit er nicht gegen die lilafarbene Kante rechts stößt.

 Klicke dazu in der Figurenpalette links unten auf den Button *Neue Figur zeichnen*. Den Schläger werden wir nicht als fertiges Objekt importieren, sondern schnell selbst zeichnen.

 Hier wird das gleiche Malprogramm wie für den Hintergrund verwendet. Wähle das Werkzeug *Linie*, als Farbe *Schwarz* und eine mittlere Linienbreite aus. Zeichne dann eine kurze senkrechte Linie wie in der Abbildung. Halte beim Zeichnen die [Umschalt]-Taste gedrückt. Dann wird die Linie automatisch exakt senkrecht und nicht leicht schief.

# ❷ Das erste eigene Spiel

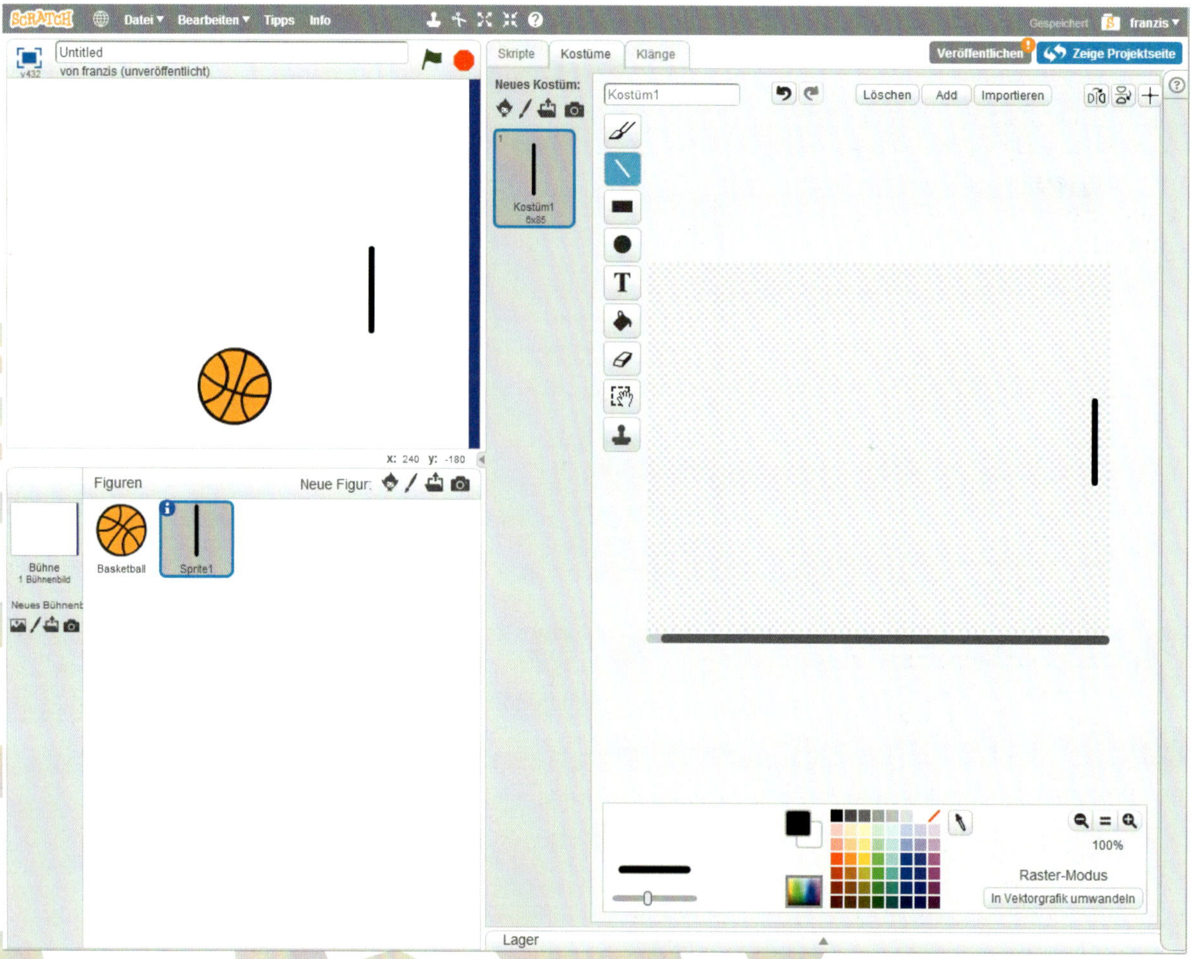

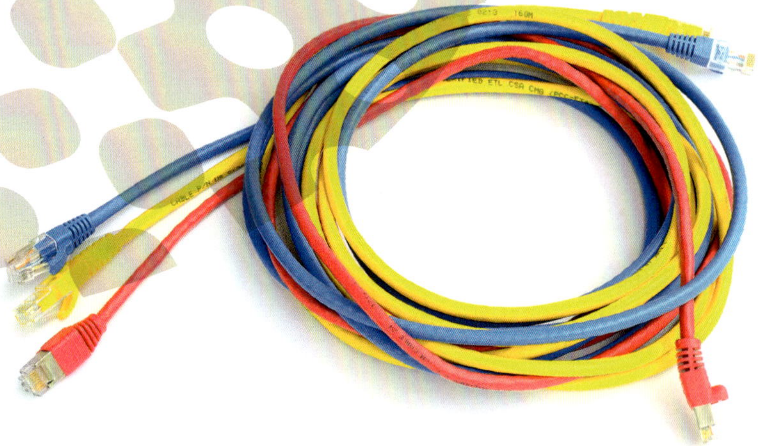

❸ Klicke in der Mitte oben auf die Registerkarte *Skripte*, um das Malprogramm zu verlassen. Der Schläger liegt bis jetzt noch irgendwo auf der Bühne. Klicke darauf und ziehe ihn kurz vor die lilafarbene Kante in die Mitte zwischen oberem und unterem Rand der Bühne.

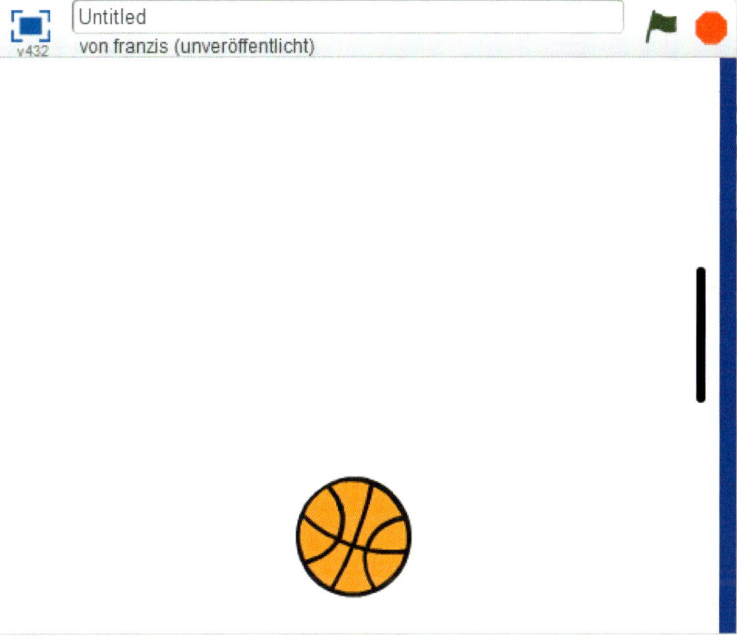

❹ In der Figurenpalette unten taucht der Schläger als *Sprite1* auf. Um ihm einen sinnvollen Namen zu geben, klicke auf das kleine blaue Infosymbol.

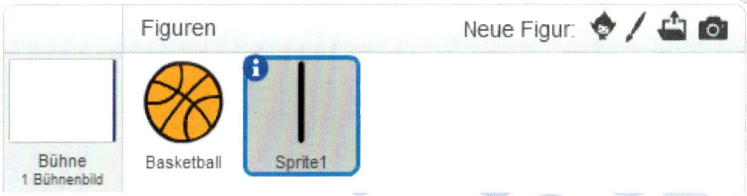

❺ Trage den neuen Namen *Schläger* ein und klicke auf den blauen Pfeil links oben, um diese Infoanzeige zu schließen.

❻ Der Schläger wird mit den Pfeiltasten auf der Tastatur gesteuert und braucht dazu ein Programm. Wählst du den Schläger in der Figurenpalette aus, ist das Skriptfenster bis jetzt noch leer.

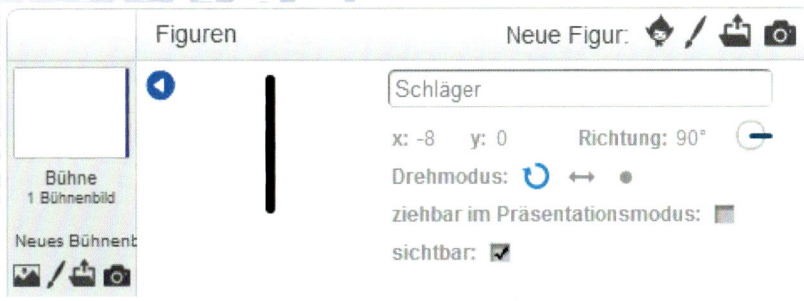

# ② Das erste eigene Spiel

⑦ Baue hier ein kleines Programm, das automatisch startet, wenn du auf das grüne Fähnchen klickst.

Wähle dann aus der Liste die Taste **Pfeil nach oben** aus. Hier werden alle Tasten zur Auswahl angeboten, die Scratch unterstützt. Das sind die **Pfeile**, die **Leertaste** sowie alle Buchstaben und Ziffern.

⑧ Dieses Programm soll als Erstes die y-Koordinate des Schlägers auf **0** setzen. Dadurch steht dieser am Anfang genau in der Mitte zwischen oberem und unterem Rand der Bühne. Füge dazu einen Block **setze y auf 0** hinter dem Block **Wenn Fahne angeklickt** ein.

⑨ Anschließend beginnt eine Endlosschleife, die die beiden verwendeten Tasten der Tastatur abfragt. Ziehe dazu wieder einen Block **wiederhole fortlaufend** in das Programm.

⑩ Baue jetzt eine **falls**-Abfrage, die prüft, ob die Pfeiltaste nach oben gedrückt wurde. Solche **falls**-Abfragen führen die Programmblöcke innerhalb der Klammer immer dann aus, wenn die angegebene Bedingung wahr ist.

⑪ Für die Abfrage selbst ist im **falls ... dann**-Block ein längliches Feld mit spitzen Enden vorgesehen. Hier muss ein Block eingefügt werden, der ebenfalls spitze Enden hat. Ziehe aus der blauen Blockpalette **Fühlen** den Block **Taste ... gedrückt** in das Feld im Block **falls ... dann**.

⑫ Klicke auf das kleine schwarze Dreieck neben dem Wort **Leertaste** in diesem Block.

Der kleine Hacker – Programmieren für Einsteiger

⑬ Jedes Mal, wenn du die Pfeiltaste nach oben drückst, soll sich der Schläger um 20 Koordinateneinheiten nach oben bewegen. Dazu gibt es auf der blauen Blockpalette *Bewegung* einen Block *ändere y um …* Trage hier den Wert *20* ein und ziehe ihn in die Klammer des *falls … dann*-Blocks.

⑭ Wenn der Schläger am oberen Rand angekommen ist, soll er sich nicht weiterbewegen. Hier verwenden wir eine *falls*-Abfrage, die prüft, ob die y-Position größer als 200 ist. Ist das der Fall, wird die y-Position einfach auf *200* gesetzt.

⑮ Diesmal bildet ein grüner Operator die Abfrage im *falls … dann*-Block. Ziehe aus der Blockpalette der Operatoren den Block *… > …* in das Feld für die *falls*-Bedingung.

⑯ Ziehe in das linke Feld des *größer*-Operators den Block *y-Position* aus der blauen Blockpalette *Bewegung* und trage in das rechte Feld die Zahl *200* ein.

⑰ Sollte die Bedingung, dass die y-Position größer als 200 ist, zutreffen, soll der Schläger auf die y-Position *200* gesetzt werden. Ziehe dazu einen Block *setze y auf …* in die Klammer des *falls … dann*-Blocks. Trage hier den Wert *200* ein.

⑱ Die gesamte Abfrage der Pfeiltaste nach oben sieht nun so aus:

# ② Das erste eigene Spiel

**⑲** Jetzt brauchen wir noch eine ähnliche Abfrage, die die Pfeiltaste nach unten abfragt und, wenn diese gedrückt wurde, den Schläger um 20 Einheiten nach unten bewegt. Auch in diesem Fall muss überprüft werden, ob der Schläger tiefer als bei –200 steht. Natürlich schreibt ein echter Programmierer keinen Programmteil doppelt. Auch in Scratch brauchst du das nicht zu tun, sondern kannst vorhandene Programmteile duplizieren. Klicke mit der rechten Maustaste auf den *falls ... dann*-Block und wähle im Kontextmenü *Duplizieren*.

**㉕** Um aus dem *größer*-Operator einen *kleiner*-Operator zu machen, klicke mit der rechten Maustaste auf das *>*-Zeichen und wähle im Menü das *<*-Zeichen.

**⑳** Jetzt hast du eine Kopie des ganzen Blocks mit allen Blöcken, die darin sind oder darunterhängen. Ziehe diese auf eine freie Fläche im Skriptfenster. Jetzt kannst du alle Werte in den Blöcken bearbeiten.

**㉑** Wähle in der Liste *Taste ... gedrückt* die Taste *Pfeil nach unten*.

**㉒** Trage im Block *ändere y um ...* den Wert *-20* ein.

**㉓** Trage im Block *falls y-Position > ... dann* den Wert *-200* ein.

**㉔** Trage im Block *setze y auf ...* den Wert *-200* ein.

28  Der kleine Hacker – Programmieren für Einsteiger

㉖ Baue dann diese beiden *falls ... dann*-Abfragen in die Hauptschleife des Programms ein.

㉗ Starte nun einmal das Programm mit einem Klick auf das grüne Fähnchen. Du kannst mit den Pfeiltasten den Schläger steuern. Der Ball fliegt aber weiterhin völlig unbeirrt davon durch den Raum. Die Programmblöcke für den Ball und für den Schläger starten beide, nachdem du auf das grüne Fähnchen geklickt hast.

㉘ Stoppe den Ball mit dem roten Stoppsymbol, um weiter an dem Programm zu arbeiten.

## DIE SPIELREGELN

Nachdem die Spielmechanik funktioniert, braucht das Spiel natürlich noch Regeln. In diesem einfachen Spiel gibt es nur zwei davon:

● Schlägt der Ball gegen den Schläger, wird er zurückgeschlagen, wobei es eine leichte zufällige Veränderung der Flugbahn geben soll, damit der Ball nicht immer völlig gleichförmig durch den Raum fliegt. In dem Fall könnte man als Spieler den Schläger an einer bestimmten Stelle einfach stehen lassen.

● Prallt der Ball gegen den lilafarbenen Balken am rechten Rand (weil der Spieler ihn mit dem Schläger verfehlt hat), gibt es einen Minuspunkt, und der Ball startet in der Mitte des Spielfelds neu.

Diese beiden Regeln werden in zwei zusätzlichen Programmblöcken definiert, die beide auch automatisch mit dem Spiel starten.

 Wähle auf der Figurenpalette unten links den Ball aus. Die neuen Programmblöcke betreffen diese Figur. Im Programmfenster ist dann wieder das Programm zu sehen, das die Ballbewegung steuert.

❷ Baue hier eine weitere Gruppe von Programmblöcken zusammen, die ebenfalls starten soll, wenn das grüne Fähnchen angeklickt wird.

# ② Das erste eigene Spiel

③ Danach folgt eine Endlosschleife, die immer wieder prüfen soll, ob die aktuelle Figur, der Ball, den Schläger berührt. Baue dazu erneut einen *falls ... dann*-Block in einen *wiederhole fortlaufend*-Block ein.

④ Um die Berührung zu überprüfen, gibt es auf der Blockpalette *Fühlen* den Block *wird ... berührt?*. Wähle hier im Listenfeld das Objekt *Schläger* aus.

⑤ Ziehe diesen Block in das Abfragefeld mit den spitzen Enden im *falls ... dann*-Block.

⑥ Falls der Ball den Schläger berührt, wird die Bewegungsrichtung ins Negative umgekehrt. Der Ball fliegt im gleichen Winkel nach links unten weiter, in dem er von links oben kam – oder umgekehrt, wenn er von links unten kam, fliegt er nach links oben weiter.

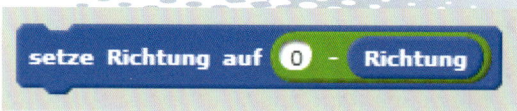

⑦ Baue dazu in einen blauen *setze Richtung auf ...*-Block einen grünen Operator – ein.

⑧ Trage in das erste Feld dieses Operators eine *0* ein und ziehe in das zweite Feld den Block *Richtung* aus der Blockpalette *Bewegung*. Dieser Block enthält die aktuelle Richtung als Zahlenwert, mit dem ganz normal gerechnet werden kann.

⑨ Um die Bewegung etwas unvorhersehbarer zu gestalten, wird der Ball zunächst einen kleinen 5er-Schritt bewegt, damit danach der Schläger auf jeden Fall nicht mehr berührt wird.

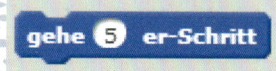

⑩ Anschließend wird die Flugrichtung gegenüber der bisherigen Richtung um einen zufälligen Wert zwischen *–20* und *20* Grad verändert. Ziehe dazu in das Zahlenfeld eines *drehe dich um ... Grad*-Blocks einen grünen Block *Zufallszahl von ... bis ...*

**11** Zusammen ergibt das diese Gruppe von Programmblöcken, die von Anfang an mit gestartet wird und darauf wartet, dass der Ball den Schläger berührt. Nur dann werden die blauen Blöcke ausgeführt.

**12** Starte jetzt wieder das Programm mit einem Klick auf das grüne Fähnchen.

**13** Du kannst mit den Pfeiltasten den Schläger steuern, und der Ball prallt davon ab, wenn du ihn triffst. Berührt der Ball allerdings die lilafarbene Kante am rechten Bildschirmrand, passiert noch nichts Besonderes.

**14** Stoppe den Ball mit dem roten Stoppsymbol, um weiter an dem Programm zu arbeiten.

## PUNKTE ZÄHLEN

Um die Punkte zu zählen, verwenden wir im Programm eine sogenannte Variable. Variablen sind kleine Speicherplätze, in denen man sich während eines Programms eine Zahl oder irgendetwas anders merken kann.

**1** Um die zweite Spielregel umzusetzen – nämlich das etwas passiert, wenn der Ball den lilafarbenen Balken berührt –, baue eine weitere Gruppe von Programmblöcken, die ebenfalls starten soll, wenn das grüne Fähnchen angeklickt wird.

**2** Auch hier kommt wieder ein *wiederhole fortlaufend*-Block, in dem ein *falls ... dann*-Block steckt, der diesmal nur durchlaufen werden soll, wenn der Ball den lilafarbenen Balken berührt. Dafür gibt es auf der Blockpalette *Fühlen* den Block *wird Farbe ... berührt?*.

**3** Tippe in diesem Block auf das Farbfeld, erscheint eine Hand, mit der du die Farbe Lila auf der Bühne auswählen musst. Diese wird automatisch in das Farbfeld übernommen. Ziehe den Block in das Abfragefeld des *falls ... dann*-Blocks.

# ❷ Das erste eigene Spiel

**❹** Berührt der Ball den lilafarbenen Balken, bekommt der Spieler einen Minuspunkt. Um den Punktestand zu speichern, brauchen wir eine Variable. Variablen müssen in Scratch erst einmal angelegt werden, bevor man sie benutzen kann. Klicke in der Blockpalette oben auf das orangefarbene Symbol *Daten* und dann auf *Neue Variable*.

**❺** Gib der Variablen den Namen *Punkte*.

**❻** In der Blockpalette werden jetzt verschiedene Blöcke zur Arbeit mit Variablen angezeigt. Aktivierst du den Schalter links neben der Variablen *Punkte*, wird diese Variable automatisch auf der Bühne in einem kleinen orangefarbenen Feld angezeigt. So siehst du hier immer den aktuellen Punktestand.

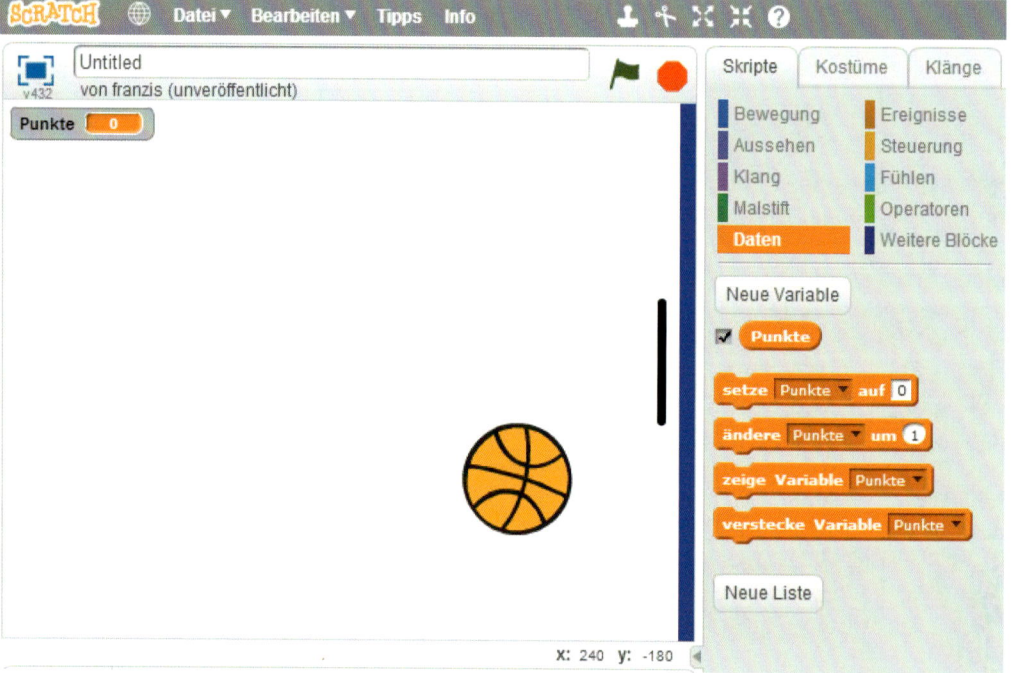

Der kleine Hacker – Programmieren für Einsteiger

**7** Berührt der Ball den lilafarbenen Balken, wird die Variable *Punkte* um 1 erhöht. Ziehe dazu den Block *ändere Punkte um ...* in die Klammer des *falls wird Farbe ... berührt? dann*-Blocks. Trage in das Zahlenfeld dieses Blocks *1* ein.

**8** Anschließend wird der Ball wieder in die Spielfeldmitte auf die Position *x:0, y:0* gesetzt. Ziehe dazu einen Block *gehe zu x: ... y: ...* in das Programm und trage in beide Zahlenfelder *0* ein.

**9** Auch in diesem Fall wird der Ball um einen zufälligen Wert zwischen *–20* und *20* Grad gedreht, damit er nicht wieder exakt die gleiche Flugbahn nimmt, aber trotzdem ungefähr in die Richtung fliegt, in die er zuletzt geflogen ist.

**10** So sieht die Blockgruppe zum Zählen der Minuspunkte aus:

**11** Wenn du das Programm jetzt mit dem grünen Fähnchen startest, scheint auf den ersten Blick alles zu funktionieren.

**12** Hältst du das Programm mit dem roten Stoppsymbol an und startest es neu, werden die Punkte aber einfach weitergezählt, es wird nicht wieder bei 0 angefangen.

**13** Ziehe deshalb einen Block *setze Punkte auf ...* aus der Blockpalette *Daten* ganz an den Anfang des Programms und trage im Zahlenfeld *0* ein. Dieser Block setzt die Variable *Punkte* auf *0*, egal auf welchem Wert sie vorher stand.

**14** Damit ist das Programm fertig.

# ❷ Das erste eigene Spiel

⓯ Wenn du auf das grüne Fähnchen klickst, starten nun drei Gruppen von Programmblöcken für den Ball und eine für den Schläger.

34  Der kleine Hacker – Programmieren für Einsteiger

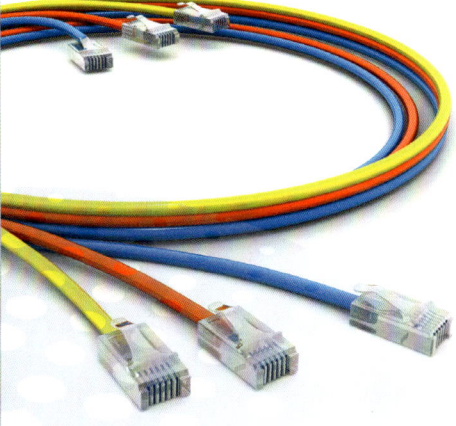

 Klicke auf das grüne Fähnchen und versuche, mit dem Schläger den Ball immer wieder abzuwehren, um möglichst wenige Minuspunkte zu bekommen.

# ❸ Der kleine Hacker und die Bananen

Scratch eignet sich ideal zum Erzählen kleiner Geschichten, wie man es früher in kurzen Zeichentrickfilmchen machte. Dieses ganz einfache Projekt zeigt, wie man eigene Figuren einbaut und miteinander spielen lässt.

Der kleine Hacker mag Bananen – wenn er welche bekommt, wird sein Gesicht sofort fröhlich.

## DER KLEINE HACKER IN SCRATCH

Als Erstes wird der kleine Hacker in Scratch importiert. Du brauchst ihn nicht selbst zu zeichnen. Lege dazu die DVD ein.

❶ Starte ein neues Projekt in Scratch. In den Downloads zum Buch findest du den kleinen Hacker als Grafikdatei. Klicke in der Figurenliste auf das Symbol **Figur aus einer Datei laden** und wähle aus dem Ordner, in den du die Downloads entpackt hast, das Bild **Kleiner_Hacker1.png**.

von Scratch zu sehen. Bis jetzt zeigt er sein freundliches Gesicht.

❹ Wenn er keine Bananen bekommt, soll der kleine Hacker ein trauriges Gesicht zeigen. Eine Scratch-Figur kann verschiedene sogenannte Kostüme haben. Wenn sie im Programm ihr Aussehen verändern soll, wechselt sie einfach das Kostüm. Die einfachste Methode, ein neues Kostüm zu erstellen, ist, das vorhandene zu

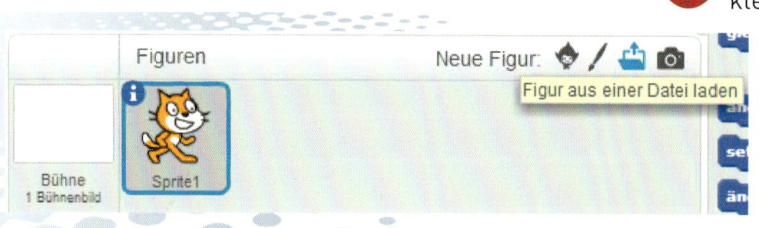

❷ Lösche dann die Scratch-Katze, indem du mit der rechten Maustaste auf die Figur **Sprite1** in der Figurenliste klickst und dann im Menü **Löschen** auswählst.

❸ Schalte auf die Seite **Kostüme** um. Jetzt ist der kleine Hacker im Grafikmodul

duplizieren. Klicke dazu in der oberen Symbolleiste auf das Stempelsymbol *Duplizieren*.

**5** Klicke jetzt mit dem Stempel auf das Kostüm in der Spalte *Neues Kostüm*. Unter dem kleinen Hacker erscheint ein zweiter, der genau gleich aussieht.

**7** Ändere auf die gleiche Weise den Namen des zweiten Kostüms von *Kleiner_Hacker2* auf *fröhlich*. Diese kurzen Namen sind in der Liste der Kostüme auch klar zu erkennen.

**6** Jedes Kostüm bekommt automatisch einen Namen. Gib den beiden Kostümen leicht zu merkende Namen. Klicke dazu auf das obere Kostüm und ändere den Namen im Namensfeld von *Kleiner_Hacker1* auf *traurig*, da der kleine Hacker am Anfang so lange traurig sein soll, bis er die Bananen bekommt.

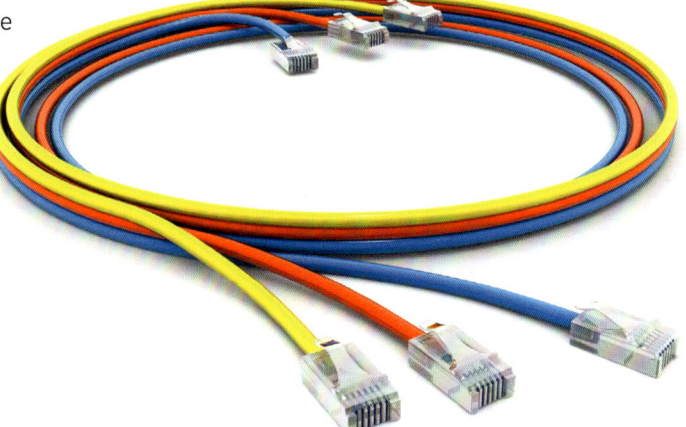

# ③ Der kleine Hacker und die Bananen

⑧ Das Kostüm *fröhlich* kann bleiben, wie es ist. Das traurige Kostüm soll einen traurigen Gesichtsausdruck bekommen. Am einfachsten erreicht man das durch einen anderen Mund. Klicke das Kostüm *traurig* an und klicke dann unten bei den Farben auf das Symbol *Farbpipette*. Wähle mit dieser Farbpipette die Gesichtsfarbe des kleinen Hackers aus. Sie erscheint dann als Vordergrundfarbe neben der Farbpalette. Um besser malen zu können, kannst du mit den Lupensymbolen unten rechts im Bild zoomen.

**⑨** Fülle jetzt den weißen Mund mit der Gesichtsfarbe, um ihn verschwinden zu lassen. Klicke dazu auf das Symbol mit dem Farbeimer namens *Mit Farbe füllen* und dann auf den Mund.

**⑩** Male nun einen schlecht gelaunten Mund auf das Gesicht. Wähle dazu eine dunkelbraune Farbe und das Ellipsensymbol. Schalte unten links auf die ausgefüllte Ellipse um und zeichne eine Ellipse als Mund. Wenn dir Form und Lage der

Ellipse beim ersten Versuch nicht gefallen, kannst du sie mit den kleinen quadratischen Griffen noch verändern und verschieben. Klicke danach irgendwo außerhalb der Ellipse ins Bild, um sie fest in die Zeichnung einzufügen.

# ③ Der kleine Hacker und die Bananen

① Das neue Kostüm wird automatisch gespeichert. Wenn du in der Liste der Kostüme eines auswählst, nimmt der kleine Hacker auf der Scratch-Bühne dieses sofort an. Ziehe die Figur auch gleich so auf die Bühne, dass sie vollständig zu sehen ist, falls sie etwas über den Rand gerutscht ist. Die genaue Lage beim Einfügen hängt von der Bildschirmauflösung ab, kann also auf jedem Computer etwas anders sein.

## DIE BANANEN

① Jetzt kommen die Bananen ins Spiel. Dafür verwenden wir ein fertiges Objekt aus der umfangreichen Scratch-Bibliothek. Klicke auf das Symbol *Figur aus Bibliothek wählen* in der Titelleiste der Figurenliste, wähle in der Figurenbibliothek die Figur *Bananas* aus und klicke auf *OK*.

② Schiebe die Bananen rechts neben den kleinen Hacker so auf die Bühne, dass sich die beiden Figuren gegenseitig nicht mehr berühren. Immer wenn die Bananen den kleinen Hacker berühren, soll dieser sein fröhliches Gesicht zeigen. Das wird ein kurzes Scratch-Programm erledigen, das fortlaufend prüft, ob der kleine Hacker die Bananen berührt.

40 Der kleine Hacker – Programmieren für Einsteiger

④ Innerhalb der Endlosschleife findet eine *falls ... sonst*-Abfrage statt. Dies ist eine erweiterte Form der bereits bekannten *falls*-Abfrage, jedoch mit dem Unterschied, dass auch im Fall, dass die Abfrage kein wahres Ergebnis liefert, Programmblöcke ausgeführt werden und nicht einfach nichts passiert.

⑤ Die Frage lautet hier, ob der kleine Hacker die Bananen berührt. Wenn ja, soll er das fröhliche Kostüm annehmen. Ziehe dazu einen Block *wird ... berührt?* aus der Blockpalette *Fühlen* in den *falls ... dann*-Block und wähle im Listenfeld die Figur *Bananas* aus. Die Figur *Kleiner_Hacker* wird gar nicht zur Auswahl angeboten, da sich eine Figur nicht selbst berühren kann.

③ Wähle in der Figurenliste unten links den kleinen Hacker aus, für ihn soll das Programm gelten, da er sein Aussehen verändern soll. Das Programm soll automatisch starten, wenn du auf das grüne Fähnchen klickst, und dann endlos laufen.

# ③ Der kleine Hacker und die Bananen

**⑥** Berührt der kleine Hacker die Bananen, wird er fröhlich. Ziehe dazu den Block **wechsle zu Kostüm** von der Palette **Aussehen** in den ersten Blockbereich der **falls ... sonst**-Abfrage. Wähle im Listenfeld dieses Blocks das Kostüm **fröhlich**.

**⑦** Ziehe einen weiteren Block **wechsle zu Kostüm** in den zweiten Blockbereich der **falls ... sonst**-Abfrage. Wähle diesmal im Listenfeld dieses Blocks das Kostüm **traurig**, da der kleine Hacker sofort wieder traurig werden soll, wenn die Bananen wieder weg sind.

Klicke auf das grüne Fähnchen. Der kleine Hacker ist erst mal traurig. Nimm jetzt die Bananen mit der Maus und schiebe sie mit gedrückter Maustaste so, dass der kleine Hacker sie berührt. Lass dort die Maustaste los, und der kleine Hacker wird fröhlich.

Jetzt kannst du erst einmal ausprobieren, ob bis hierhin alles funktioniert. Jeder Programmierer testet während der Entwicklung zwischendurch mal sein Programm. So lassen sich Fehler rechtzeitig entdecken und vermeiden.

## DIE BANANEN FALLEN HERUNTER

Jetzt sollen die Bananen automatisch von oben herunterfallen, und der kleine Hacker soll sie auffangen. Ziehe die Bananen an eine Position rechts oberhalb des kleinen Hackers. Du kannst sie auch etwas aus der Bühne über den Rand hinausziehen. Wenn du sie dort loslässt, bleiben sie an der Stelle, der Rand der Bühne verdeckt sie aber teilweise. So können Objekte von außen ins Bild fliegen.

❶ Klicke auf die Bananen, das Skriptfenster ist bis jetzt noch leer. Baue auch hier eine Endlosschleife, die startet, wenn man auf das grüne Fähnchen klickt.

43

# ③ Der kleine Hacker und die Bananen

**②** Auch innerhalb dieser Endlosschleife findet eine *falls ... sonst*-Abfrage statt, die prüft, ob der kleine Hacker die Bananen bereits gefangen hat.

**④** Sobald die Bananen den kleinen Hacker berühren, soll das Programm beendet werden. Eine Endlosschleife endet normalerweise nie, der Block *stoppe alles* macht es aber möglich, so ein Programm trotzdem zu beenden.

**③** Die Figur *Kleiner_Hacker1* führt bereits eine Aktion aus, wenn sie die Bananen berührt. Umgekehrt bekommen die Bananen nun ebenfalls noch Programmblöcke, wenn sie den kleinen Hacker berühren.

> **WENN EINE FIGUR AUS DEM BILD GERÄT ...**
>
> ... ist sie noch nicht verloren. Du kannst sie zwar nicht mehr mit der Maus greifen, aber mit einem einzelnen Programmblock wieder ins Bild bringen. Ziehe einen Block *gehe zu x: ... y: ...* aus der blauen Blockpalette *Bewegung* ins Skriptfenster, docke ihn aber nicht an ein bestehendes Programm an.
>
> Trage in die beiden Zahlenfelder jeweils die Zahl *0* ein und klicke einmal auf den Block. Die Figur wird, egal wo sie vorher war, in die Mitte der Scratch-Bühne bewegt. Jetzt kannst du den Block *gehe zu x: ... y: ...* wieder aus dem Skriptfenster herausziehen, da du ihn im Programm nicht brauchst.

**5** Berühren die Bananen den kleinen Hacker nicht, fallen sie um fünf Schritte nach unten. Danach startet die Endlosschleife die *falls ... sonst*-Abfrage erneut.

Starte das Programm mit einem Klick auf das grüne Fähnchen.

Wie erwartet, fallen die Bananen nach unten bis auf die Hand des kleinen Hackers. Im gleichen Moment setzt dieser wieder sein fröhliches Lächeln auf, und das Programm wird beendet, was daran zu erkennen ist, dass das rote Stoppsymbol leuchtet und die grüne Fahne wieder dunkelgrün wird.

# ③ Der kleine Hacker und die Bananen

## DIE BANANEN FALLEN NOCH ECHTER HERUNTER

Um das Programm neu zu starten, musst du die Banane wieder in ihre Ausgangsposition bringen. Das wird die nächste Programmversion automatisch erledigen.

Schiebe die Bananen noch einmal in die Ausgangsposition. An dem Symbol der Bananen rechts oben im Skriptfenster kannst du die aktuellen Koordinaten ablesen.

Ziehe jetzt einen blauen Block *gehe zu x: ... y: ...* direkt hinter den Startblock im Programm. Die Koordinaten werden in diesem Block automatisch eingetragen.

Wenn du jetzt auf das grüne Fähnchen klickst, fallen die Bananen, wie beim letzten Mal, wieder herunter. Erst beim nächsten Start des Programms passiert etwas Neues. Die Bananen starten automatisch erneut in der Ausgangsposition.

In Wirklichkeit fallen Gegenstände einfach senkrecht herunter. In Trickfilmen wackeln sie meistens beim Fallen, was irgendwie besser aussieht, obwohl es physikalisch nicht stimmt – außer bei starkem Wind.

Mit zwei zusätzlichen Programmblöcken lassen wir die Bananen im freien Fall also noch zufällig ein bisschen wackeln:

❶ Ziehe in den unteren Programmblock der *falls ... sonst*-Abfrage hinter die Bewegung noch einen *drehe dich ...*-Block, in dem der Drehwinkel zwischen *–5* und *5* Grad zufällig festgelegt wird.

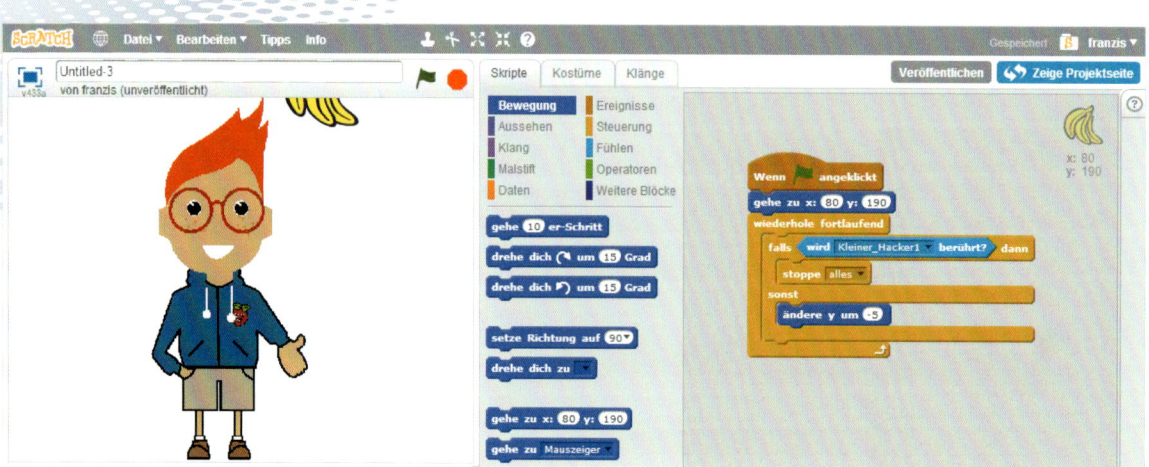

**2** Da die Bananen jetzt in einem zufälligen Winkel in der Hand des kleinen Hackers ankommen, müssen sie beim nächsten Start wieder gerade ausgerichtet werden. Das erledigt ein *setze Richtung auf 90*-Block am Anfang, nachdem die Bananen an die Ausgangsposition geschoben wurden.

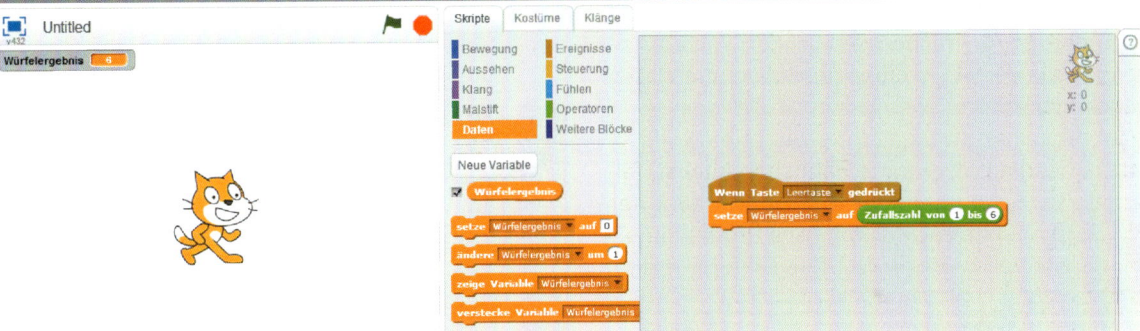

# SPIELWÜRFEL

Für viele Spiele braucht man einen Würfel, aber oft ist gerade keiner griffbereit. Das nächste Programm zeigt, wie einfach es ist, mit Scratch einen Würfel zu programmieren. Natürlich könntest du auch einfach ohne jegliche Grafik ein Programm schreiben, das in einer Variablen eine Zahl zwischen *1* und *6* schreibt.

Dieses Programm erfüllt die gestellte Aufgabe, schön anzusehen ist es jedoch wirklich nicht. Aber großartig zu erklären, wie es funktioniert, brauchen wir auch nicht …

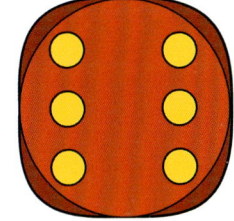

Das nächste Programm ist kaum aufwendiger programmiert, zeigt aber einen „echten" Würfel in ansprechender Vektorgrafik, der, wenn man ihn anklickt, jedes Mal eine neue Zahl anzeigt.

**47**

# ④ Spielwürfel

## WÜRFEL ZEICHNEN

Diesmal werden wir die Grafik nicht importieren, sondern in Scratch selbst zeichnen.

**①** Lege in Scratch ein neues Projekt an und lösche die Katze, indem du mit der rechten Maustaste auf die Figur *Sprite1* in der Figurenliste klickst und dann im Menü *Löschen* auswählst.

**②** Klicke oberhalb der Figurenliste auf das Symbol *Neue Figur zeichnen*. Klicke im Grafikbereich rechts unten auf die Schaltfläche *In Vektorgrafik umwandeln*. Vektorgrafiken haben gegenüber Rastergrafiken den großen Vorteil, dass sich die einzelnen Objekte nachträglich noch verändern und verformen lassen. Außerdem kannst du Vektorgrafiken, ohne dass sie pixelig werden, beliebig vergrößern oder verkleinern.

**③** Zoome unten rechts auf 200 %, damit du besser zeichnen kannst. Das Bild im Grafikbereich ist jetzt doppelt so groß wie die Figur auf der Bühne.

**④** Klicke auf das Kreissymbol und halte die `Umschalt`-Taste gedrückt. Mit dem Kreissymbol kannst du beliebige Ellipsen zeichnen, bei gedrückter `Umschalt`-Taste werden es echte Kreise. Der Kreis soll einen Durchmesser von 170 Einheiten haben.

**⑤** Klickst du auf einen der quadratischen Griffe in den Ecken, kannst du den Durchmesser des Kreises durch Ziehen verändern, ziehst du den Kreis am grünen Symbol in der Mitte, kannst du ihn im Ganzen verschieben.

**⑥** Klicke, nachdem der Kreis fertig ist, irgendwo auf eine freie Fläche im Grafikbereich, um ihn loszulassen. Jetzt kannst du einen weiteren Kreis mit gleichem Mittelpunkt und einem Durchmesser von 195 Einheiten zeichnen.

**⑦** Klicke jetzt, solange der neue Kreis ausgewählt ist, auf das Symbol *Verformen*. Auf der Kreislinie erscheinen acht runde Griffpunkte, mit denen du den Kreis verformen kannst. Ziehe den oberen, unteren, linken und rechten Punkt nach innen auf den kleineren Kreis, um so die typische Draufsicht eines Spielwürfels zu erzeugen.

**⑧** Zeichne noch einen kleinen Kreis in die Mitte, der das Würfelauge bei einer gewür-

**VEKTORGRAFIK NEU IN SCRATCH 2**

Die Vektorgrafik wurde erst in Scratch 2 hinzugefügt. Sie kann in der Offlineversion Scratch 1.4 nicht genutzt werden, läuft also auch nicht auf dem Raspberry Pi.

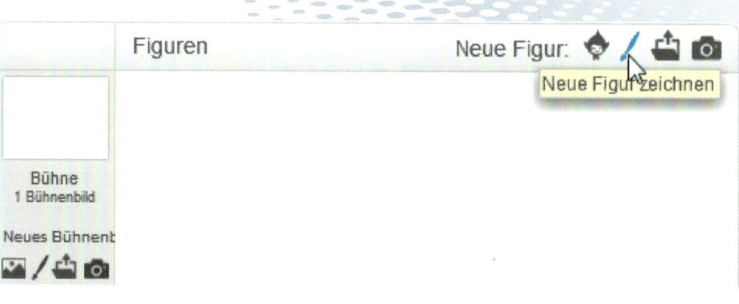

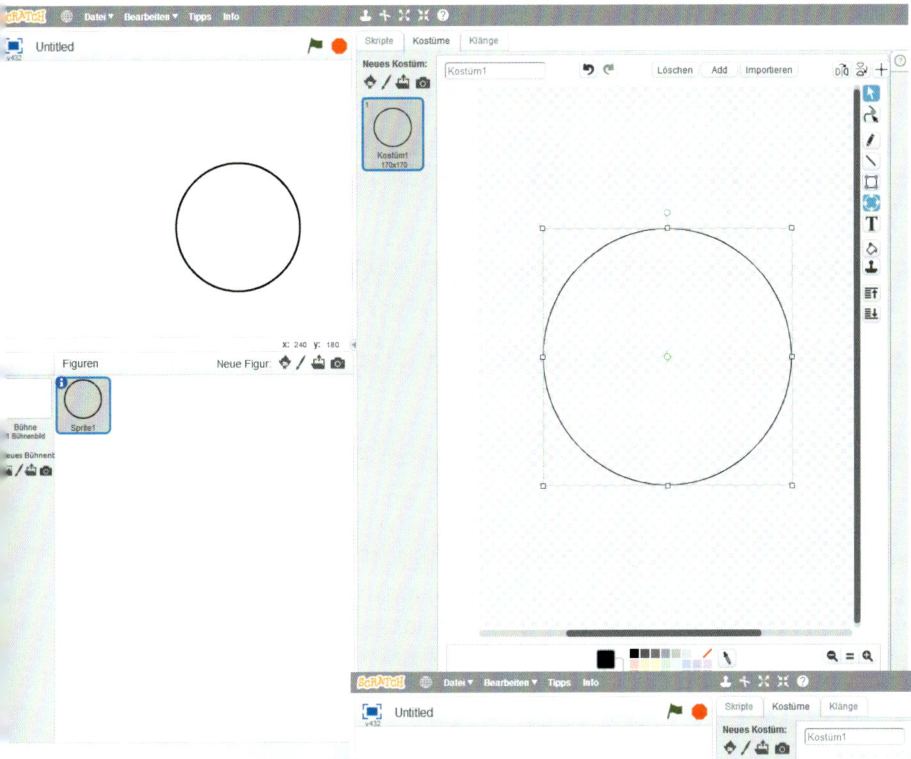

felten 1 darstellt. Dieses Würfelauge wird für alle ungeraden Zahlen gebraucht.

**9** Damit alle Würfelaugen gleich groß werden, kopiere eines, anstatt sie alle einzeln zu zeichnen. Zum Kopieren kannst du die unter Windows bekannten Tastenkombinationen `Strg`+`C` und `Strg`+`V` verwenden oder das Stempelsymbol *Duplizieren* anklicken. Damit wird ein ausgewähltes Vektorobjekt, wie zum Beispiel der Kreis, dupliziert. Anschließend

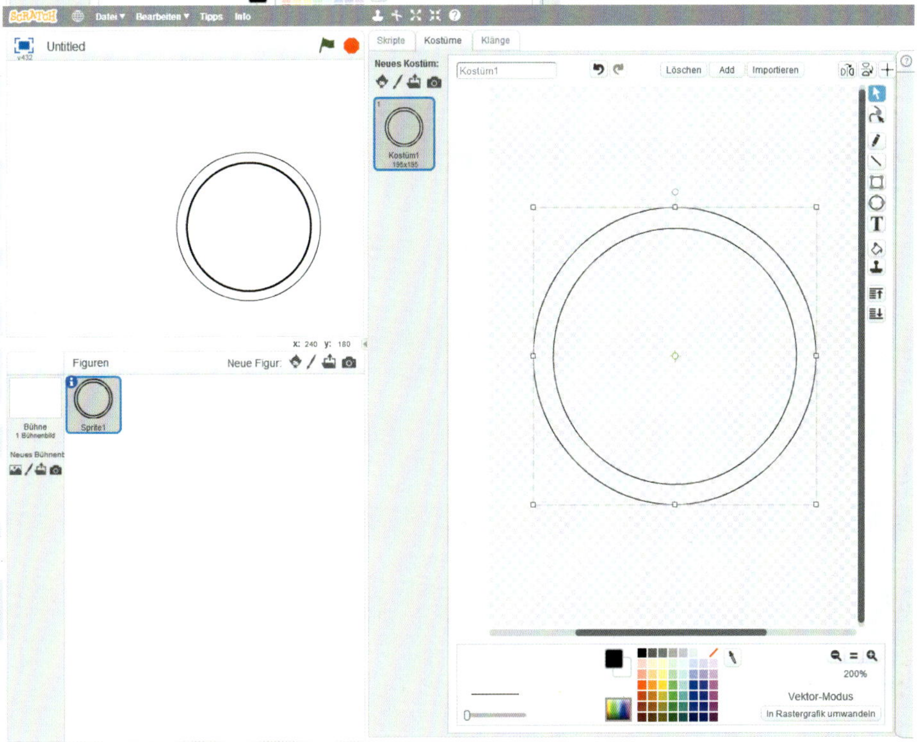

**49**

# 4 Spielwürfel

kannst du die Kopie an die gewünschte Stelle schieben.

**10** Fülle den Würfel als Nächstes mit Farbe. Wähle dazu in der Farbpalette ein dunkles Rot aus, klicke auf den Farbeimer und bewege diesen über den Würfel. Die berührte Fläche wird farbig dargestellt, aber erst beim Anklicken wirklich eingefärbt.

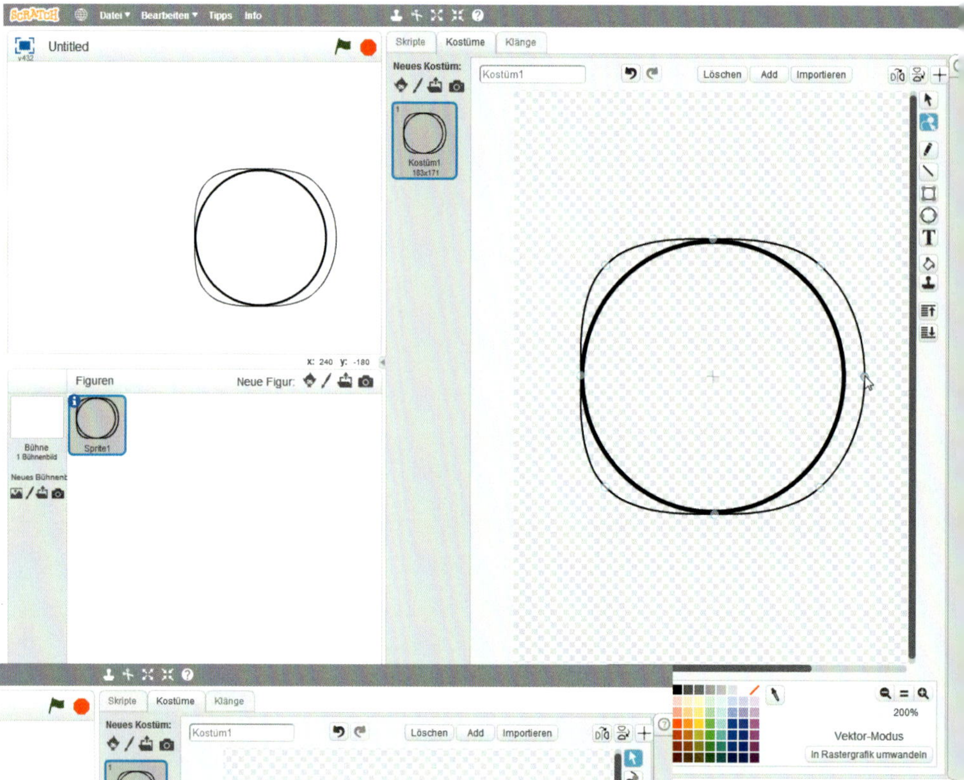

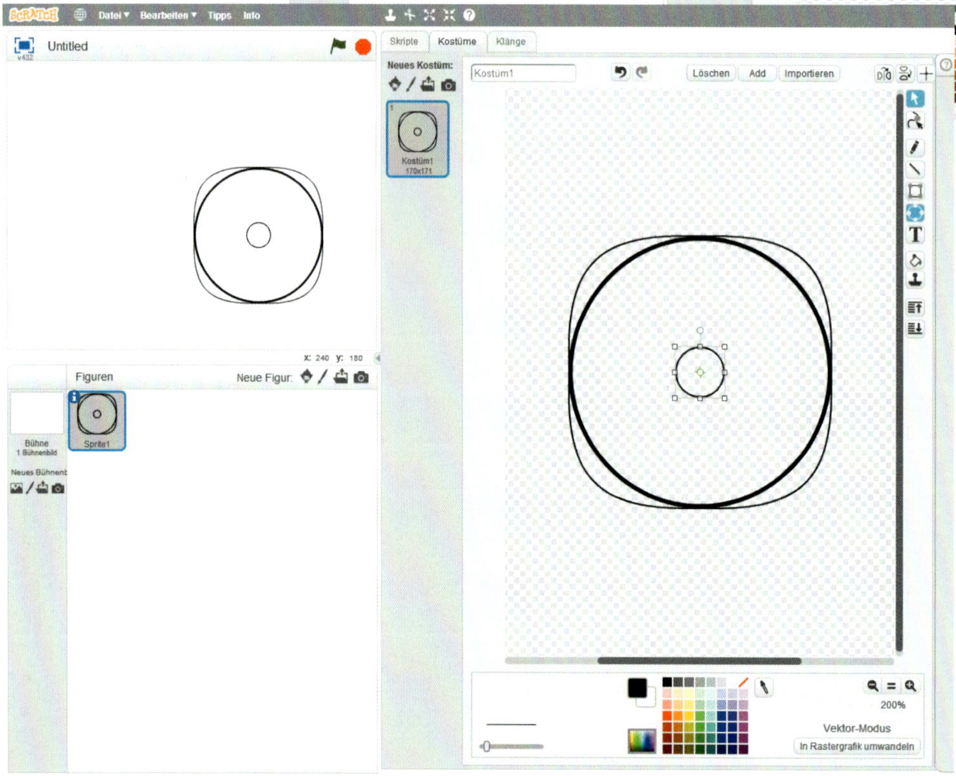

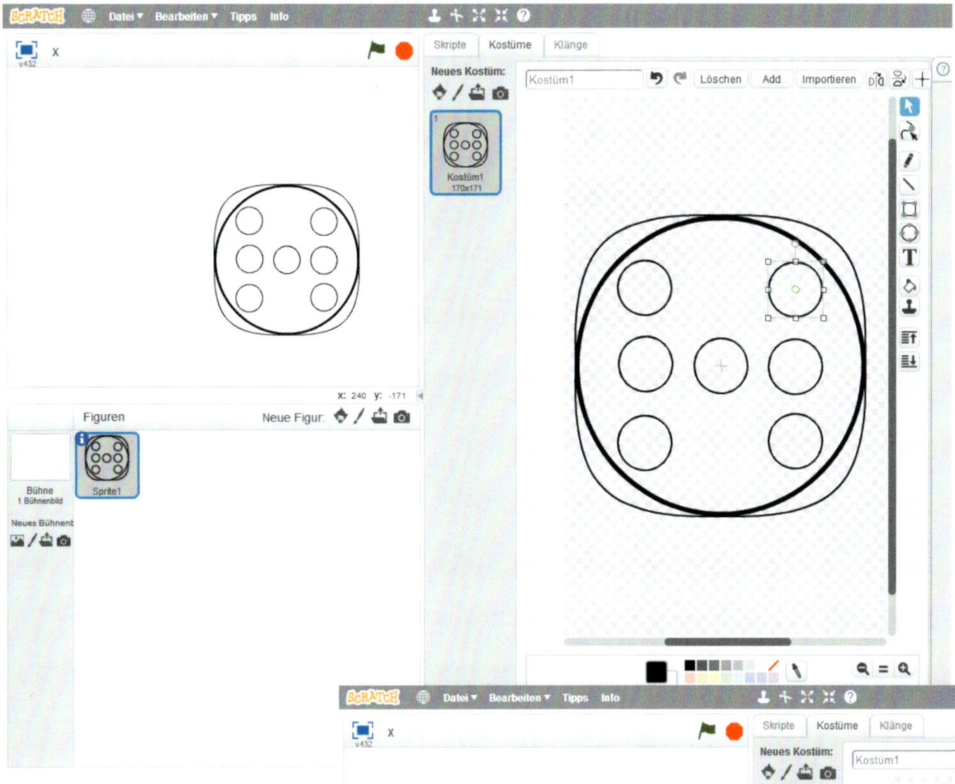

**Beim Füllen des äußeren** Bereichs des Würfels verschwindet der innere Kreis. Dies liegt daran, dass er zuerst gezeichnet wurde. Vektorobjekte liegen wie Folien übereinander. Solange sie nicht mit einer Farbe gefüllt sind, sieht man die darunterliegenden Ebenen. Markiere die äußere Umgrenzungslinie des Würfels und

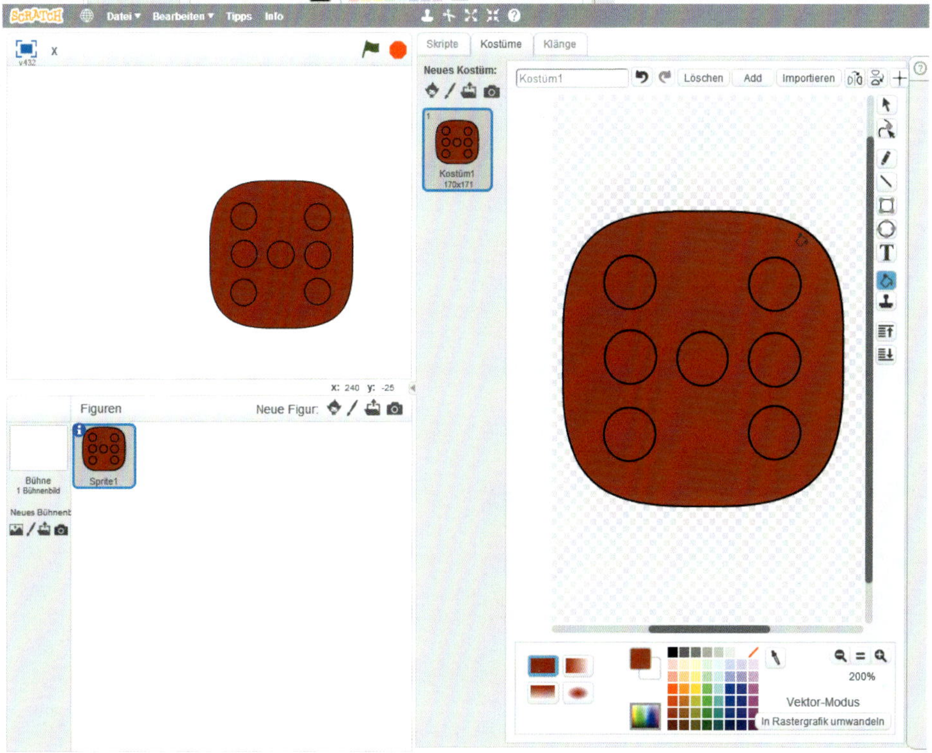

# 4 Spielwürfel

klicke auf das Symbol **Eine Ebene nach hinten**. Damit wandert die rot gefärbte Fläche nach hinten, und der große Kreis ist wieder zu sehen.

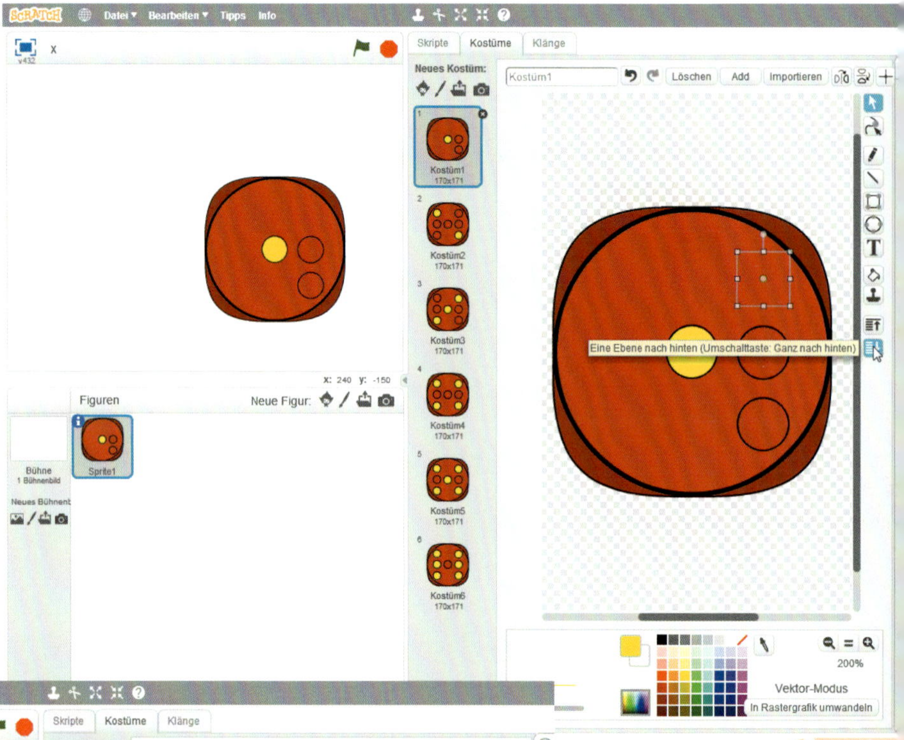

**12** Wähle jetzt ein kräftigeres Rot und fülle mit dem Farbeimer den großen Kreis. Die kleinen Kreise der Würfelaugen wurden später gezeichnet, liegen also weiter oben und sind vor der roten Fläche zu sehen.

52  Der kleine Hacker – Programmieren für Einsteiger

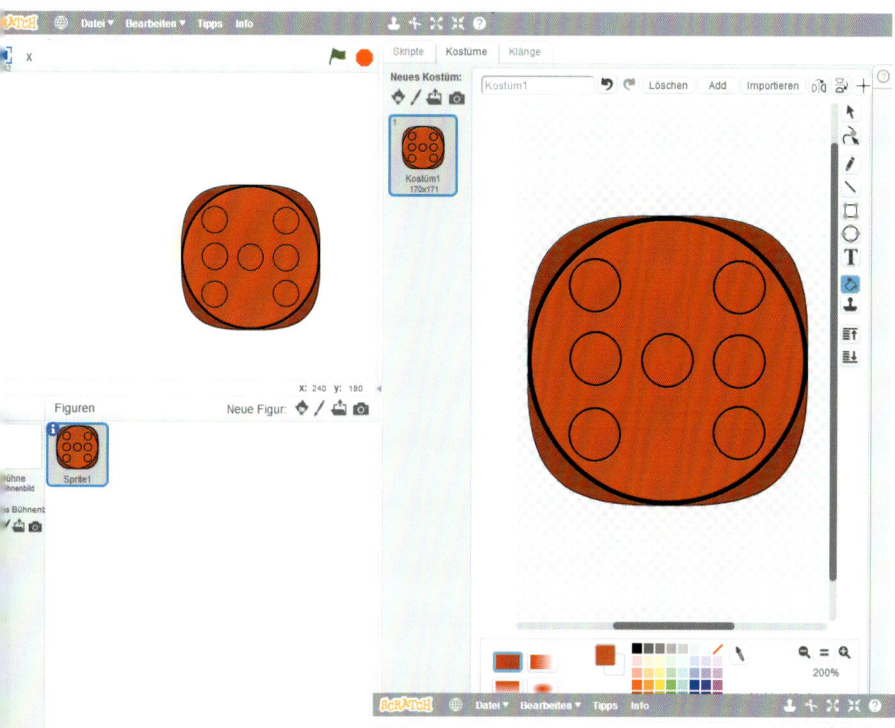

**13** Das Programm zum Würfeln wird später einfach unterschiedliche Kostüme des Würfels anzeigen, auf denen die Würfelzahlen 1 bis 6 zu sehen sind. Dupliziere das aktuelle Kostüm fünfmal, bevor du anfängst, die Würfelaugen auszumalen. Klicke dazu mit der rechten Maustaste auf das *Kostüm1* in der Spalte unter *Neues Kostüm* und wähle im Menü *Duplizieren*.

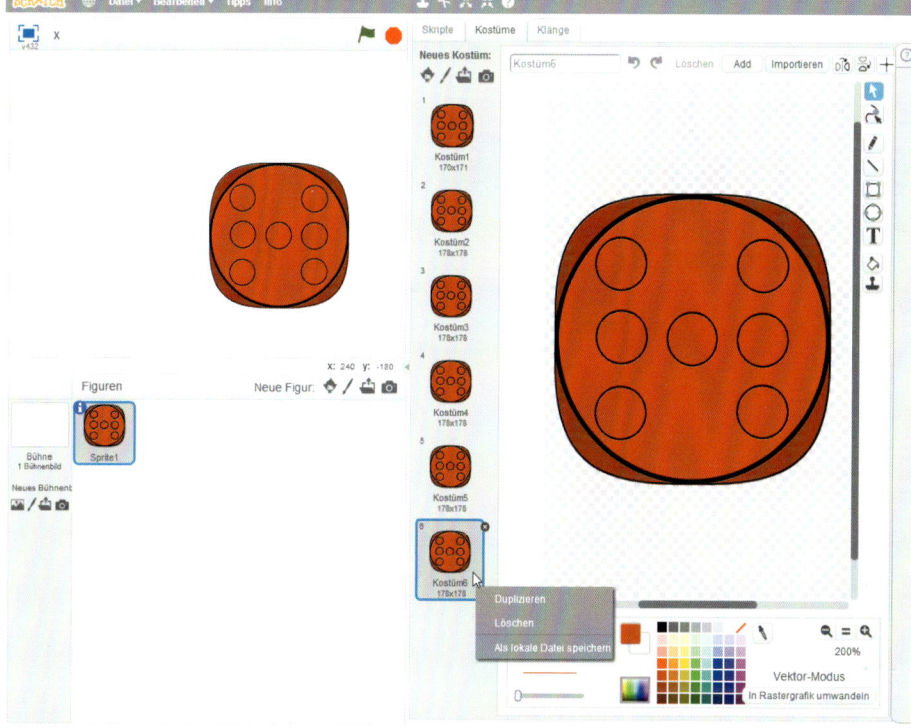

# ④ Spielwürfel

**14** Wähle jetzt die Farbe Gelb in der Farbpalette und fülle nacheinander in allen Kostümen die entsprechenden Würfelaugen, um die Zahlen von 1 bis 6 darzustellen.

**15** Je nach persönlichem Geschmack kannst du die nicht benutzten Würfelaugen auf den Kostümen stehen lassen oder einfach löschen. Du kannst sie auch auswählen und mit dem Symbol *Eine Ebene nach hinten* nach hinten setzen, sodass sie hinter der rot gefüllten Fläche verschwinden, aber jederzeit wieder hervorgeholt werden können. Halte dazu beim Klick auf das Symbol die [Umschalt]-Taste gedrückt, damit das markierte Würfelauge ganz nach hinten verschoben wird. Eine Ebene reicht nicht aus, da für jedes neu gezeichnete Vektorobjekt eine neue Ebene angelegt wird. Das zuletzt gezeichnete Würfelauge liegt also sieben Ebenen vor der roten Fläche des Würfels.

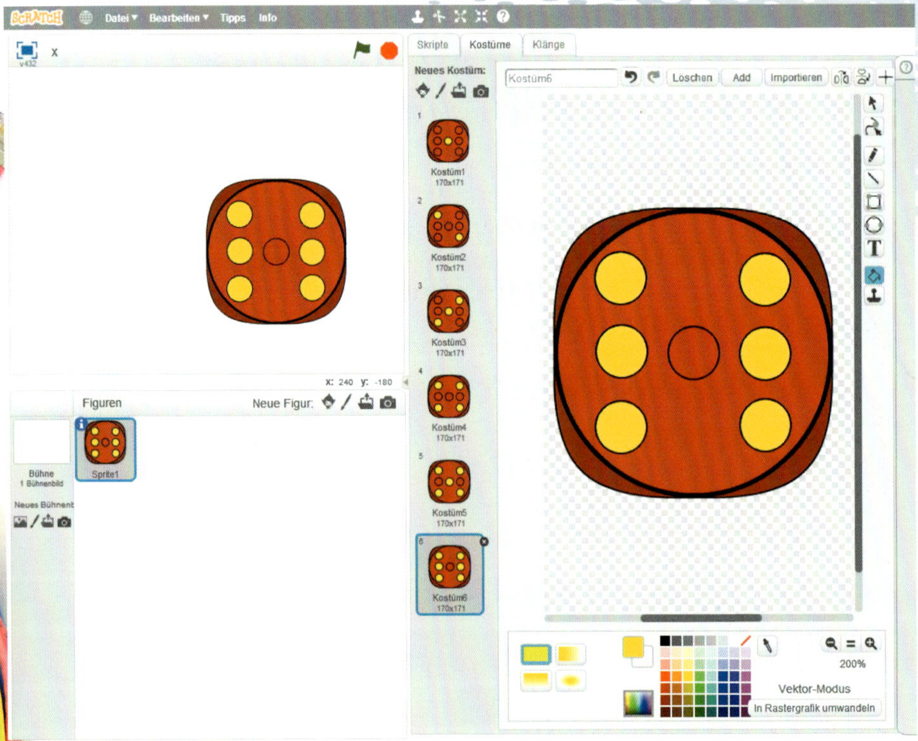

## DAS PROGRAMM FÜR DEN WÜRFEL

Das Programm für den Würfel ist sehr einfach und deutlich schneller zusammengebaut als der Würfel gezeichnet.

Beim Anklicken des Würfels wird eine Schleife gestartet, die nach dem Zufallsprinzip *1* bis *6* Mal das jeweils nächste Kostüm des Würfels anzeigt. Das letzte Kostüm, das stehen bleibt, zeigt das Würfelergebnis. Das grüne Fähnchen wird bei diesem Programm nicht gebraucht. Klicke einfach auf den Würfel.

Bei diesem Zufallsgenerator treten alle sechs Ergebnisse mit der gleichen Wahrscheinlichkeit auf. Allerdings kann es passieren, dass man kein wirkliches Würfeln bemerkt, sondern das nächste Ergebnis sofort angezeigt wird. Dies ist immer dann der Fall, wenn der Zufallsgenerator eine 1 liefert und somit direkt das nächste Kostüm gezeigt wird.

Um diesen Effekt zu verhindern, ändere den Zufallsgenerator zum Beispiel auf *Zufallszahl von 11 bis 16*.

Jetzt werden immer mindestens zehn Kostüme angezeigt und wieder weitergeschaltet, bevor frühestens das elfte endgültig stehen bleibt. Achte bei der Einstellung des Zufallsgenerators nur darauf, dass der Bereich genau sechs mögliche Zahlen enthält. Wie bei einem echten Würfel soll jede Zahl die gleiche Wahrscheinlichkeit haben.

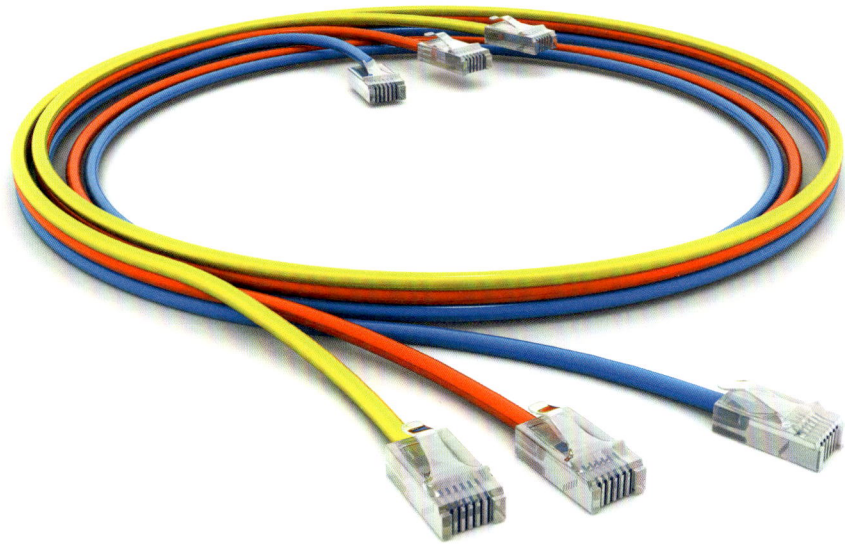

# ⑤ Space Race – oder auf Deutsch: Raumschiffrennen

Ein Raumschiff rast durchs All und darf dabei an keinen Stern stoßen. Wie viele Runden schaffst du mit möglichst wenigen Crashs? In diesem Projekt programmieren wir ein schnelles Rennspiel.

## DER STERNENHIMMEL

Bei den Downloads zum Buch findest du ein Bild *sternenhimmel.png*, das du als Hintergrund verwenden kannst.

❶ Starte ein neues Projekt in Scratch, klicke in der Figurenliste auf die Bühne und dann auf

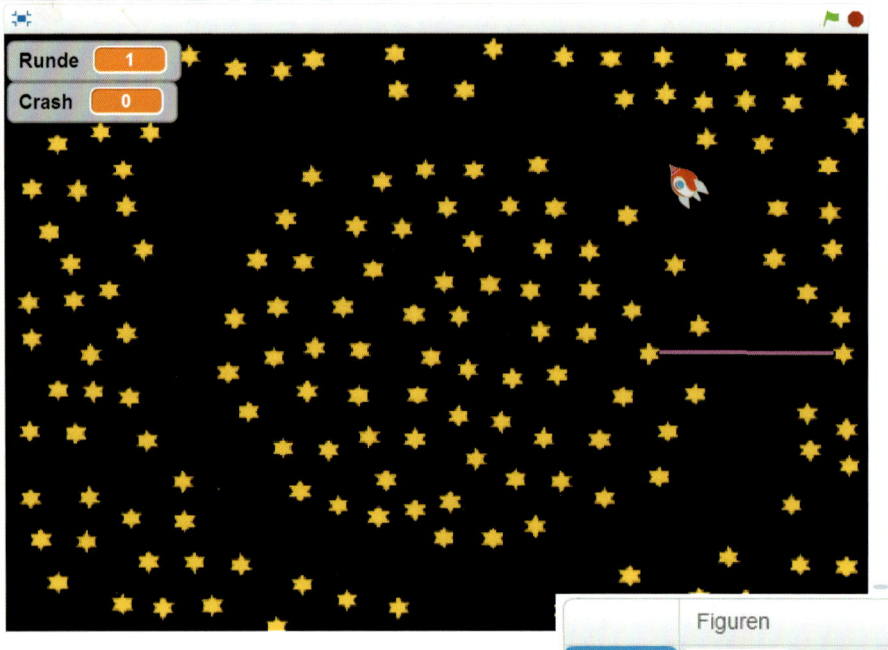

das Symbol *Bühnenbild aus einer Datei laden*. Wähle hier den Sternenhimmel aus.

❷ Der Sternenhimmel erscheint als Bühnenbild und öffnet sich auch gleichzeitig im Grafikprogramm. Mit einem Klick auf das kleine Dreieck zwischen Gra-

fikeditor und Bühne kannst du den Grafikeditor größer darstellen, um besser malen zu können. Die Bühne brauchst du ja gerade nicht.

❸ Lösche gleich noch die Katze, sie kommt in diesem Spiel nicht vor.

❹ Der Sternenhimmel ist gleichmäßig mit Sternen übersät. Übermale einige Sterne mit einem dicken schwarzen Pinsel, um Platz für einen Rundkurs zu machen, auf dem das Raumschiff fliegen kann.

## DAS RAUMSCHIFF

❶ Scratch liefert bereits ein Raumschiff mit, das sich für dieses Spiel leicht modifizieren lässt. Klicke auf das Symbol *Figur aus Bibliothek wählen*. Unter dem Thema *Weltraum* findest du die Figur *Spaceship*.

❷ Das Raumschiff ist als Vektorgrafik gezeichnet. Lösche *spaceship-b*, das zweite Kostüm des Raum-

**56** Der kleine Hacker – Programmieren für Einsteiger

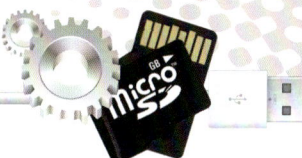

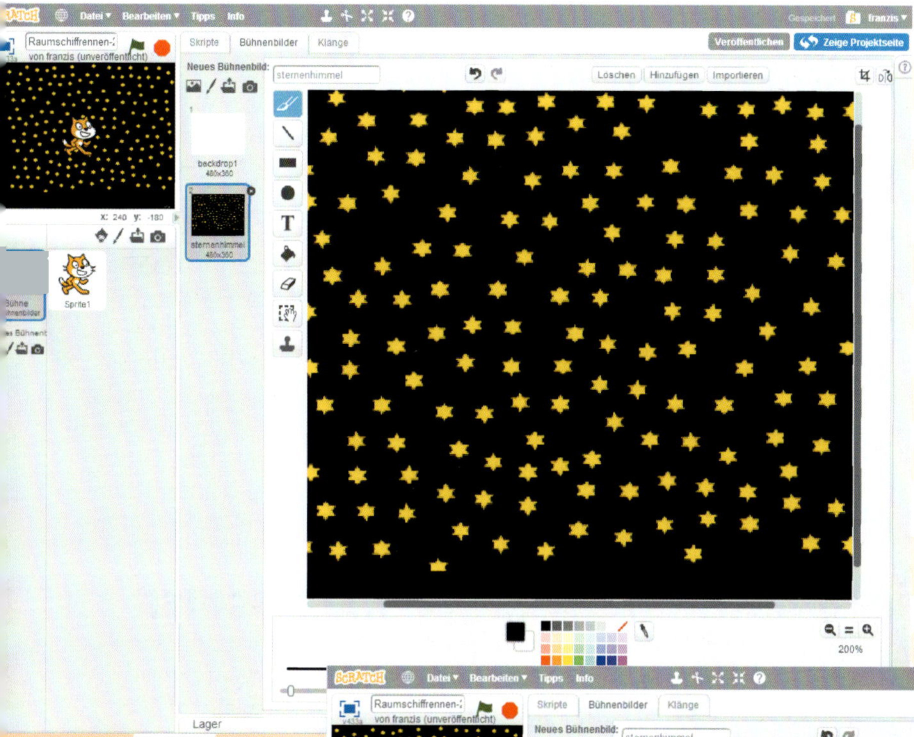
Datei
Bearbeiten
Tipps
Info
Gespeichert
franzis
Raumschiffrennen-2
von franzis (unveröffentlicht)
Skripte
Bühnenbilder
Klänge
Veröffentlichen
Zeige Projektseite
Neues Bühnenbild:
sternenhimmel
Löschen
Hinzufügen
Importieren
backdrop1
480x360
sternenhimmel
480x360
Sprite1
200%
Lager

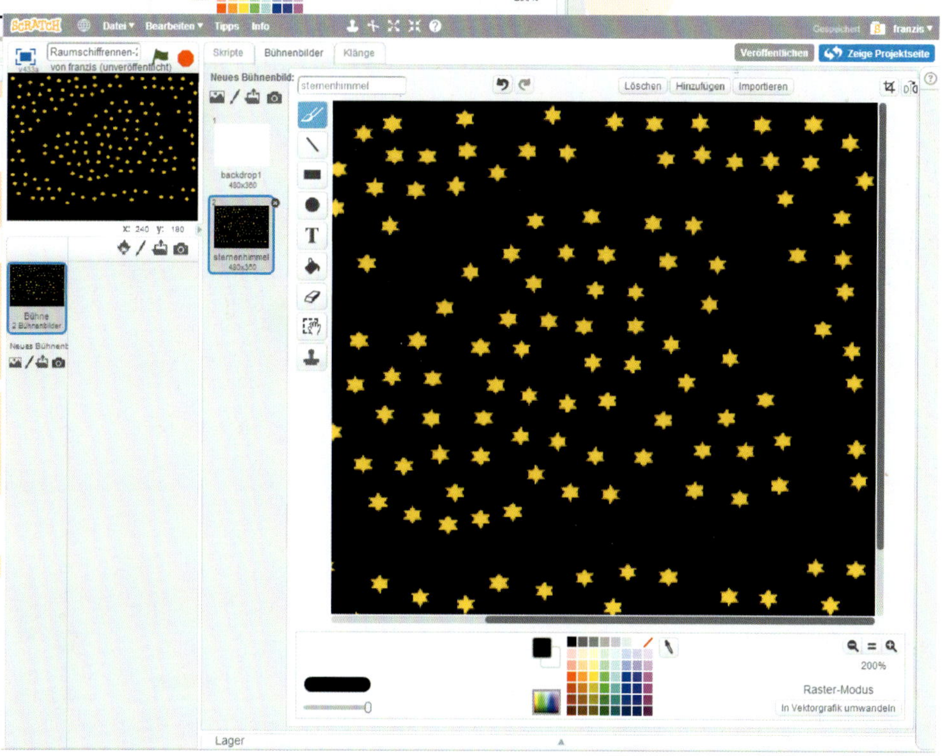
Datei
Bearbeiten
Tipps
Info
Gespeichert
franzis
Raumschiffrennen-2
von franzis (unveröffentlicht)
Skripte
Bühnenbilder
Klänge
Veröffentlichen
Zeige Projektseite
Neues Bühnenbild:
sternenhimmel
Löschen
Hinzufügen
Importieren
backdrop1
480x360
sternenhimmel
480x360
Bühne
2 Bühnenbilder
Neues Bühnenbild
200%
Raster-Modus
In Vektorgrafik umwandeln
Lager

# ⑤ Space Race – oder auf Deutsch: Raumschiffrennen

schiffs, da das Raumschiff in diesem Spiel nicht landen wird.

③ Das Raumschiff ist für unser Spiel viel zu groß. Ziehe es an einer der Ecken kleiner, bis es eine Größe von 17 x 27 hat. Fasse es jetzt an dem runden Griff oben mit der Maus an und drehe es in die Waagerechte. Das Raumschiff fliegt im Spiel im Kreis, auf den ersten Blick denkt man sicher, die Ausrichtung der Figur wäre egal – ist sie aber nicht.

④ Verschiebe jetzt das Raumschiff so, dass sein Mittelpunkt auf dem im Grafikfenster dargestellten Drehpunkt liegt. Eventuell musst du etwas zoomen, um den Drehpunkt zu finden.

⑤ Ziehe jetzt das Raumschiff auf der Bühne an die Startposition. Wenn du in der Figurenliste auf das blaue *i*-Symbol des Raumschiffs klickst, siehst du die Koordinaten und kannst auch die Drehrichtung einstellen. Die Koordinaten sind zusätzlich auch im Skriptfenster zu sehen.

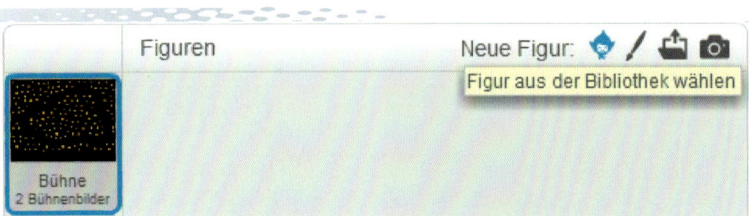

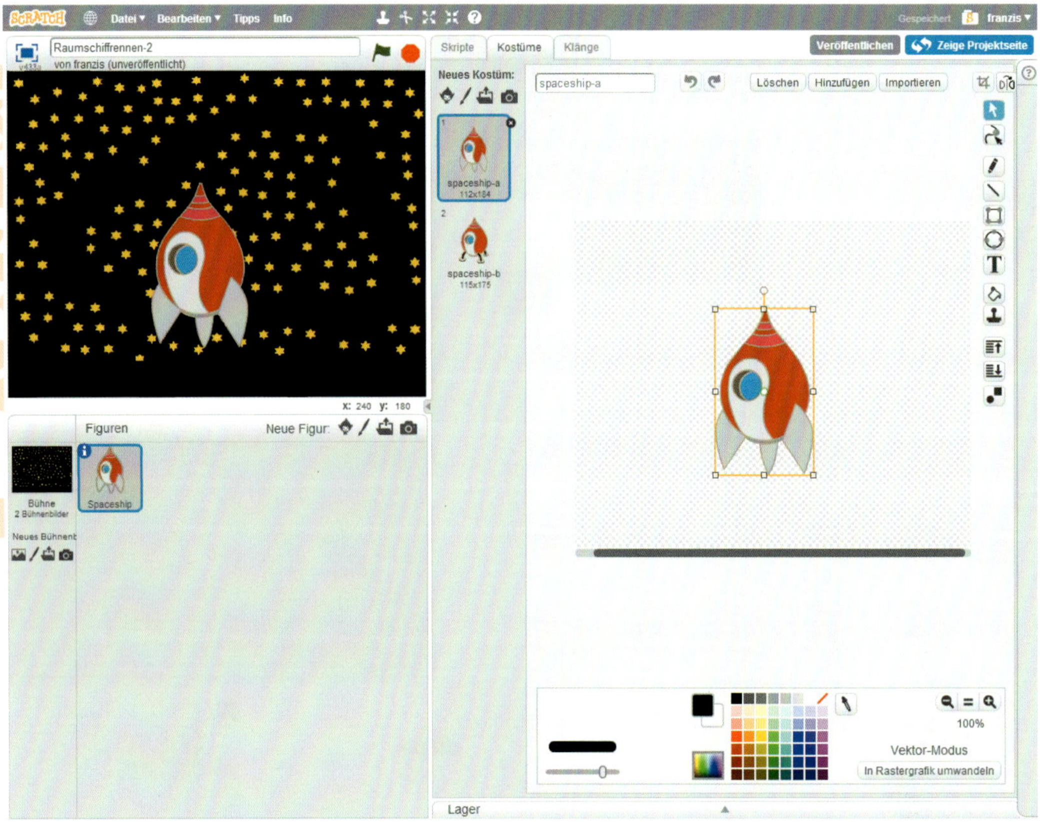

## BEWEGUNGEN UND RICHTUNGEN IM SCRATCH-KOORDINATENSYSTEM

Die Bewegungsrichtung einer Figur zeigt standardmäßig immer nach rechts, wie an der Katze zu sehen. Das Raumschiff würde sich also seitlich zur eigentlichen Flugrichtung bewegen. Indem du das Kostüm drehst, kann sich das Raumschiff weiterhin nach rechts bewegen, es sieht aber aus, als würde es richtig fliegen. Drehst du dann die ganze Figur auf der Scratch-Bühne, kann das Raumschiff auch nach oben und in alle anderen Richtungen fliegen, da das interne Koordinatensystem der Figur mitgedreht wird.

Beim Drehen ist auch noch der Drehpunkt wichtig, der für jede Figur festgelegt ist. Dieser befand sich vor der Verkleinerung mitten im Raumschiff und ist jetzt nach außen gerutscht. Er wird als kleines Kreuz im Grafikfenster angezeigt.

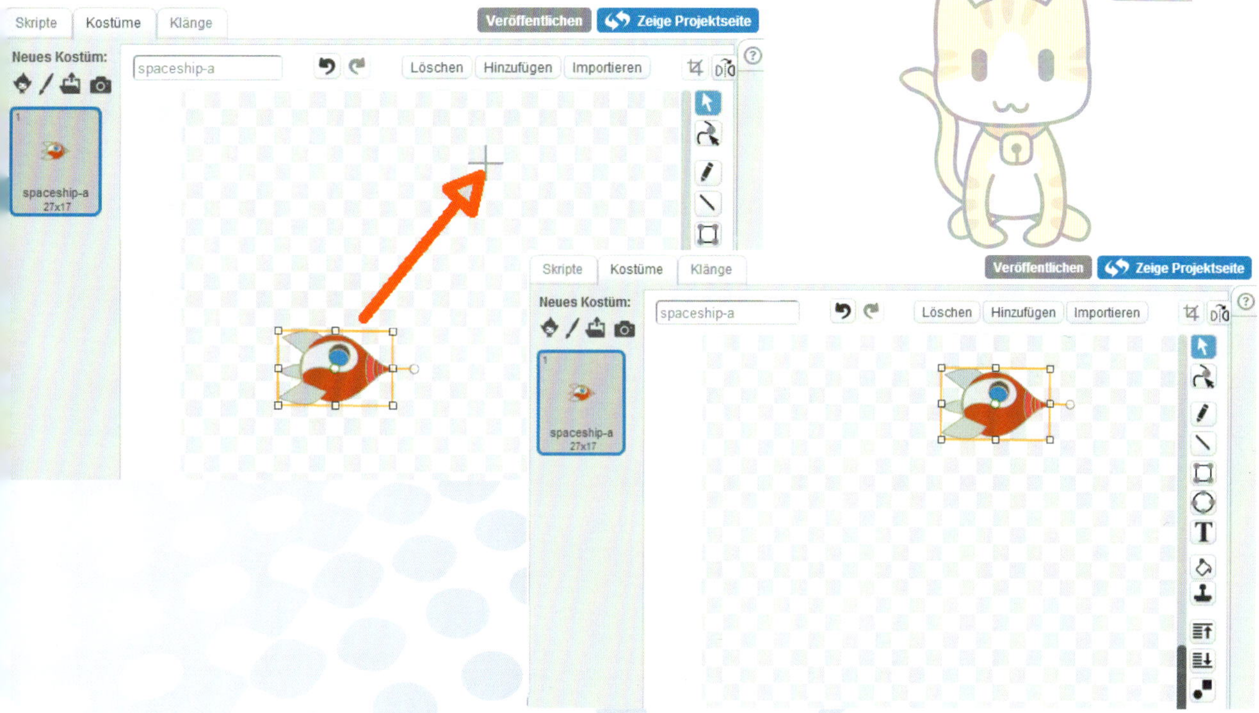

#  Space Race – oder auf Deutsch: Raumschiffrennen

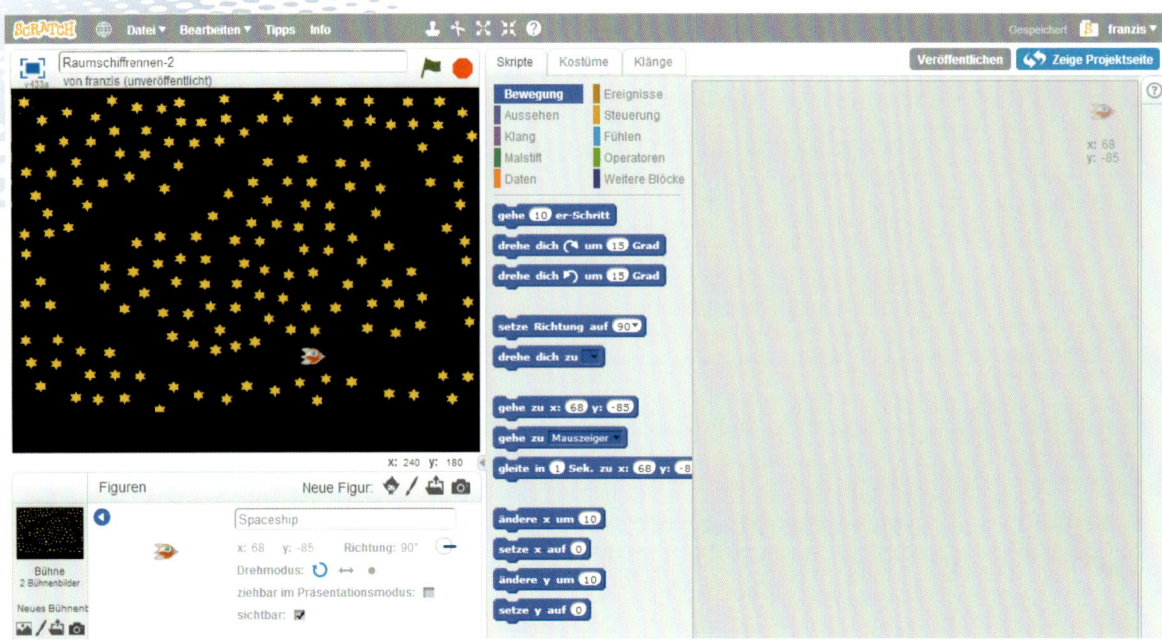

## DIE STEUERUNG

Das Raumschiff wird mit den Pfeiltasten gesteuert. Pfeil nach links und Pfeil nach rechts lenken nach links und rechts, Pfeil nach oben beschleunigt, Pfeil nach unten bremst.

Wenn du später im Spiel auf das grüne Fähnchen klickst, soll das Raumschiff an die Startposition gesetzt werden, egal wo es sich gerade befindet. Ziehe dazu die zwei Blöcke *gehe zu x: ... y: ...* und *setze Richtung auf 90* ins Skriptfenster.

Wenn das Raumschiff an der richtigen Stelle steht, werden die Koordinaten automatisch in den Programmblock übernommen.

60  Der kleine Hacker – Programmieren für Einsteiger

❷ Zur Einstellung der Fluggeschwindigkeit verwenden wir eine Variable. Lege auf der Blockpalette **Daten** mit einem Klick auf **Neue Variable** eine neue Variable mit Namen **Flug** an und hänge anschließend den Block **setze Flug auf 0** an das Programm an. Am Anfang steht das Raumschiff still, hat also eine Fluggeschwindigkeit von **0**.

❸ Anschließend folgt eine **wiederhole fortlaufend**-Schleife, in der die Pfeiltasten abgefragt werden. Baue hier zunächst hintereinander zwei **falls ... dann**-Blöcke ein, die prüfen, ob die Tasten **Pfeil nach links** und **Pfeil nach rechts** gedrückt wurden. Wurde die Taste **Pfeil nach links** gedrückt, soll sich das Raumschiff um 5 Grad nach links (entgegen dem Uhrzeigersinn) drehen, bei der Taste **Pfeil nach rechts** um 5 Grad nach rechts (im Uhrzeigersinn).

61

# ⑤ Space Race – oder auf Deutsch: Raumschiffrennen

### ZAHLENSCHREIBWEISE
Scratch verwendet wie viele amerikanische Programme den Punkt anstelle des Kommas – wie im Deutschen üblich. Deshalb muss hier **0.2** und nicht **0,2** stehen.

④ Beim Drücken der Taste *Pfeil nach oben* soll das Raumschiff beschleunigen. Die Geschwindigkeit, also eigentlich die Länge eines einzelnen Bewegungsschritts, wird in der Variablen *Flug* gespeichert. Bei jedem Tastendruck wird diese Geschwindigkeit um *0.2* erhöht.

⑤ Wenn das Raumschiff zu schnell fliegt, gerät es leicht außer Kontrolle. Deshalb begrenzen wir die Geschwindigkeit auf *4*. Nur solange die Variable *Flug* kleiner als *4* ist, soll die Geschwindigkeit erhöht werden. Um dies zu prüfen, kommt in die *falls ... dann*-Abfrage mit der Tastaturprüfung eine weitere *falls ... dann*-Abfrage.

⑥ Auf die gleiche Weise soll die Taste *Pfeil nach unten* das Raumschiff abbremsen. Es soll aber nicht rückwärts fliegen, wenn die Geschwindigkeit immer kleiner wird, sondern auch bei hektischem Drücken der Taste mit einer Geschwindigkeit von *0* zum Stehen kommen. Um eine Schubumkehr wirklich auszuschließen, verwenden wir hier eine *falls ... sonst*-Abfrage, die das Raumschiff abbremst, solange die Geschwindigkeit größer als *0* ist, und im theoretisch gar nicht möglichen Fall einer negativen Geschwindigkeit diese sicherheitshalber genau auf *0* setzt.

⑦ Nachdem alle Tasten in der Endlosschleife abgefragt wurden, soll sich das Raumschiff in jedem Schleifendurchlauf auch noch einen Schritt bewegen. Das gilt auch, wenn keine der Tasten gedrückt wurde. Die Schrittlänge entspricht der Variablen *Flug* und ist umso größer, je schneller das Raumschiff fliegt.

⑧ Ziehe diesen Block als Letztes in die Endlosschleife. Das Programm sieht jetzt so aus:

⑨ Starte das Programm mit einem Klick auf das grüne Fähnchen. Jetzt kannst du mit den Pfeiltasten das Raumschiff fliegen. Dabei kannst du einfach über die Sterne fliegen. Das Raumschiff fliegt unbeirrt weiter.

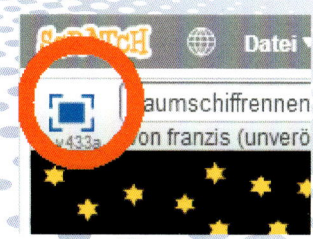

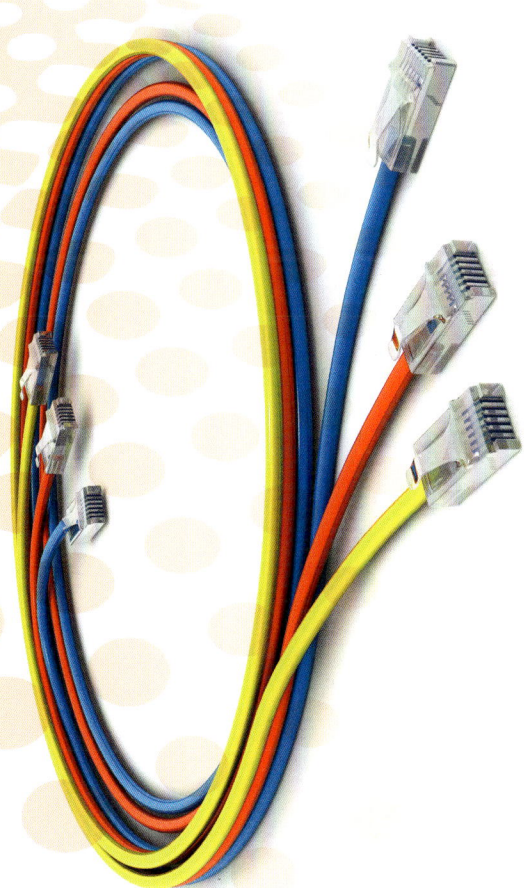

## ⑤ Space Race – oder auf Deutsch: Raumschiffrennen

⑩ Mit dem Symbol links oben kannst du die Scratch-Bühne auf das ganze Browserfenster vergrößern. Beim Spielen brauchst du das Skriptfenster und die Figurenliste schließlich nicht.

## KOLLISIONSERKENNUNG

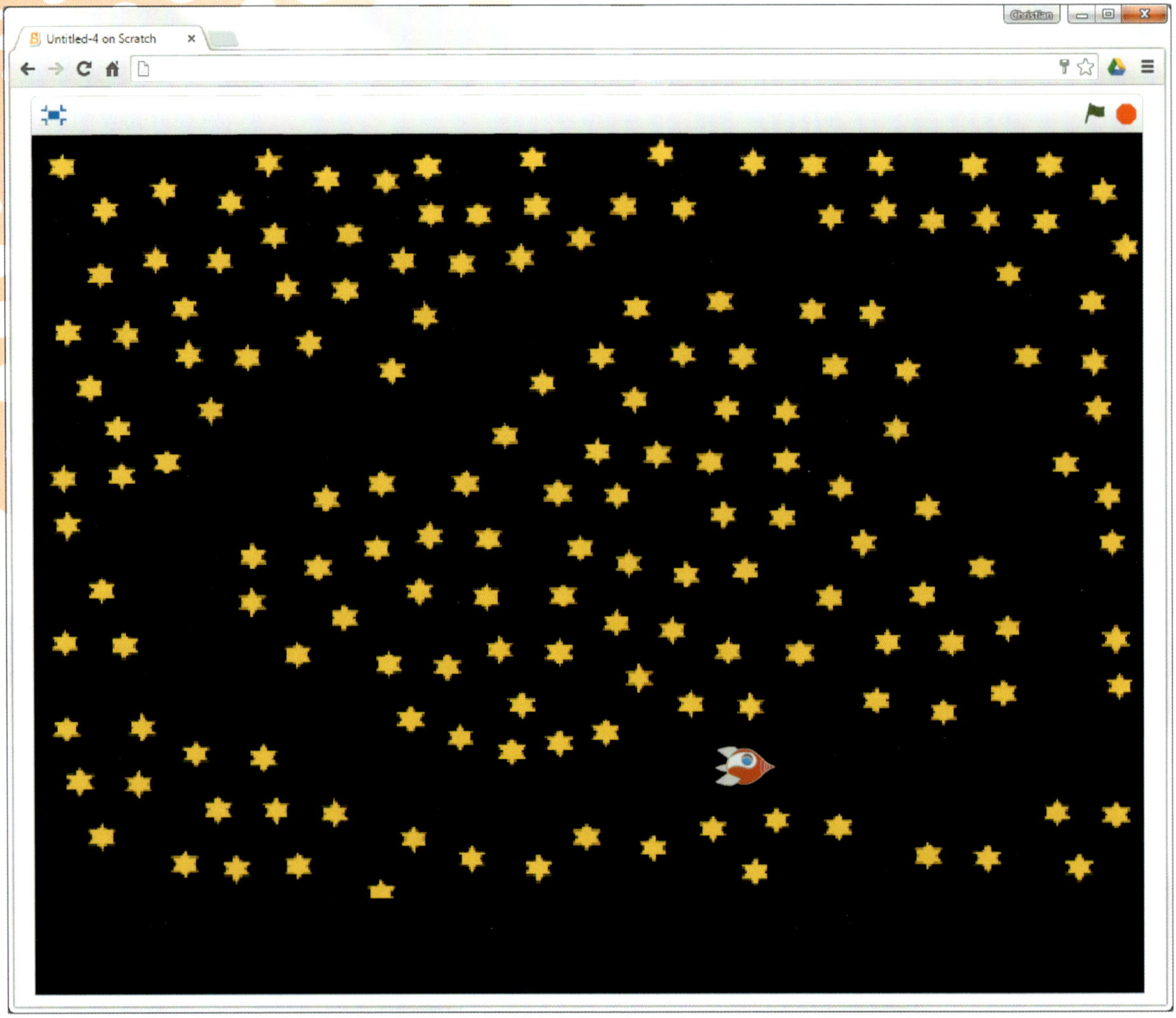

Die Spielregel sagt: Jedes Mal, wenn das Raumschiff an einem Stern anstößt, kommt es zum Stillstand und bewegt sich ein kleines Stück zurück, damit du Gelegenheit hast, zu lenken und in die richtige Richtung wieder zu beschleunigen. Außerdem sollen die Crashs gezählt werden. Informati-

ker und Physiker sprechen von „Kollisionserkennung", wenn es darum geht, festzustellen, ob sich zwei Objekte in der Realität oder virtuell auf dem Bildschirm berühren. Scratch liefert dafür vorgefertigte Blöcke mit, die diese Kollisionserkennung ganz einfach machen.

**❶** Lege als Erstes auf der Blockpalette *Daten* eine neue Variable *Crash* an, die die Zusammenstöße mit den Sternen zählt. Achte dabei darauf, dass das kleine Kästchen links neben dem Variablennamen angekreuzt ist. Damit wird die Variable auf der Bühne abgezeigt. Schiebe dieses Anzeigefeld in eine der Ecken, wo es die Flugbahn des Raumschiffs nicht behindert.

**❷** Baue in die Endlosschleife zusätzlich zu den Tastaturabfragen noch eine Abfrage ein, die prüft, ob das Raumschiff die Farbe der Sterne berührt. Klicke auf das farbige Feld im Block *wird Farbe ... berührt?*. Der Mauspfeil wird zu einer Hand. Klicke dann mit dieser Hand auf einen der Sterne auf der Bühne, und das Farbfeld nimmt dessen Farbe an.

# 5 Space Race – oder auf Deutsch: Raumschiffrennen

**3** Bei jedem Crash sollen drei Aktionen laufen:

- Der Crash-Zähler wird um 1 hochgezählt.
- Das Raumschiff wird sofort auf 0 abgebremst.
- Das Raumschiff bewegt sich um 10 Koordinateneinheiten rückwärts, um leichter wieder freizukommen.

**4** Diese drei Aktionen werden durch drei Blöcke innerhalb der *falls ... dann*-Abfrage erledigt.

```
falls  wird Farbe [ ] berührt?  dann
    ändere Crash um 1
    setze Flug auf 0
    gehe -10 er-Schritt
```

**5** Am Anfang des Programms muss der Crash-Zähler noch auf **0** gesetzt werden, damit du mit einem Klick auf das grüne Fähnchen wieder bei 0 anfangen kannst. Das Programm sieht jetzt so aus:

```
Wenn [🏳] angeklickt
gehe zu x: 68 y: -85
setze Richtung auf 90
setze Flug auf 0
setze Crash auf 0
wiederhole fortlaufend
    falls Taste Pfeil nach links gedrückt? dann
        drehe dich ↺ um 5 Grad
    falls Taste Pfeil nach rechts gedrückt? dann
        drehe dich ↻ um 5 Grad
    falls Taste Pfeil nach oben gedrückt? dann
        falls Flug < 4 dann
            ändere Flug um 0.2
    falls Taste Pfeil nach unten gedrückt? dann
        falls Flug > 0 dann
            ändere Flug um -0.2
        sonst
            setze Flug auf 0
    gehe Flug er-Schritt
    falls wird Farbe [ ] berührt? dann
        ändere Crash um 1
        setze Flug auf 0
        gehe -10 er-Schritt
```

66 Der kleine Hacker – Programmieren für Einsteiger

**6** Starte das Programm mit einem Klick auf das grüne Fähnchen. Jetzt kannst du mit den Pfeiltasten das Raumschiff fliegen. Bei jedem Zusammenstoß mit einem Stern wird der Crash-Zähler auf der Bühne um 1 hochgezählt.

## DER RUNDENZÄHLER

Ein Laserstrahl zwischen zwei Sternen dient als Start- und Ziellinie für das Raumschiffrennen.

Jedes Mal, wenn das Raumschiff durch diesen Laserstrahl fliegt, wird der Rundenzähler um 1 erhöht.

**7** Klicke in der Figurenliste auf die Bühne und schalte oben auf die Seite *Bühnenbilder*. Male jetzt in einer kräftigen Laserfarbe eine gut erkennbare Linie zwischen zwei Sternen an der Stelle, an der das Raumschiff beim Start steht.

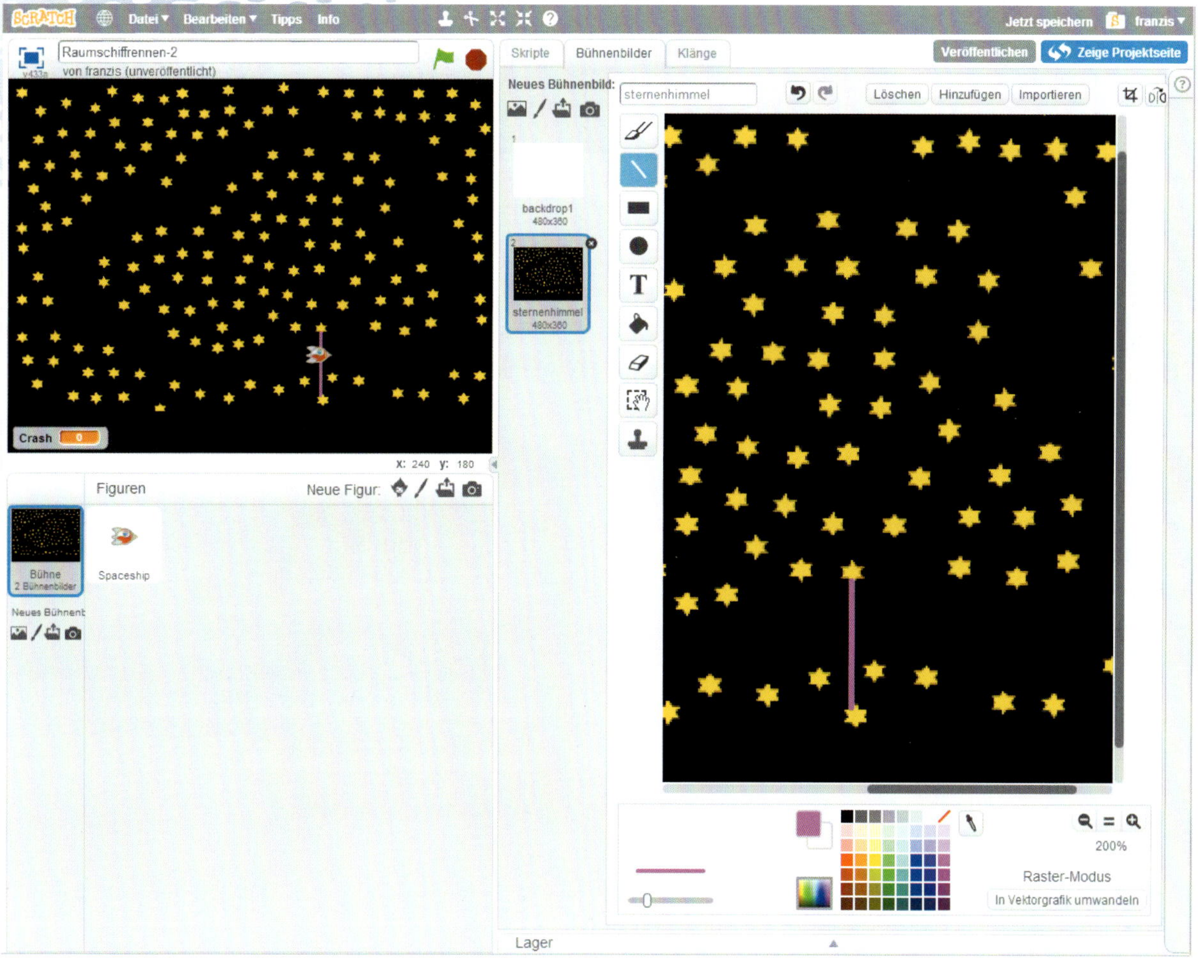

# ⑤ Space Race – oder auf Deutsch: Raumschiffrennen

**②** Lege nun auf der Blockpalette *Daten* noch eine weitere Variable *Runde* an, die die geflogenen Runden zählt. Auch diese Variable soll auf der Bühne zu sehen sein.

**③** Für den Rundenzähler verwenden wir ein eigenes Skript, das ebenfalls beim Klick auf das grüne Fähnchen gestartet wird und als Erstes den Rundenzähler auf *0* setzt.

zählt dann eine Runde. Das Ganze wiederholt sich endlos und zählt jedes Mal eine Runde, wenn das Raumschiff erneut in den Laserstrahl fliegt, nachdem es ihn zwischendurch verlassen hat.

**④** Um eine Runde zu zählen, kann nicht einfach nur überprüft werden, ob das Raumschiff den Laserstrahl berührt. Für den Flug durch den Strahl braucht es etwas Zeit. Es würden also bei jedem Durchflug mehrere Runden schnell hintereinander gezählt. Diese Aufgabe lässt sich mit *warte bis …*-Blöcken elegant lösen. Das Programm wartet am Anfang, bis das Raumschiff über die Startlinie geflogen ist, den Laserstrahl also nicht mehr berührt. Danach wartet es wieder, bis das Raumschiff den Laserstrahl berührt, und

**5** Der Operator *nicht ...* kann zu jeder beliebigen Abfrage feststellen, ob sie *nicht wahr* ist. Er liefert also in dem Moment das Ergebnis *wahr*, wenn das Raumschiff den Laserstrahl verlassen hat.

Starte das Programm mit einem Klick auf das grüne Fähnchen und fliege möglichst viele Runden mit möglichst wenigen Crashs. Mit der Pfeiltaste nach unten kannst du das Raumschiff jederzeit zum Stehen bringen, um dir eine kurze Verschnaufpause zu gönnen. Der Rundenzähler zählt danach weiter.

Erst wenn du das Programm mit dem Stoppsymbol anhältst und danach mit dem grünen Fähnchen neu startest, beginnen alle Zähler wieder bei 0.

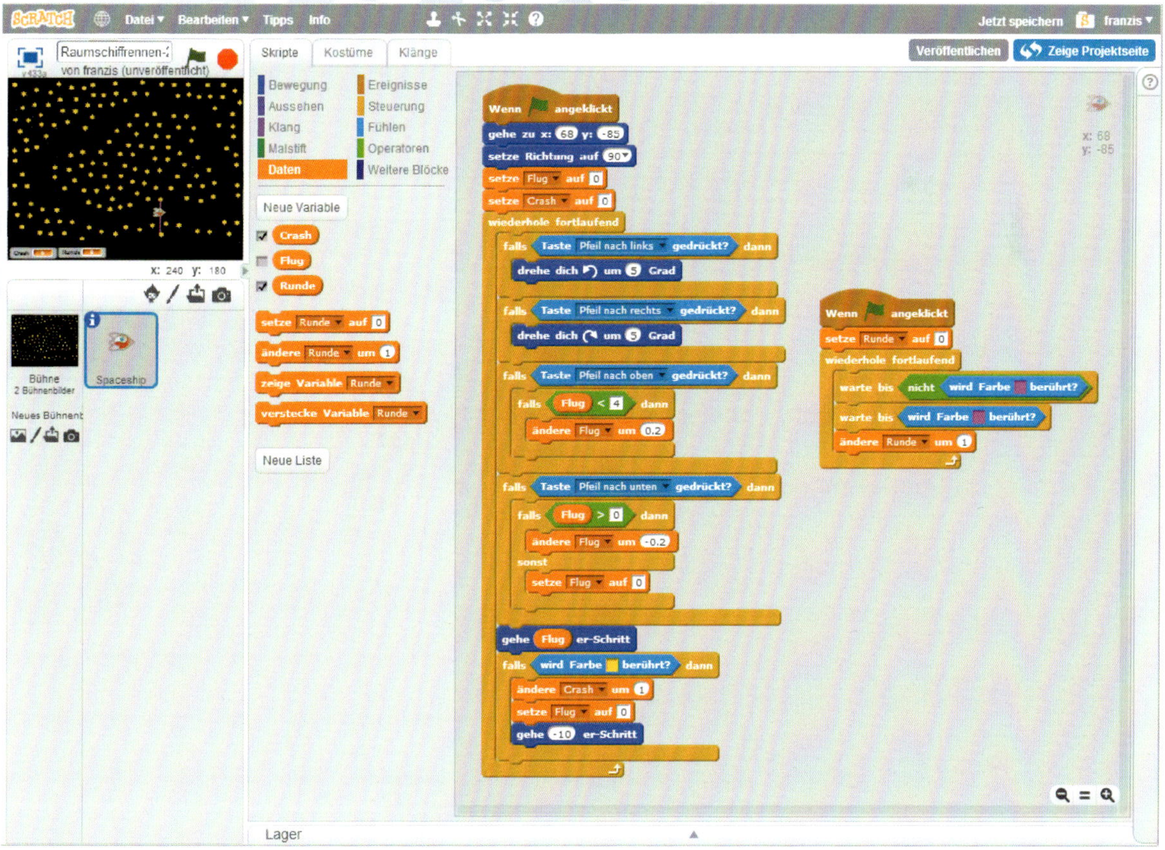

# ⑥ Ein Käfer sucht sich seinen Weg

Bei der Steuerung von Robotern wird oft das Verhalten von Insekten als Vorbild genommen. Eine beliebte Aufgabe für Selbstbauroboter ist es, entlang einer Linie einen Weg zu gehen oder zu fahren. Ein kleines Scratch-Programm simuliert mit einem Käfer, wie so etwas funktioniert.

❶ Starte ein neues Projekt in Scratch und lösche als Erstes die Katze. Wir verwenden als Figur eine etwas abgewandelte Form des Käfers *Beetle* aus Scratch, den du als Datei *Kaefer.svg* bei den Downloads findest. Klicke auf das Symbol *Figur aus einer Datei laden* und lade den Käfer in das Projekt.

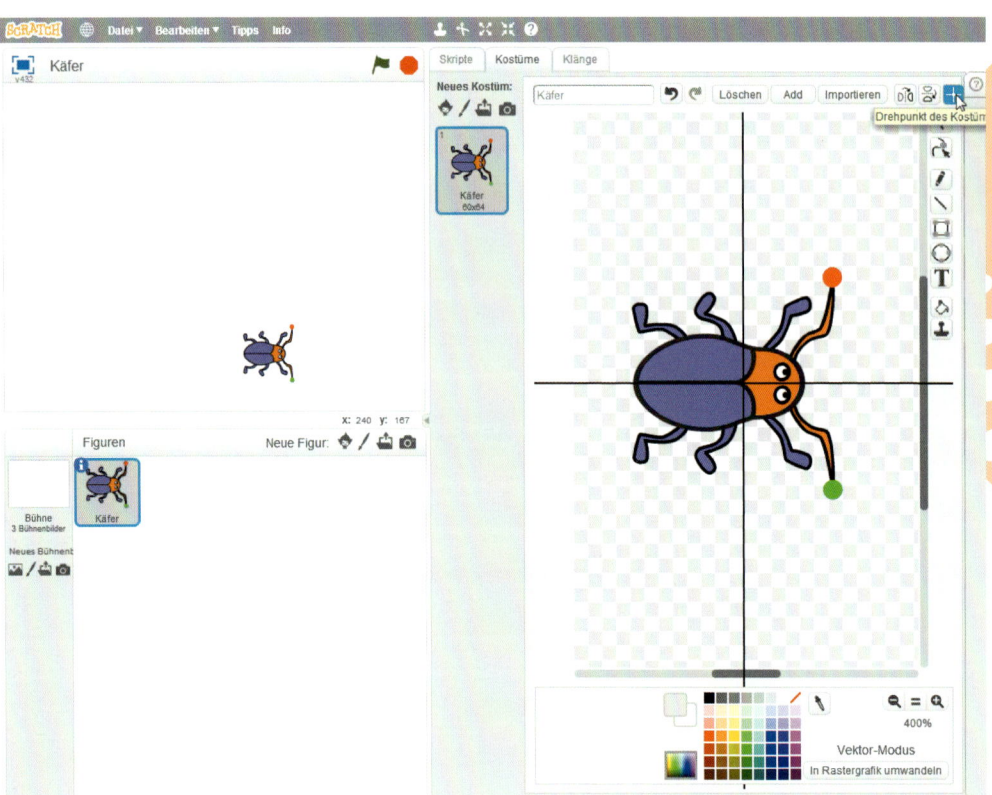

**2** Natürlich kannst du auch selbst einen Käfer malen. Achte dabei darauf, dass der Drehpunkt der Figur in der Achse des Käfers liegt. Außerdem braucht der Käfer links einen roten Fühler und rechts einen grünen. Mit diesen Fühlern erkennt er, dass er vom Weg abweicht.

**3** Schalte jetzt auf das Bühnenbild um, wähle eine graue Farbe und die breiteste Stiftdicke. Male damit einen geschlossenen Linienzug, auf dem sich der Käfer bewegen soll.

**4** Setze den Käfer auf den Weg. Der Weg muss immer etwas breiter sein, als der Käfer zwischen den beiden Fühlern ist. Sollte dein Käfer zu breit sein, mache entweder den Weg breiter oder verkleinere den Käfer mit dem Symbol *Verkleinern* oben in der Symbolleiste. Klicke auf dieses Symbol und dann auf den Käfer auf der Bühne. So lässt er sich Schritt für Schritt verkleinern, bis er auf den Weg passt.

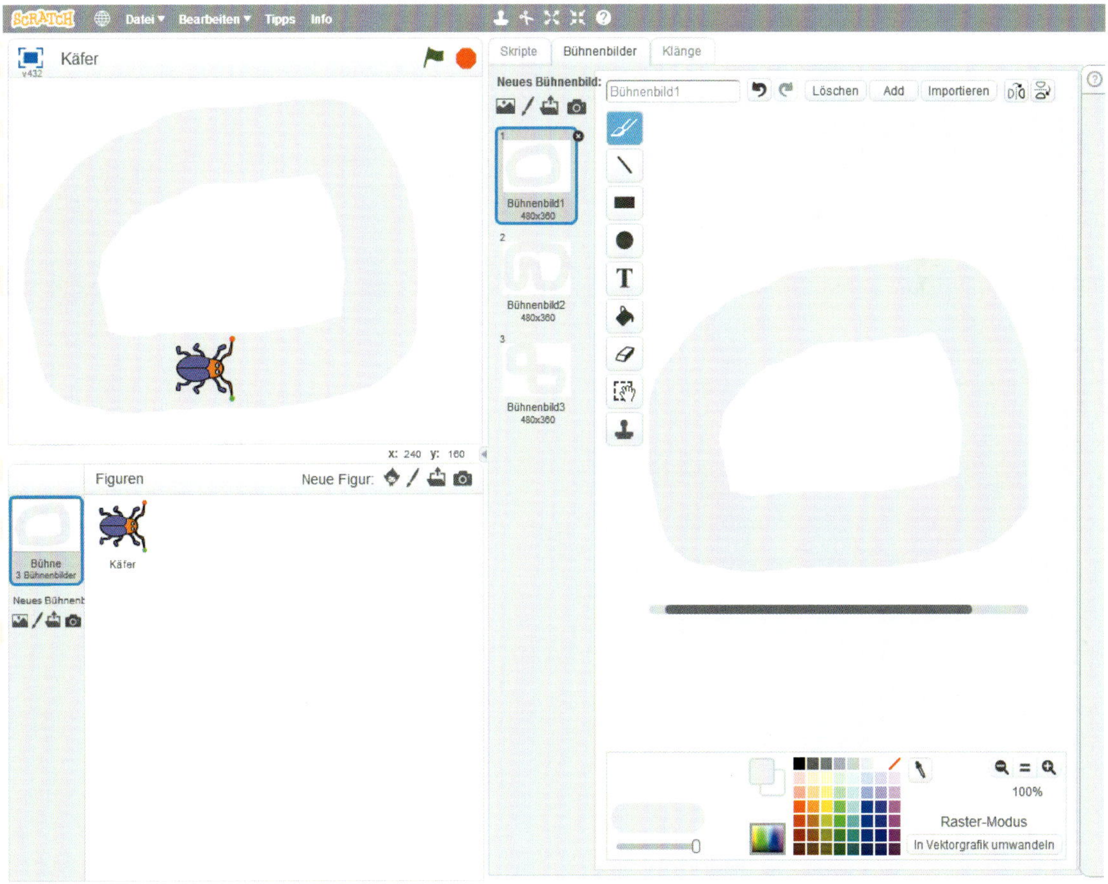

71

# 6 Ein Käfer sucht sich seinen Weg

**5** Erstelle jetzt für den Käfer ein Programm, das automatisch beim Klick auf das grüne Fähnchen eine *wiederhole fortlaufend*-Schleife startet.

**6** In jedem Schleifendurchlauf geht der Käfer einen 5er-Schritt.

**7** Anschließend wird überprüft, ob er vom Weg abgekommen ist. Berührt die rote Farbe des linken Fühlers den weißen Hintergrund, läuft der Käfer zu dicht am linken Wegesrand. Er muss sich um 15 Grad nach rechts drehen, um wieder in Richtung der Mitte des Wegs zu laufen.

**8** Berührt dagegen die grüne Farbe des rechten Fühlers den weißen Hintergrund, läuft der Käfer zu dicht am rechten Wegesrand. Er muss sich um 15 Grad nach links drehen, um wieder in Richtung der Mitte des Wegs zu laufen.

**9** Danach startet die Endlosschleife wieder, und der Käfer geht den nächsten Schritt.

**10** Setze den Käfer auf den Weg und klicke auf das grüne Fähnchen. Er läuft los und folgt dem Weg.

**11** Jetzt kannst du verschiedene Bühnenbilder malen und mit dem Käfer experimentieren. Je nachdem, an welche Stelle du den Käfer setzt, läuft er links herum oder rechts herum. Er versucht immer nach rechts, in Richtung 90 Grad, loszulaufen.

**12** Sogar Kreuzungen sind möglich, vorausgesetzt, der Käfer kann geradeaus über die Kreuzung laufen. Bei solchen Kreuzungen braucht er seine Fühler nicht einzusetzen und kann sich deshalb auch nicht „verlaufen".

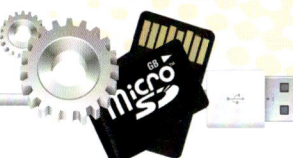

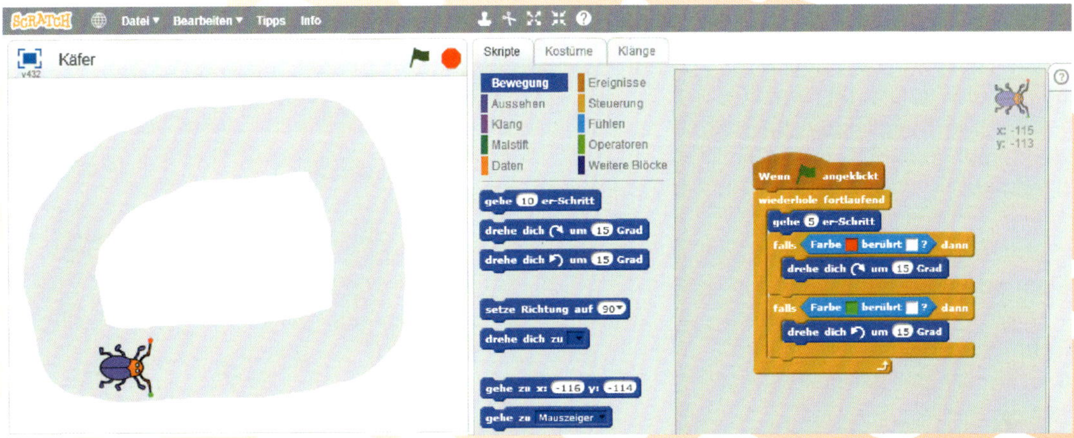
SCRATCH
Datei
Bearbeiten
Tipps
Info
Käfer
Skripte
Kostüme
Klänge
Bewegung
Aussehen
Klang
Malstift
Daten
Ereignisse
Steuerung
Fühlen
Operatoren
Weitere Blöcke
gehe 10 er-Schritt
drehe dich um 15 Grad
drehe dich um 15 Grad
setze Richtung auf 90
drehe dich zu
gehe zu x: -116 y: -114
gehe zu Mauszeiger
x: -115
y: -113
Wenn angeklickt
wiederhole fortlaufend
gehe 5 er-Schritt
falls Farbe berührt ? dann
drehe dich um 15 Grad
falls Farbe berührt ? dann
drehe dich um 15 Grad

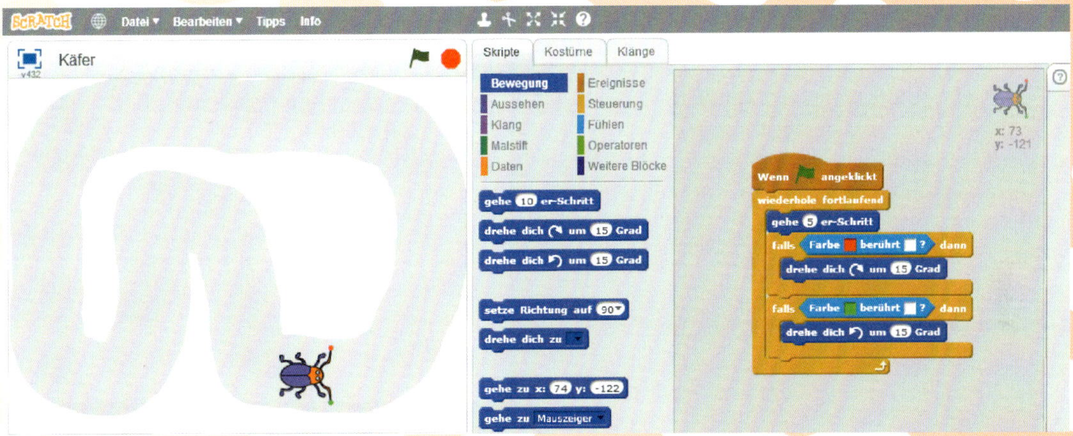
SCRATCH
Datei
Bearbeiten
Tipps
Info
Käfer
Skripte
Kostüme
Klänge
Bewegung
Aussehen
Klang
Malstift
Daten
Ereignisse
Steuerung
Fühlen
Operatoren
Weitere Blöcke
gehe 10 er-Schritt
drehe dich um 15 Grad
drehe dich um 15 Grad
setze Richtung auf 90
drehe dich zu
gehe zu x: 74 y: -122
gehe zu Mauszeiger
x: 73
y: -121
Wenn angeklickt
wiederhole fortlaufend
gehe 5 er-Schritt
falls Farbe berührt ? dann
drehe dich um 15 Grad
falls Farbe berührt ? dann
drehe dich um 15 Grad

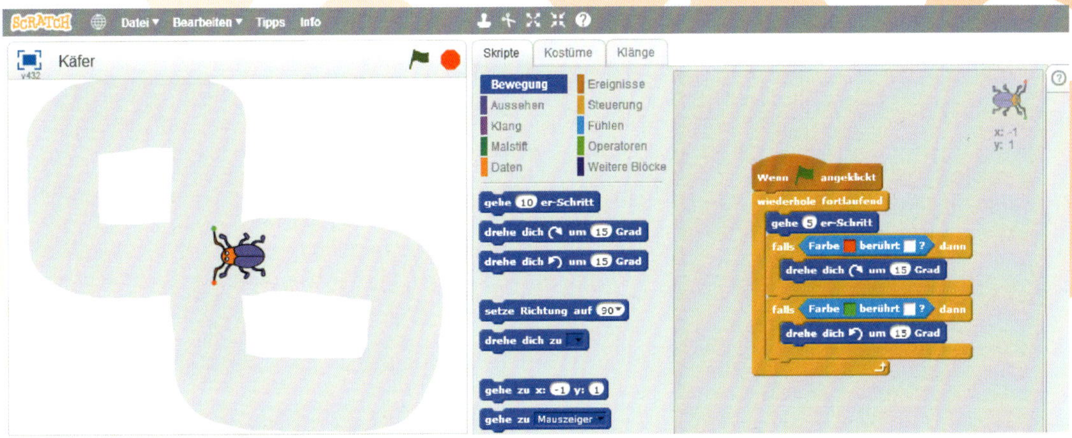
SCRATCH
Datei
Bearbeiten
Tipps
Info
Käfer
Skripte
Kostüme
Klänge
Bewegung
Aussehen
Klang
Malstift
Daten
Ereignisse
Steuerung
Fühlen
Operatoren
Weitere Blöcke
gehe 10 er-Schritt
drehe dich um 15 Grad
drehe dich um 15 Grad
setze Richtung auf 90
drehe dich zu
gehe zu x: -1 y: 1
gehe zu Mauszeiger
x: -1
y: 1
Wenn angeklickt
wiederhole fortlaufend
gehe 5 er-Schritt
falls Farbe berührt ? dann
drehe dich um 15 Grad
falls Farbe berührt ? dann
drehe dich um 15 Grad

# ⑦ Scratch malt Retro-Computergrafiken

In den 70er-Jahren, also in den Anfangszeiten der privat genutzten Computer, da die Grafikfähigkeiten noch begrenzt waren, kamen kreisförmige Bilder, die aus vielen geraden Linien zusammengesetzt waren, groß in Mode.

Mit diesem Scratch-Projekt kannst du solche Grafiken selbst erstellen. Scratch bietet Grafikfunktionen, die deutlich einfacher zu programmieren sind als die komplizierten Algorithmen der damaligen Zeit.

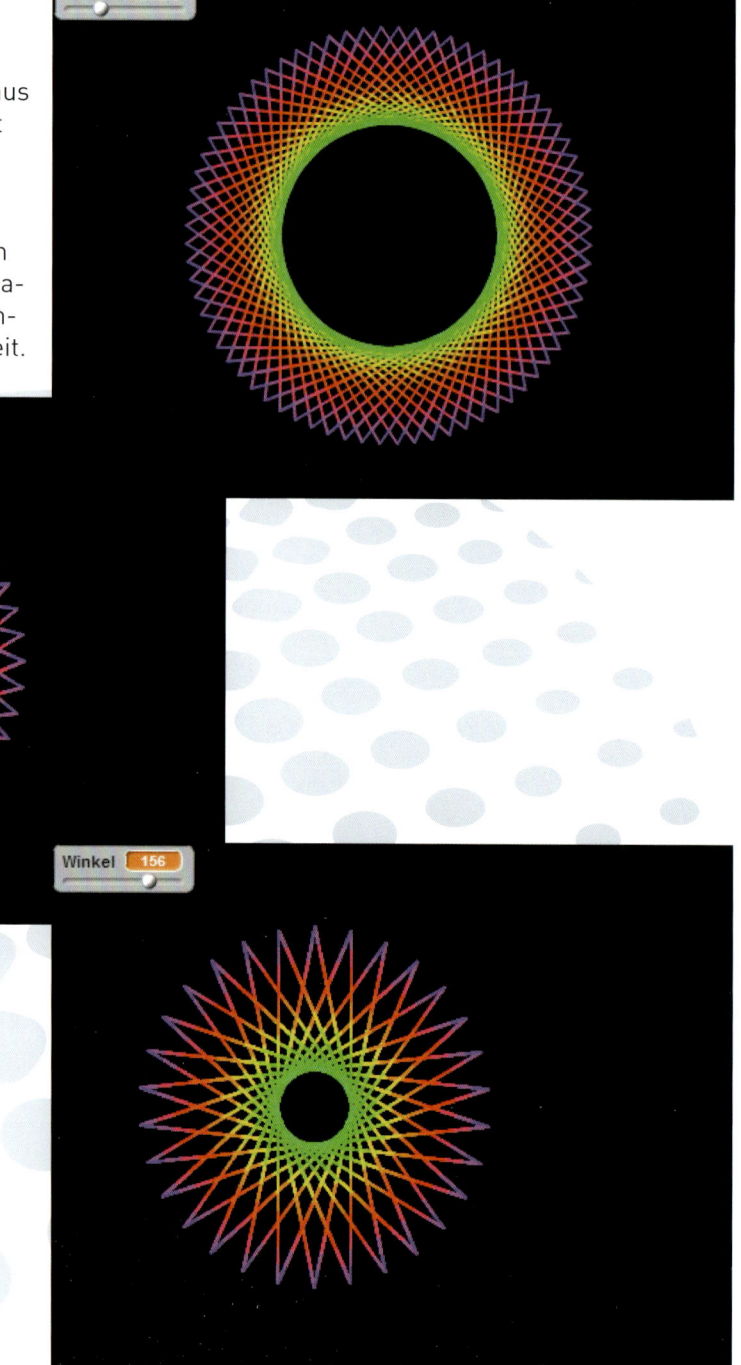

74 Der kleine Hacker – Programmieren für Einsteiger

## SO ENTSTEHEN DIE GRAFIKEN

Beim Zeichnen solcher Grafiken werden immer die gleichen Schritte wiederholt:

- Zeichne eine gerade Linie in einer bestimmten Länge.

- Drehe dich um einen bestimmten Winkel.

- Zeichne dann wieder eine gerade Linie der gleichen Länge

- Drehe dich wieder um den gleichen Winkel usw.

Bei Drehwinkeln, die ein ganzzahliger Teiler von 360 Grad sind, was im Bereich zwischen 90 und 180 Grad nur für 90 Grad und 120 Grad zutrifft, entstehen einfache geometrische Figuren, da hier die vierte bzw. dritte Linie wieder am Anfangspunkt der ersten ankommt.

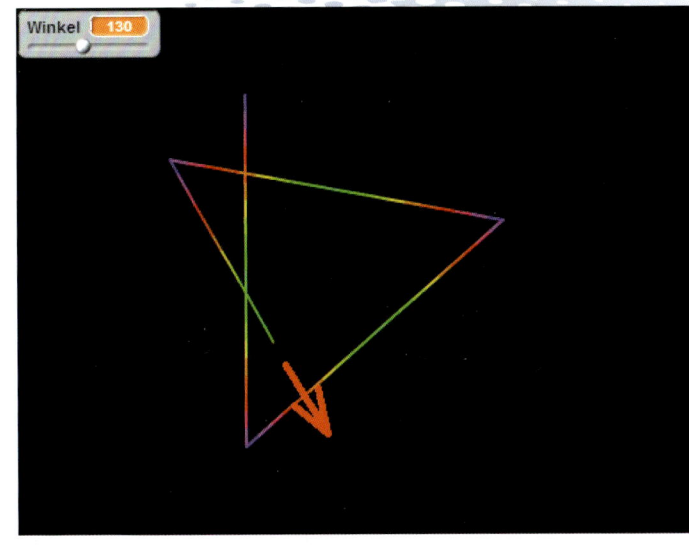

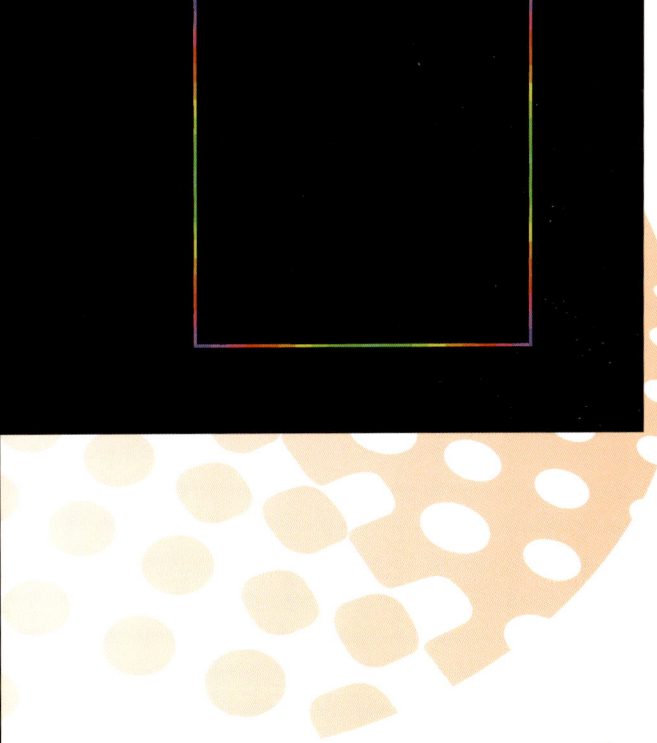

# 7 Scratch malt Retro-Computergrafiken

## DAS ERSTE GRAFIKPROGRAMM

Scratch verwendet für die eingebauten Grafikfunktionen die sogenannte Turtle-Grafik. Turtle ist das englische Wort für Schildkröte. Eine Schildkröte oder irgendeine andere Figur, z. B. die Scratch-Katze, bekommt einen farbigen Stift, mit dem jede ihrer Bewegungen auf dem Hintergrund eine Spur hinterlässt. Dabei kann sich die Figur beim Zeichnen sogar verstecken, also unsichtbar werden, und trotzdem eine Spur hinterlassen – die Scratch-Katze würde auch gar nicht ins Bild der Retro-Computergrafiken passen.

① Färbe als Erstes den Hintergrund schwarz, dann erscheinen die farbigen Linien leuchtender, und das Ganze sieht stilechter aus. Klicke dazu in der Figurenliste auf die Bühne, schalte auf die Seite *Bühnenbilder* und wähle dort unten die Farbe Schwarz. Nimm dir dann den Farbeimer und klicke im Grafikbereich in das Zeichenfenster. Es färbt sich komplett schwarz.

② Als Allererstes nach dem Klicken auf das grüne Fähnchen soll sich die Katze verstecken. Wir brauchen sie zwar zum Zeichnen, sie soll aber nicht zu sehen sein. Auf der Blockpalette *Aussehen* gibt es dazu den Block *verstecke dich*.

③ Die Grafik beginnt mit einer senkrechten Linie von oben nach unten. Wir beginnen an der Position *x: -80, y: 120*, und jede Linie ist 240 Einheiten lang. Eventuell musst du je nach Bildschirmauflösung diese Werte etwas anpassen. Zwei Bewegungsblöcke setzen die unsichtbare Katze an diese Position und die Richtung auf *180* Grad (nach unten).

④ Möchtest du sehen, wo sich eine versteckte Figur gerade befindet, klicke in der Figurenliste mit der rechten Maustaste darauf und wähle im Menü *zeige dich*. Umgekehrt kannst du sichtbare Figuren mit *verstecke dich* verstecken.

⑤ Bevor die unsichtbare Katze die erste Linie malt, sollen zunächst sämtliche Spuren früherer Zeichnungen weggewischt werden, damit die neue Grafik jedes Mal wieder auf einer leeren Bühne beginnen kann. Hänge dazu einen Block *wische Malspuren weg* von der Blockpalette *Malstift* an das Programm an. Auf dieser Blockpalette findest du alle Blöcke zum Malen.

**6** Setze die Stiftfarbe auf Violett. Sie wird später beim Malen noch verändert. Ziehe dazu einen Block *setze Stiftfarbe auf ...* an das Programm. Klicke in das Farbfeld dieses Blocks und wähle dann irgendwo auf dem Bildschirm die Farbe Violett aus. Da auf der Bühne bis jetzt keine Farben sind, kannst du die Farbe einfach von dem Block *verstecke dich* holen.

`setze Stiftfarbe auf ■`

**7** Setze nun mit einem Block *setze Stiftdicke auf ...* die Stiftdicke auf **2**, damit die Linien klarer zu erkennen sind. Die Standardstiftdicke von **1** ist sehr dünn.

`setze Stiftdicke auf (2)`

**8** Jetzt muss der Stift mit dem Block *schalte Stift ein* noch eingeschaltet werden, damit die unsichtbare Katze bei ihrer Bewegung auch wirklich malt. Mit dem Block *schalte Stift aus* kannst du den Stift jederzeit wieder ausschalten, um eine Linie zu unterbrechen.

**9** Jetzt könntest du mit einer einfachen Bewegung der unsichtbaren Katze eine Linie malen. Da jede Linie aber einen Farbverlauf bekommen soll, der später die Grafiken so schön bunt macht, bauen wir zwei Schleifen ins Programm ein.

```
wiederhole (10) mal
    gehe (12) er-Schritt
    ändere Stiftfarbe um (12)
```

**10** Diese Schleife malt **10** aufeinanderfolgende Linien, die jeweils **12** Einheiten lang sind. Nach jeder Linie wird die Stiftfarbe um **12** verändert. Über die Zahl im Block *ändere Stiftfarbe um ...* wird der Farbton entlang eines Regenbogens verändert. Je kleiner die Zahl, umso kleiner ist auch die Veränderung gegenüber der bisherigen Farbe. Nach 120 (= 10 * 12) Farbschritten wird aus dem Violett ein kräftiges Grün.

```
Wenn [Flagge] angeklickt
verstecke dich
gehe zu x: (-80) y: (120)
setze Richtung auf (180▼)
wische Malspuren weg
setze Stiftfarbe auf ■
setze Stiftdicke auf (2)
schalte Stift ein
```

# 7 Scratch malt Retro-Computergrafiken

**11** Die Linie hat jetzt eine Länge von 120 Einheiten, die Hälfte der gewünschten Länge für die Grafik. Eine zweite, ähnliche Schleife malt die zweite Hälfte der Linie, wobei sich die Farbe wieder Schritt für Schritt von Grün zurück nach Violett ändert.

**12** Das Programm soll aber nicht nur eine Linie zeichnen, sondern eine runde Grafik aus vielen Linien. Dazu wird das Zeichnen einer Linie über eine Endlosschleife wiederholt. Jede Linie beginnt am Endpunkt der zuletzt gezeichneten, da sich die unsichtbare Katze zwischendurch nicht bewegt. Die Katze dreht sich nur jedes Mal am Ende einer Linie um den gleichen Winkel.

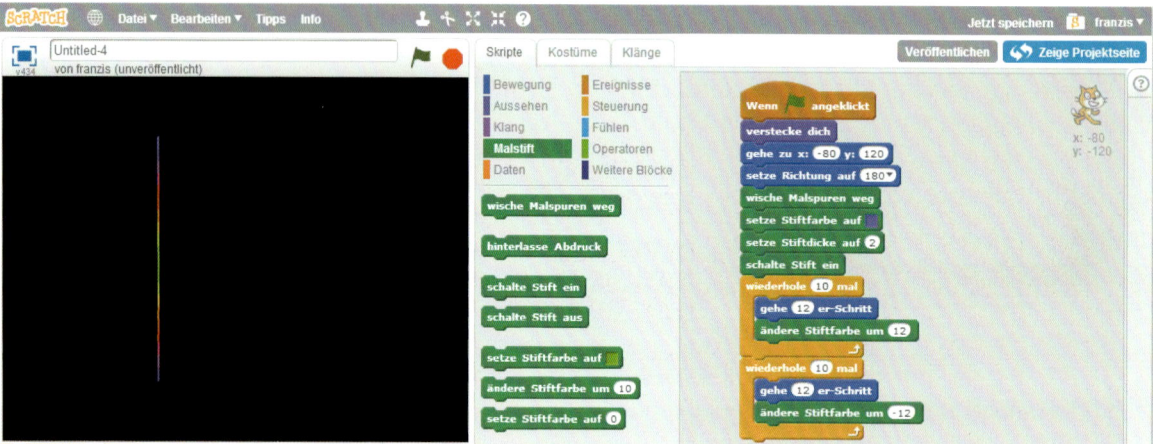

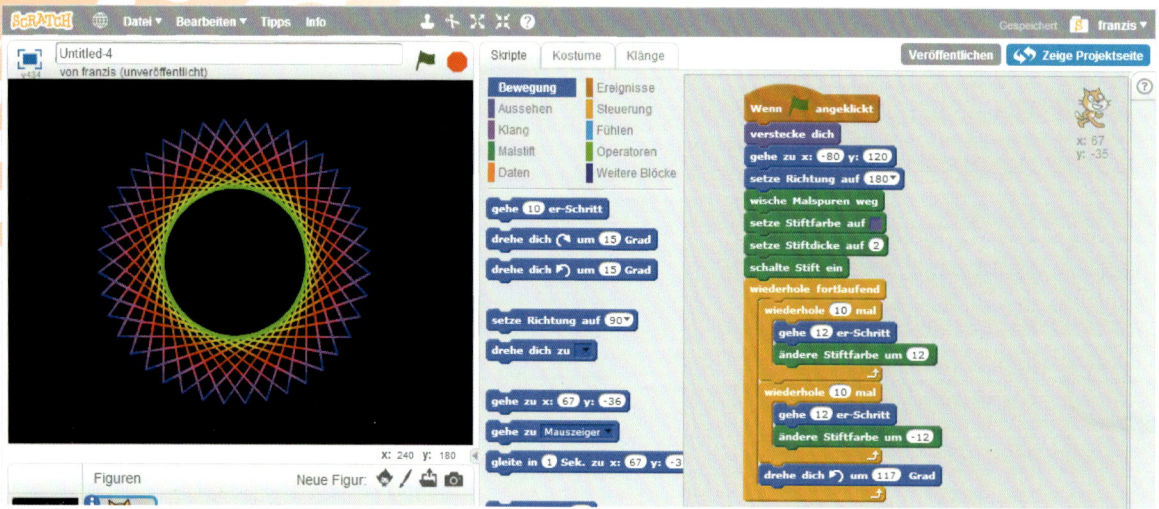

🔟 Probiere unterschiedliche Winkel im Block *drehe dich um ... Grad* aus. Du wirst sehen, es entstehen völlig verschiedene Muster. Je größer der Winkel, desto kleiner wird der schwarze Kreis in der Mitte der Grafik.

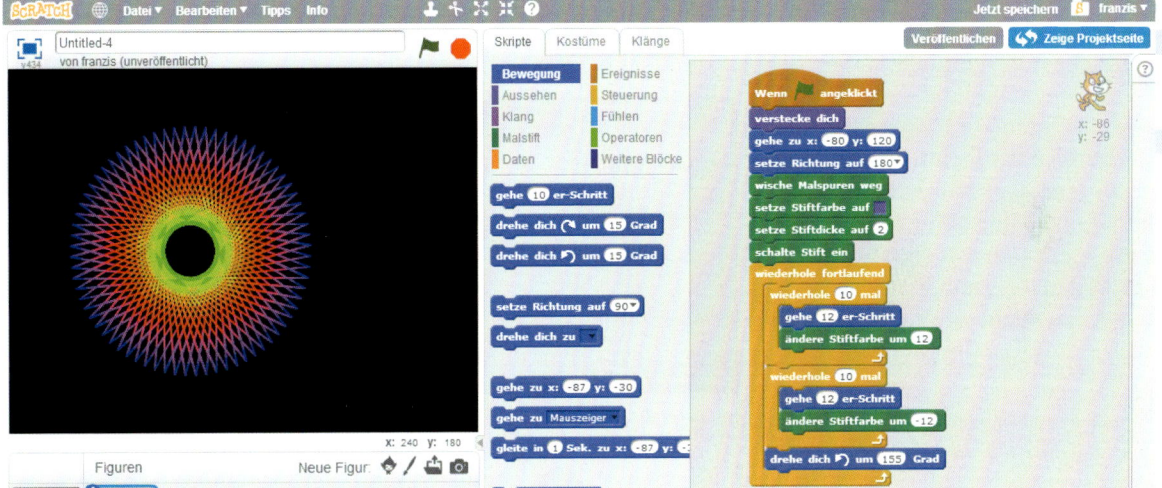

## WINKEL ÜBER VARIABLE EINSTELLEN

In einem echten Programm wird man keinem Anwender zumuten, im Programmcode irgendwelche Werte zu verändern. Viel eleganter ist es, solche veränderbaren Werte, wie hier den Winkel, direkt auf der Benutzeroberfläche einzustellen.

❶ Lege auf der Blockpalette *Daten* eine weitere Variable *Winkel* an, die den Drehwinkel des Malstifts zwischen zwei Linien festlegt. Diese Variable soll auf der Bühne zu sehen sein. Das Kästchen links neben der Variablen auf der Blockpalette *Daten* muss angekreuzt sein.

❷ Ziehe die Variable *Winkel* in das Zahlenfeld im *drehe dich um ... Grad*-Block.

# 7 Scratch malt Retro-Computergrafiken

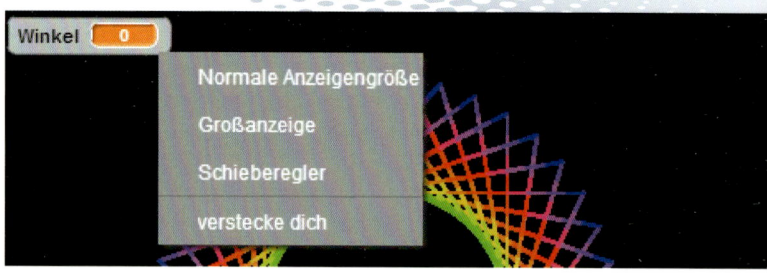

❸ Klicke mit der rechten Maustaste auf das Anzeigefeld der Variablen auf der Bühne und wähle im Menü *Schieberegler*. Damit erstellst du einen Schieberegler, um den Wert der Variablen, während das Programm läuft, mit der Maus zu ändern.

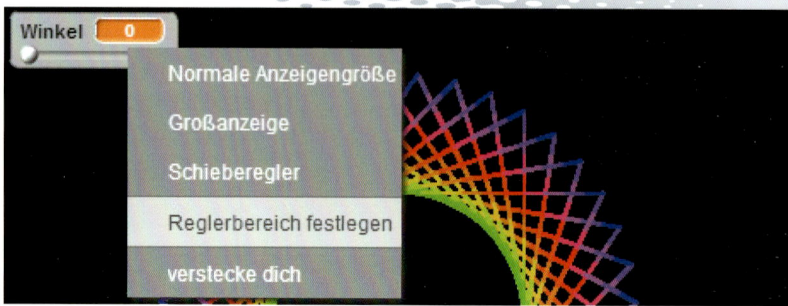

❹ Klicke noch einmal mit der rechten Maustaste auf das Anzeigefeld der Variablen und wähle jetzt *Reglerbereich festlegen*. Stelle hier einen Bereich von **90** bis **180** ein. Das bedeutet, dass du später einen Wert in diesem Bereich mit dem Schieberegler einstellen kannst. Andere Werte ergeben bei dieser Art von Grafik kein sinnvolles Ergebnis.

❺ Stelle jetzt mit dem Schieberegler einen Wert ein und starte das Programm mit einem Klick auf das grüne Fähnchen.

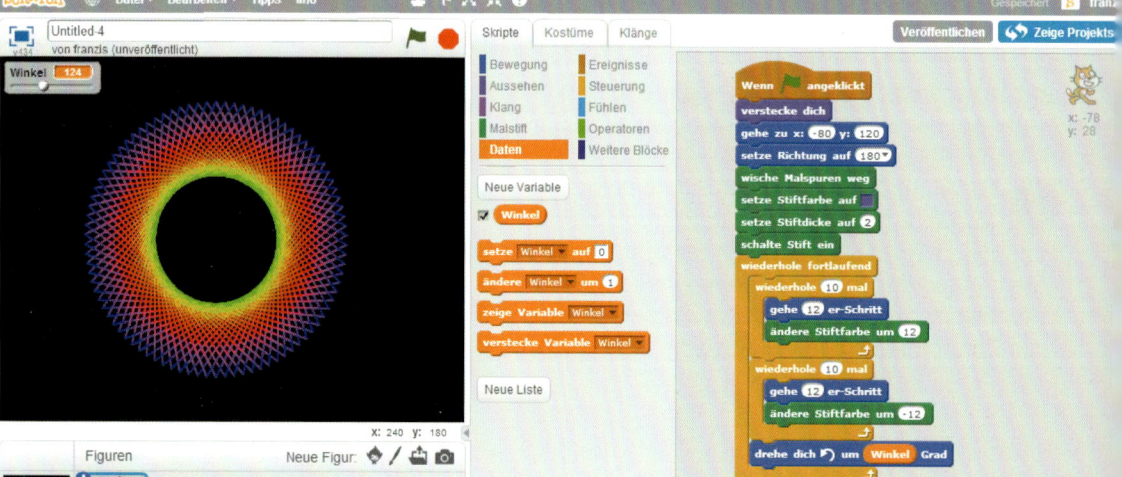

80  Der kleine Hacker – Programmieren für Einsteiger

**6** Um einen anderen Wert auszuprobieren, halte das Programm mit einem Klick auf das rote Stoppsymbol an, stelle den neuen Wert ein und starte es mit dem grünen Fähnchen wieder. Beim Neustart des Programms werden alle Malspuren weggewischt, damit die neue Grafik auf der schwarzen Bühne gut zu erkennen ist.

## WINKEL INTERAKTIV EINSTELLEN

Jedes Mal erst das Programm anhalten zu müssen, um einen anderen Winkel auszuprobieren, ist nicht besonders komfortabel. Ein Benutzer, der mit der Technik des Programms nicht vertraut ist, wird auch nicht verstehen, warum er das tun sollte. Deutlich benutzerfreundlicher wäre es, wenn das Programm automatisch richtig reagieren würde, wenn man einen anderen Winkel einstellt.

**1** Lege auf der Blockpalette *Daten* eine neue Variable *Winkel_alt* an, die sich den Drehwinkel des Malstifts merkt. Diese Variable soll auf der Bühne nicht zu sehen sein. Das Kästchen links neben der Variablen auf der Blockpalette *Daten* darf also nicht angekreuzt sein.

**2** Diese Variable wird am Anfang des Programms auf *0* gesetzt.

**3** Innerhalb der Endlosschleife, die die Grafik erzeugt, steht jetzt eine *falls ... dann ... sonst*-Abfrage, die prüft, ob der aktuell über den Schieberegler eingestellte Winkel gleich dem zuletzt in der Variablen *Winkel_alt* gemerkten Winkel ist.

# 7 Scratch malt Retro-Computergrafiken

**4** Sind beide Winkel gleich, malen die bereits bekannten Schleifen eine insgesamt 240 Einheiten lange Linie mit Farbverlauf. Danach dreht sich die unsichtbare Katze um den eingestellten Winkel, und die nächsten Linien werden gezeichnet. Bis hier läuft alles wie bereits bekannt.

**5** Sollte der aktuell über den Schieberegler eingestellte Winkel aber nicht gleich dem zuletzt in der Variablen *Winkel_alt* gemerkten Winkel sein, hat der Benutzer des Programms über den Schieberegler einen neuen Winkel eingestellt. In diesem Fall wird der zweite Block in der *falls ... dann ... sonst*-Abfrage ausgeführt. Hier passiert all das, was in der letzten Programmversion noch am Anfang erledigt wurde, um eine neue Grafik zu starten. Dabei wird die unsichtbare Katze an den Anfangspunkt gesetzt, alle Malspuren werden verwischt und Stiftfarbe sowie Stiftdicke eingestellt. Danach wird die Variable *Winkel_alt* auf den aktuellen Winkel gesetzt, und im nächsten Durchlauf der Endlosschleife wird mit dem Malen begonnen.

## SCHNELLERE GRAFIK

Es ist etwas mühsam, auszuprobieren, wie sich verschiedene Winkel auf die Grafik auswirken, da der Aufbau eines neuen Bilds immer einige Zeit dauert. Das kommt durch den Farbverlauf auf den Linien. Generell gilt für jedes Grafikprogramm: Es dauert immer gleich lang, eine Linie zu zeichnen, egal wie lang sie ist. Das Programm zeichnet aber zurzeit 20 aufeinanderfolgende Linienstücke in unterschiedlichen Farben, die dann wie eine Linie aussehen.

Wenn du also auf den Farbverlauf verzichtest und statt 20 Linien jedes Mal nur eine zeichnest, wird das Programm etwa 20-mal so schnell.

Ersetze die Schleifen im ersten Block in der *falls ... dann ... sonst*-Abfrage durch eine einfache Bewegung von 240 Einheiten. Dann kannst du wirklich interaktiv mit der Winkeleinstellung spielen und schnell sehen, welche Winkel interessante Grafiken ergeben.

### INITIALISIERUNG AM ANFANG FÄLLT WEG

Die Initialisierung der Grafik am Programmanfang ist jetzt nicht mehr nötig. Da die Variable *Winkel_alt* beim Start auf *0* gesetzt wird, kann sie nie den gleichen Wert wie der über den Schieberegler eingestellte Winkel haben. Also wird gleich beim ersten Durchlauf der Endlosschleife der zweite Block in der *falls ... dann ... sonst*-Abfrage ausgeführt, der alle Einstellungen der Grafik für ein neues Bild zurücksetzt.

Der kleine Hacker – Programmieren für Einsteiger

## DER TURBO-MODUS

So weit zur Programmiertheorie … In Wirklichkeit ist jeder PC heute wesentlich schneller, als es nötig wäre, um ein paar Linien ohne sichtbaren Zeitverlust zu malen. Scratch hat extra Bremsen eingebaut, damit es dir beim Programmieren nicht davonläuft und du die Programmschritte mitverfolgen kannst.

Wenn du im Menü unter *Bearbeiten* den *Turbo-Modus* einschaltest, wird diese Bremse gelöst, und alles läuft richtig schnell.

Jetzt kannst du wirklich interaktiv mit dem Schieberegler verschiedene Winkel ausprobieren und dabei die Grafik sich in voller Farbenpracht verändern sehen.

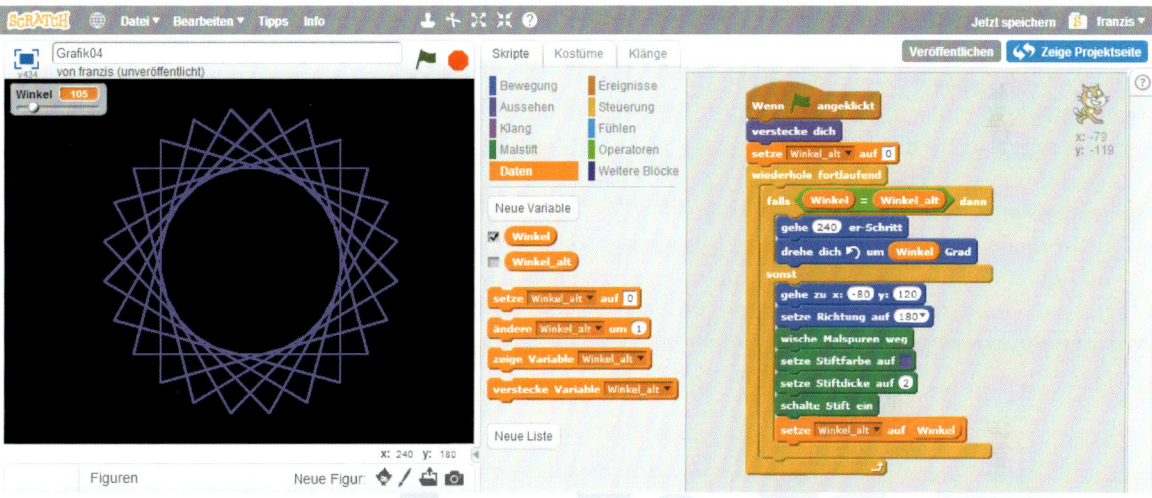

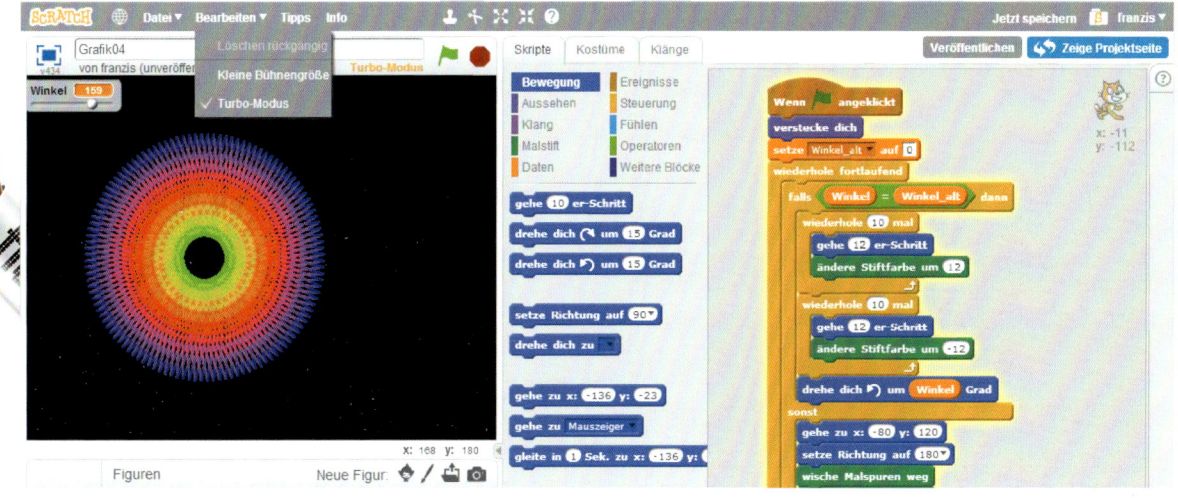

# ⑧ Musik mit Scratch

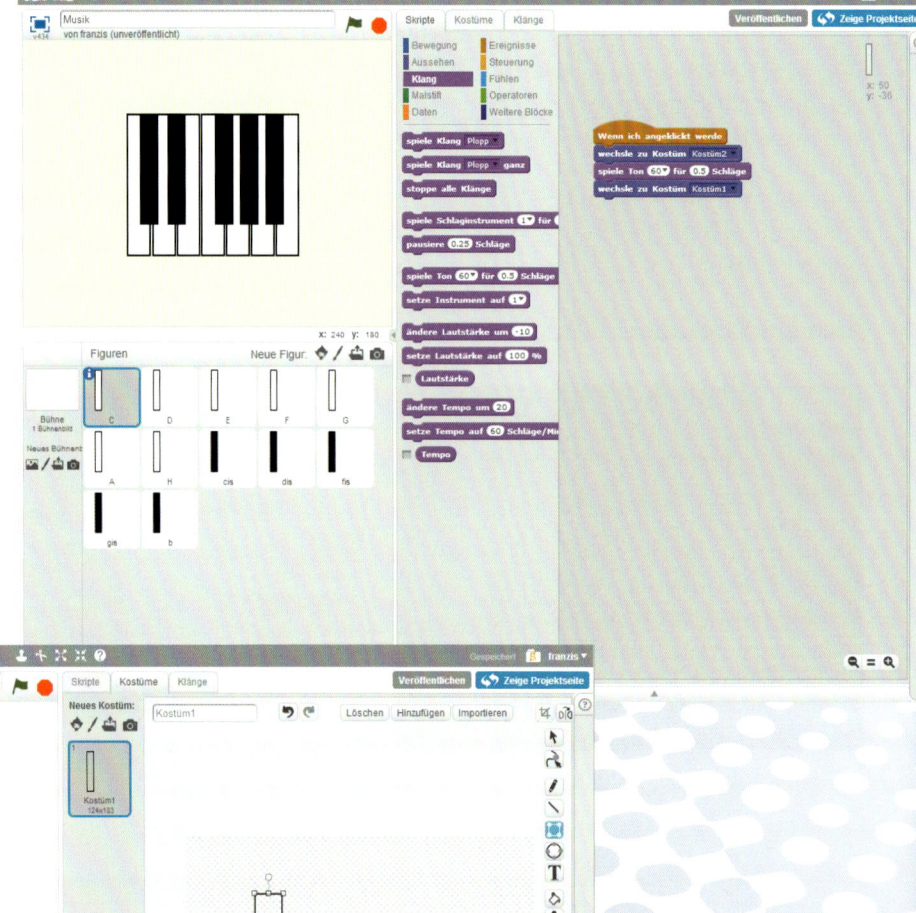

Mit Scratch kannst du auch Musik machen. In diesem Projekt zeichnen wir ein kleines Klavier, das Töne von sich gibt.

❶ Starte ein neues Projekt in Scratch und lösche als Erstes die Katze. In diesem Projekt wirst du diverse andere Objekte brauchen – genauer gesagt, für jede Klaviertaste ein Objekt –, die Katze aber nicht.

❷ Zeichne jetzt die erste weiße Klaviertaste. Schalte dazu im Gra-

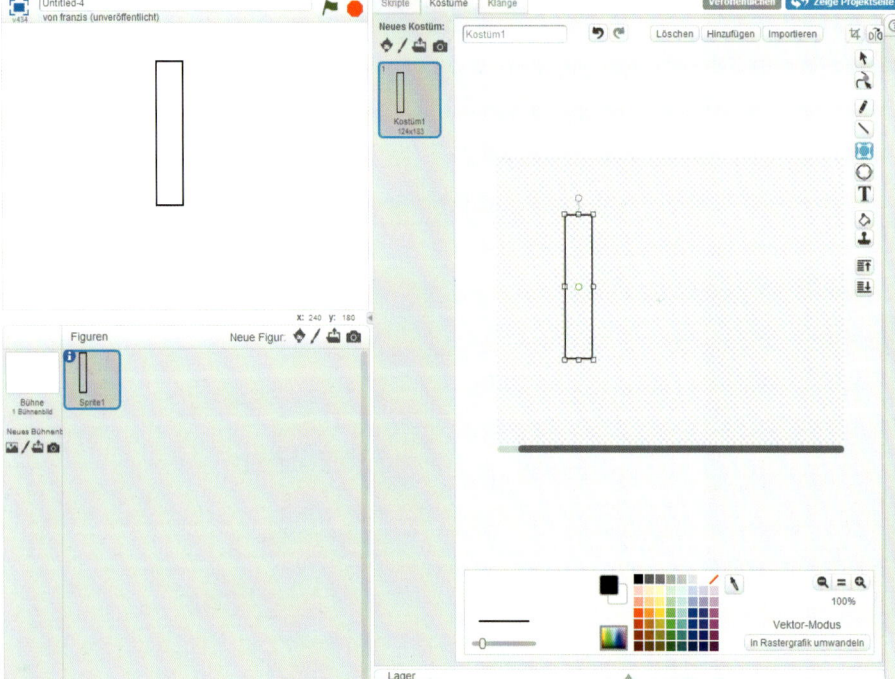

84   Der kleine Hacker – Programmieren für Einsteiger

fikbereich unten rechts auf Vektorgrafik um. Zeichne mit schwarzer Farbe ein nicht gefülltes schmales Rechteck.

❸ Wähle danach die weiße Farbe aus, klicke auf das Farbeimersymbol und fülle das Rechteck damit aus.

❹ Gib der Taste gleich noch einen Namen. Bei vielen Objekten in einem Programm kommt man sonst schnell durcheinander. Klicke dazu auf das blaue *i*-Symbol dieser Taste in der Figurenliste und ändere im Namensfeld den Namen von *Sprite1* auf *C*. Das ist der Ton, den die erste Taste spielen soll.

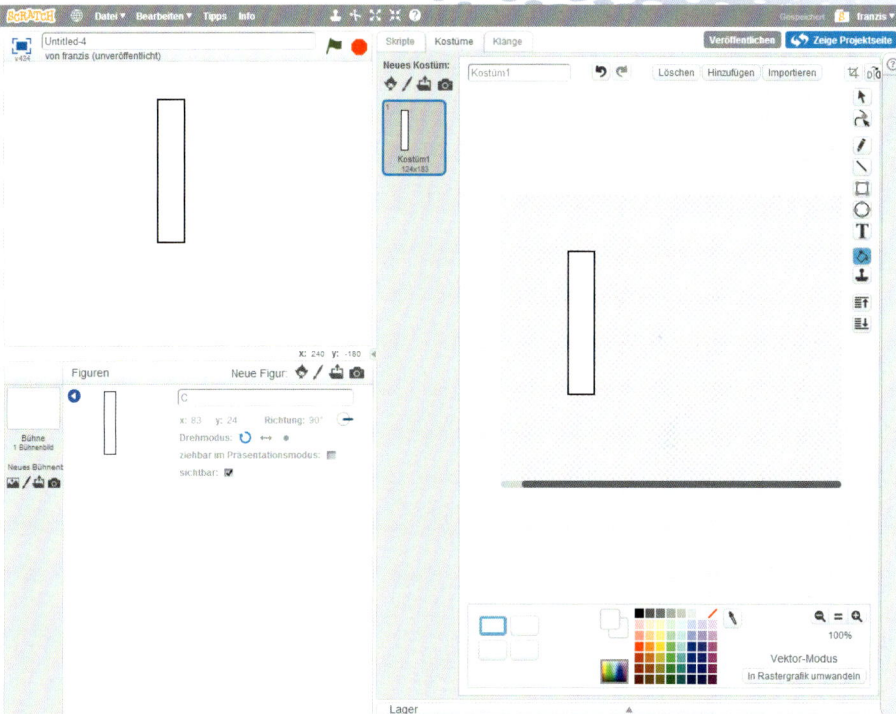

❺ Unser Klavier soll sieben weiße und fünf schwarze Tasten bekommen. Die nächsten sechs weißen Tasten kannst du einfach aus der ersten duplizieren. Klicke dazu mit der rechten Maustaste auf die Figur *C* in der Figurenliste und wähle im Menü *Duplizieren*.

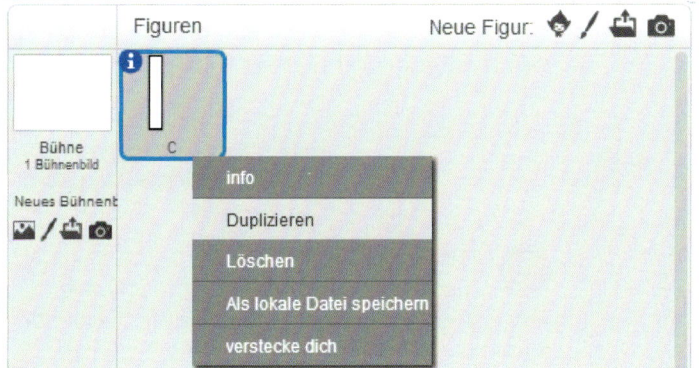

# ⑧ Musik mit Scratch

**⑥** Benenne die duplizierte Taste in *D* um und schiebe sie mit winzigem Abstand rechts neben die erste Taste.

**⑦** Dupliziere auf die gleiche Weise weitere Tasten und nenne sie *E*, *F*, *G*, *A* und *H*.

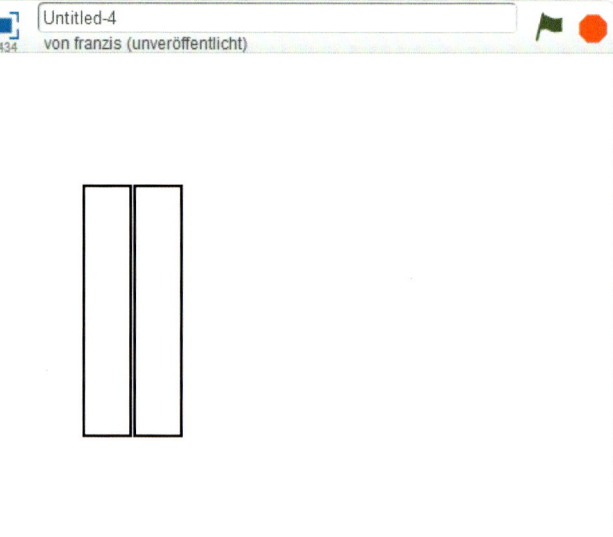

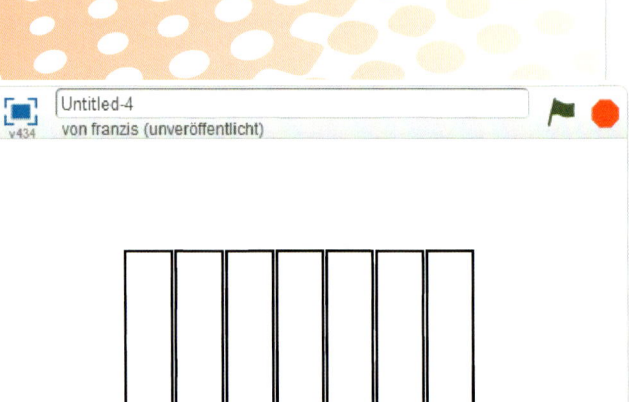

**⑧** Sollte eine Taste beim Duplizieren außerhalb der Bühne landen, kannst du sie nicht greifen, um sie an die richtige Position zu schieben. Trage in diesem Fall direkt auf der Blockpalette **Bewegung** im Block *gehe zu x: ... y: ...* zweimal die *0* ein und klicke darauf. Du brauchst den Block nicht ins Skriptfenster zu ziehen. Die aktuell ausgewählte Taste rutscht in den sichtbaren Bereich der Bühne.

**⑨** Zeichne jetzt die erste schwarze Taste als ausgefülltes Rechteck und mache sie etwas kleiner als die weißen Tasten. Verwende auch hier den Modus *Vektorgrafik*. Schiebe diese Taste zwischen die ersten beiden weißen

Tasten, sodass die oberen Kanten miteinander abschließen.

**10** Benenne diese Figur in *cis* um und dupliziere daraus vier weitere schwarze Tasten. Platziere diese wie abgebildet zwischen die weißen Tasten und nenne sie *dis*, *fis*, *gis* und *b*.

**11** Jede Taste bekommt jetzt ihre eigenen Programmblöcke. Diese sind für alle

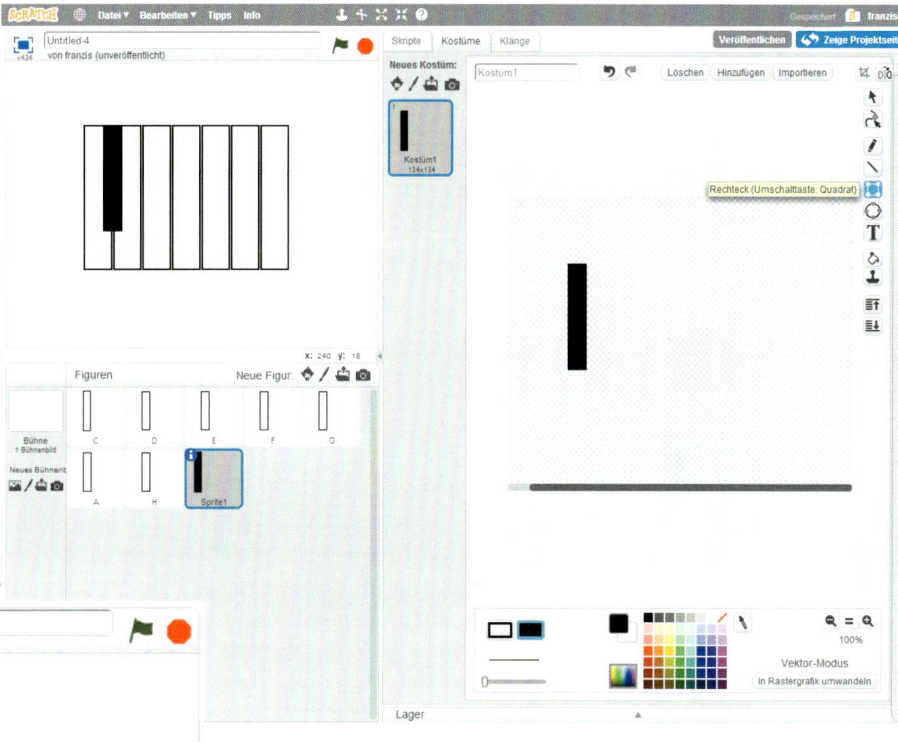

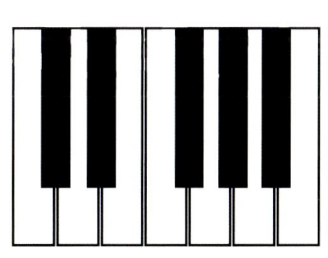

Tasten ähnlich, sie spielen beim Anklicken der Taste einen bestimmten Ton ab. Die Programmblöcke starten diesmal nicht beim Klick auf das grüne Fähnchen, sondern jedes Mal, wenn die entsprechende Taste angeklickt wird. Markiere in der Figurenliste die Taste *C* und ziehe dann aus der Blockpalette *Ereignisse* den Block *Wenn ich angeklickt werde* ins Skriptfenster.

**12** Alle Blöcke darunter werden immer dann ausgeführt, wenn die Figur – hier die Taste *C* – angeklickt wird. Um deutlich zu sehen, dass eine Klaviertaste gedrückt wurde, soll diese kurz etwas abgedunkelt erscheinen. Hänge dazu aus der Blockpalette *Aussehen* den Block *setze ...-Effekt*

**87**

# 8 Musik mit Scratch

*auf ...* an das Programm an, wähle im Listenfeld *Helligkeit* aus und trage in das Zahlenfeld *-10* ein. Damit verdunkelt sich die Figur.

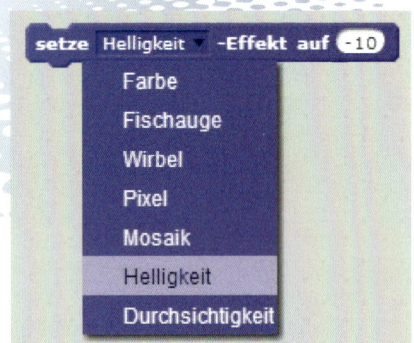

⑬ Danach soll Scratch den richtigen Ton erzeugen. Ziehe dazu aus der pinkfarbenen Blockpalette *Klang* den Block *spiele Ton ... für ... Schläge* in das Programm.

⑭ Klicke einfach einmal auf diesen Block im Programmfenster. Schon ertönt der erste Ton. Klicke dann in das Zahlenfeld hinter *Ton*. Es erscheint eine Klaviatur, auf der du den gewünschten Ton auswählen kannst. Die erste Klaviertaste *C* soll den Ton *C(60)* spielen.

⑮ Sobald der Ton abgespielt ist, soll die Taste auch wieder normal und nicht abgedunkelt dargestellt werden. Hänge dazu einen weiteren Block *setze Helligkeit-Effekt auf ...* an das Programm an und setze dort den Wert wieder auf *0*.

⑯ Lege die gleichen Blöcke für alle weißen Klaviertasten an. Welche Taste welchen Ton spielen soll, ist in der Klaviertastenabbildung des Blocks *spiele Ton ... für ... Schläge* gut zu erkennen. Die Bezeichnungen der Töne lauten in Scratch manchmal etwas anders als im deutschen Sprachgebrauch.

| Ton | Tastenfarbe | Nummer | Scratch |
|---|---|---|---|
| c | Weiß | 60 | Mittleres C |
| cis | Schwarz | 61 | C# |
| d | Weiß | 62 | D |
| dis | Schwarz | 63 | Eb |
| e | Weiß | 64 | E |
| f | Weiß | 65 | F |
| fis | Schwarz | 66 | F# |
| g | Weiß | 67 | G |
| gis | Schwarz | 68 | G# |
| a | Weiß | 69 | A |
| b | Schwarz | 70 | Bb |
| h | Weiß | 71 | B |

**17** Die schwarzen Klaviertasten müssen beim Anklicken etwas heller und nicht dunkler werden, damit sie gut zu erkennen sind. Setze hier die Helligkeit auf **40** statt auf **-10**.

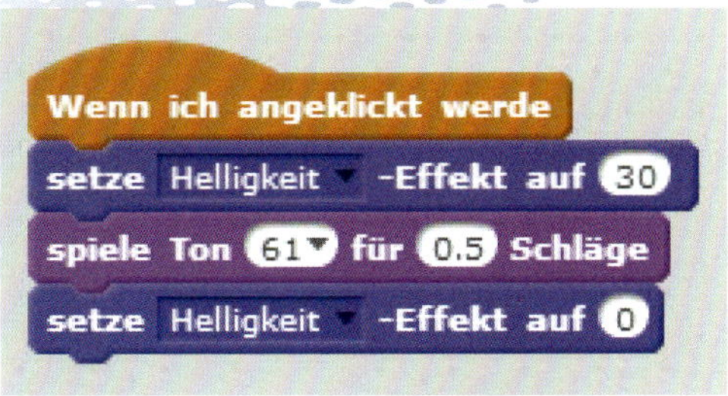

**18** Damit der Hintergrund beim Musizieren nicht so langweilig weiß aussieht, lege einen kleinen Farbeffekt auf die Bühne. Markiere dazu in der Figurenliste links die Bühne. Auch hier kannst du im Skriptfenster Programmblöcke einfügen. Das funktioniert nicht nur bei Figuren. Das abgebildete Programm verändert ständig die Farbe des Bühnenbilds.

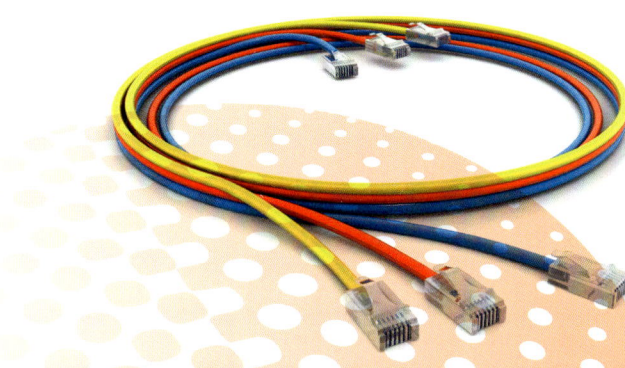

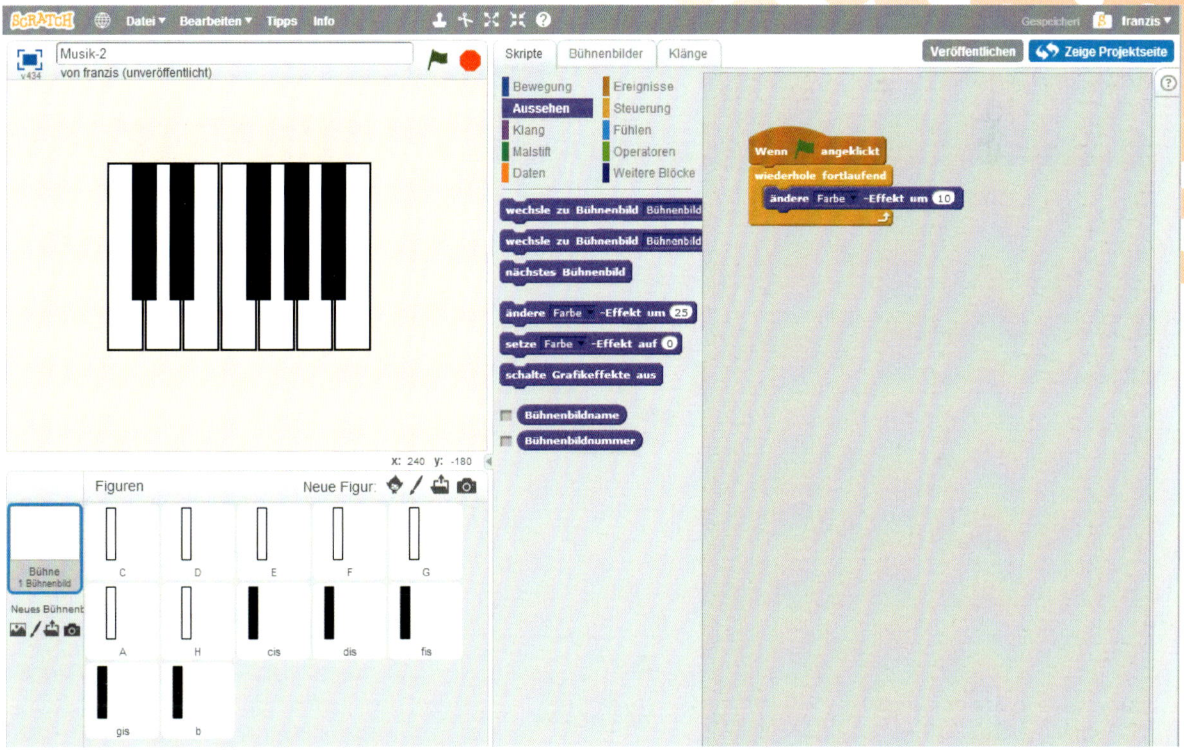

# 9 Flappy Bird

Flappy Bird war das Kultspiel im Sommer 2013. Leider hat der Entwickler am 9. Februar 2014 das Spiel kommentarlos wieder aus allen App-Stores entfernt. Seitdem haben zahlreiche Entwickler das Spiel für verschiedenste Computerplattformen,

### DIE SPIELREGELN

Der kleine Vogel Flappy Bird muss zwischen Rohren hindurchfliegen, die ihm zufällig entgegenkommen. Dabei wird er mit einer Taste in den Himmel befördert und segelt dann wieder langsam herunter. Jedes Mal, wenn er zwischen zwei Rohren hindurchfliegt, gibt es einen Punkt. Stößt er jedoch gegen ein Rohr, ist das Spiel zu Ende.

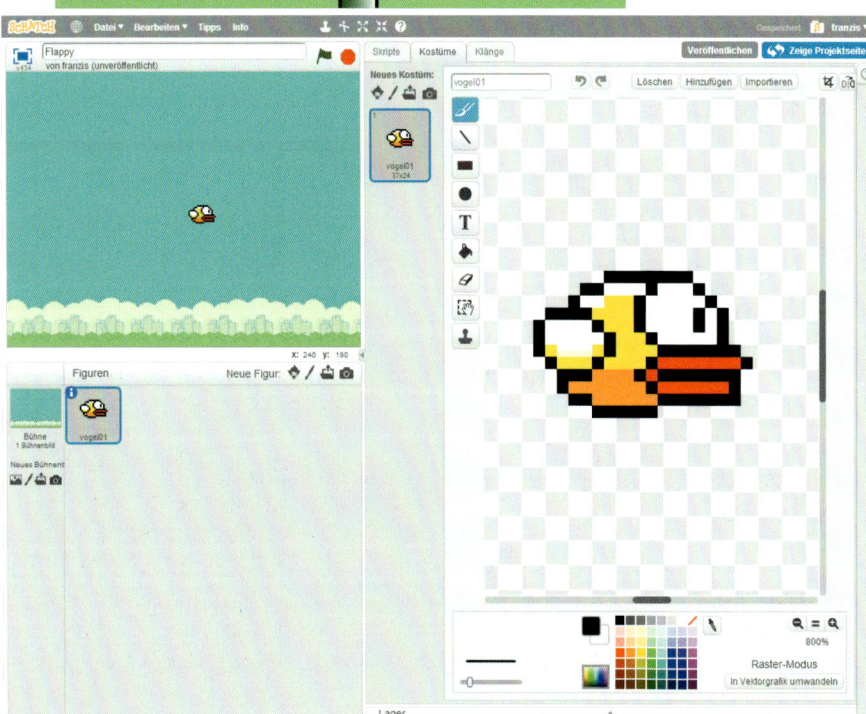

Smartphones und Spielkonsolen nachgebaut. Wir werden jetzt eine etwas vereinfachte Version des Spiels in Scratch nachbauen.

❶ Lege in Scratch ein neues Projekt an, klicke in der Figurenliste links auf die Bühne und dann auf das Symbol **Bühnenbild aus einer Datei laden**. Lade das Hintergrundbild **flappy-bird-buehne.png**, das dem Hintergrund des Originalspiels sehr ähnlich sieht.

❷ Lösche die Katze und klicke in der Figurenliste auf das Symbol **Figur aus einer Datei laden**. Lade hier

90  Der kleine Hacker – Programmieren für Einsteiger

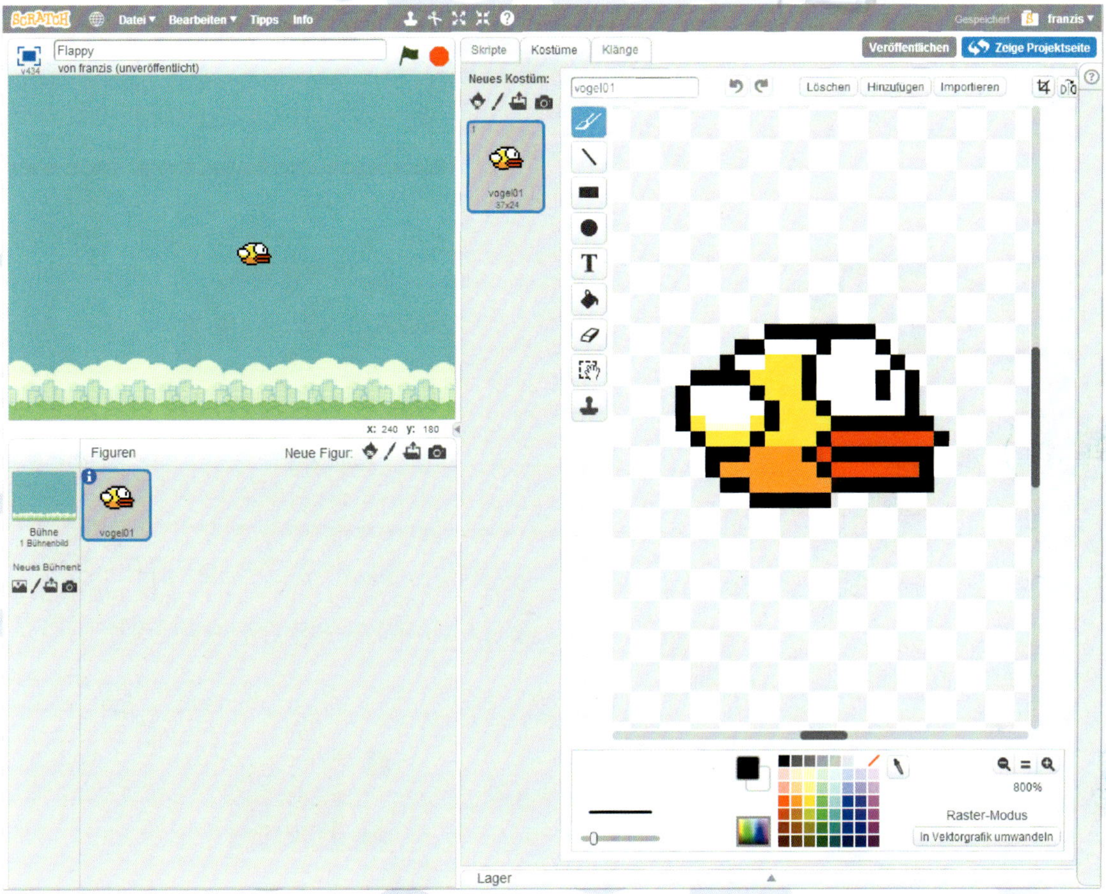

den Vogel **vogel01.png** aus den Downloads zu diesem Buch.

## DER VOGEL FLIEGT

① Damit der Vogel beim Fliegen mit den Flügeln schlagen kann, bekommt er noch ein zweites Kostüm. Klicke dazu mit der rechten Maustaste auf das Kostüm und wähle im Menü *Duplizieren*.

② Wähle mit dem *Auswählen*-Werkzeug in diesem Kostüm den Flügel aus und schiebe ihn um zwei Rastereinheiten nach unten.

③ Male jetzt mit dem Pinsel-Werkzeug die fehlenden Grafikteile nach. Mit der passenden Linienbreite, zu sehen auf der Abbildung, ist der Pinsel genauso groß wie ein Kästchen in der Grafik des Vogels. So kannst du mit ein paar Klicks die fehlenden Teile nachmalen. Mit dem Pipettensymbol holst du die benötigten Farben direkt aus dem Bild.

# ⑨ Flappy Bird

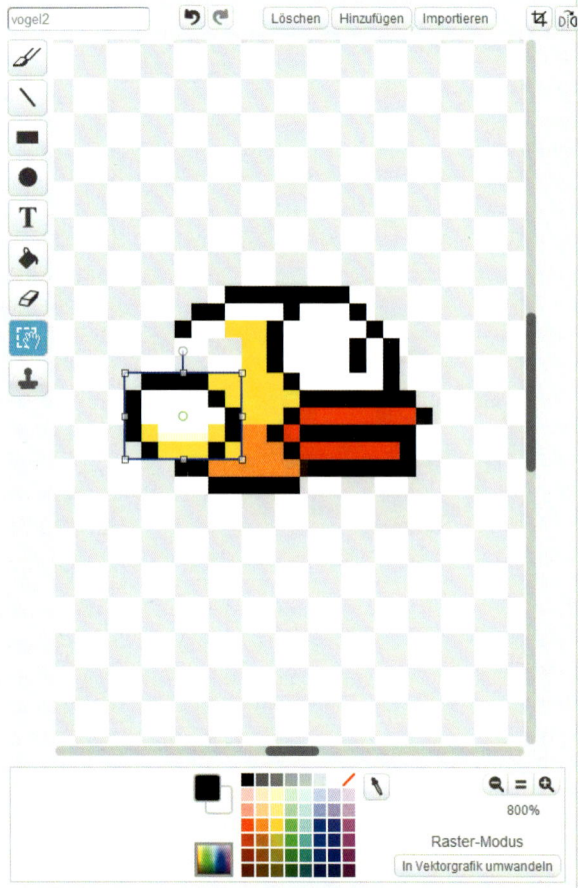

④ Baue ein kleines Programm mit einer Endlosschleife. Dies soll beim Klick auf das grüne Fähnchen gestartet werden und ständig das Kostüm des Vogels wechseln. Dadurch sieht es aus, als würde er schnell mit den Flügeln flattern.

⑤ Mit einem Druck auf die `Leertaste` soll der Vogel ein Stück aufsteigen und dann wieder langsam absinken. Allerdings darf er nicht auf der Wiese landen, sonst ist das Spiel vorbei. Erstelle dazu ein zweites Programm für den Vogel, das ebenfalls mit einem Klick auf das grüne Fähnchen startet. Als Erstes wird der Vogel in seine Startposition gebracht.

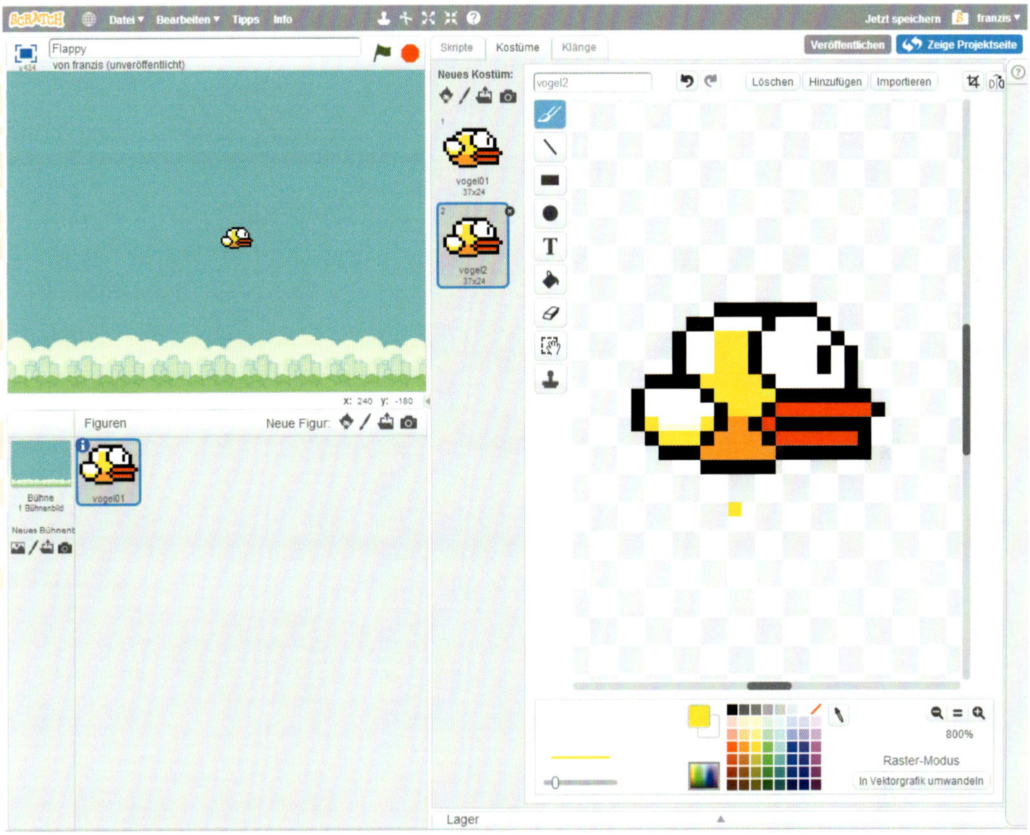

**6** Danach beginnt eine Endlosschleife, die die drei möglichen Spielsituationen verarbeitet: Aufsteigen, Absinken und Spielende bei Berührung der Wiese. Eine *falls ... dann*-Abfrage prüft, ob die `Leertaste` gedrückt wurde. Wenn ja, bewegt sich der Vogel um 10 Einheiten nach oben.

**7** In jedem Schleifendurchlauf soll er um 2 Einheiten absinken, ohne irgendeine Bedingung. Füge dazu noch einen Block *ändere y um -2* in die Endlosschleife ein.

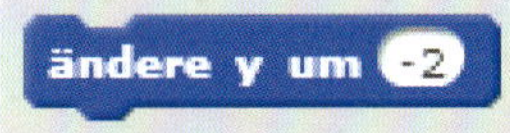

**8** Eine weitere *falls ... dann*-Abfrage prüft, ob der Vogel die Wiese berührt. Verwende hier einen *wird Farbe ... berührt?*-Block und wähle im Farbfeld die grüne Farbe der Wiese aus. Wenn

93

# 9 Flappy Bird

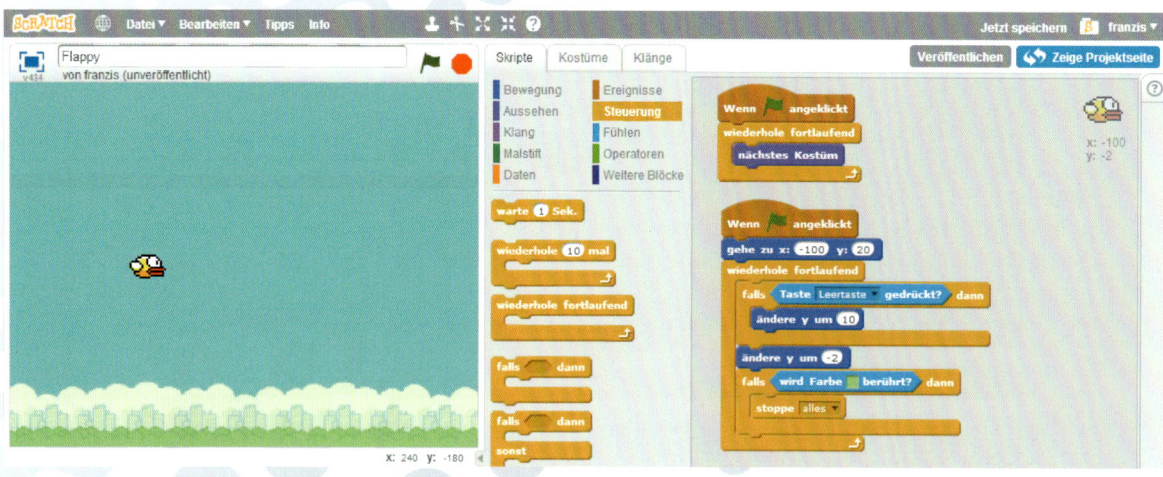

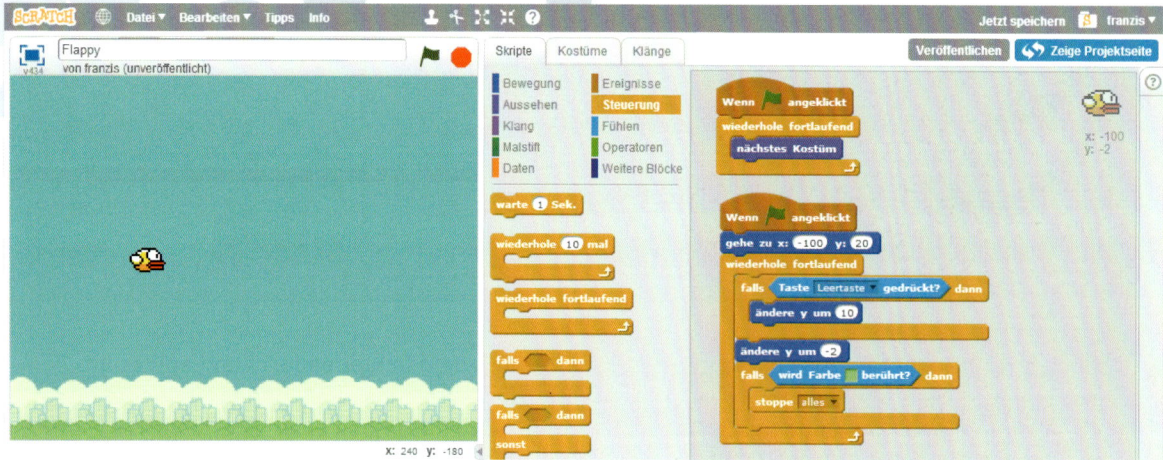

diese Farbe berührt wird, soll das Spiel anhalten. Baue dazu in die Abfrage einen **stoppe alles**-Block.

9 Jetzt kannst du mit einem Klick auf das grüne Fähnchen das Spiel bereits starten und mit der Leertaste ausprobieren, wie sich der Vogel verhält.

## DIE ROHRE KOMMEN

Natürlich ist das Spiel so noch nicht besonders spannend. Interessant wird es erst, wenn die Rohre ins Spiel kommen, zwischen denen der Vogel hindurchfliegen muss. Warum ein Vogel zwischen zwei Rohrenden hindurchfliegen muss, wird wohl das Geheimnis des Flappy-Bird-Entwicklers Dong Nguyen bleiben. Um das Spiel möglichst realistisch nachzubilden, verwenden wir aber auch zwei solche Rohre.

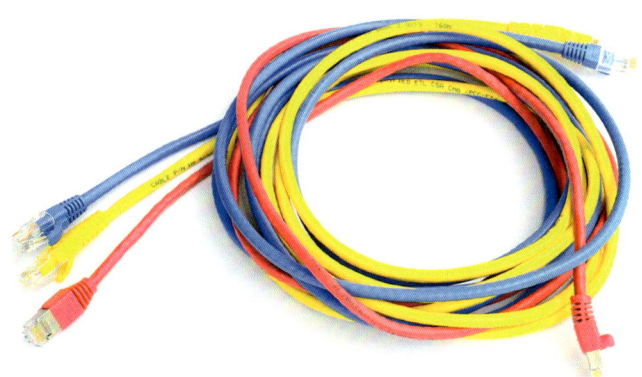

❶ Klicke in der Figurenliste auf das Symbol *Neue Figur zeichnen* und gib dieser Figur mit einem Klick auf das blaue *i*-Symbol den Namen *Rohre*.

❷ Zeichne jetzt im Vektor-Modus zwei Rechtecke, ein schmales hohes und ein kleines flaches, das die Rohrmuffe am Ende darstellt. Auf der Bühne siehst du die Größe der Figur. Das Rohrende soll etwa so breit wie der Vogel sein.

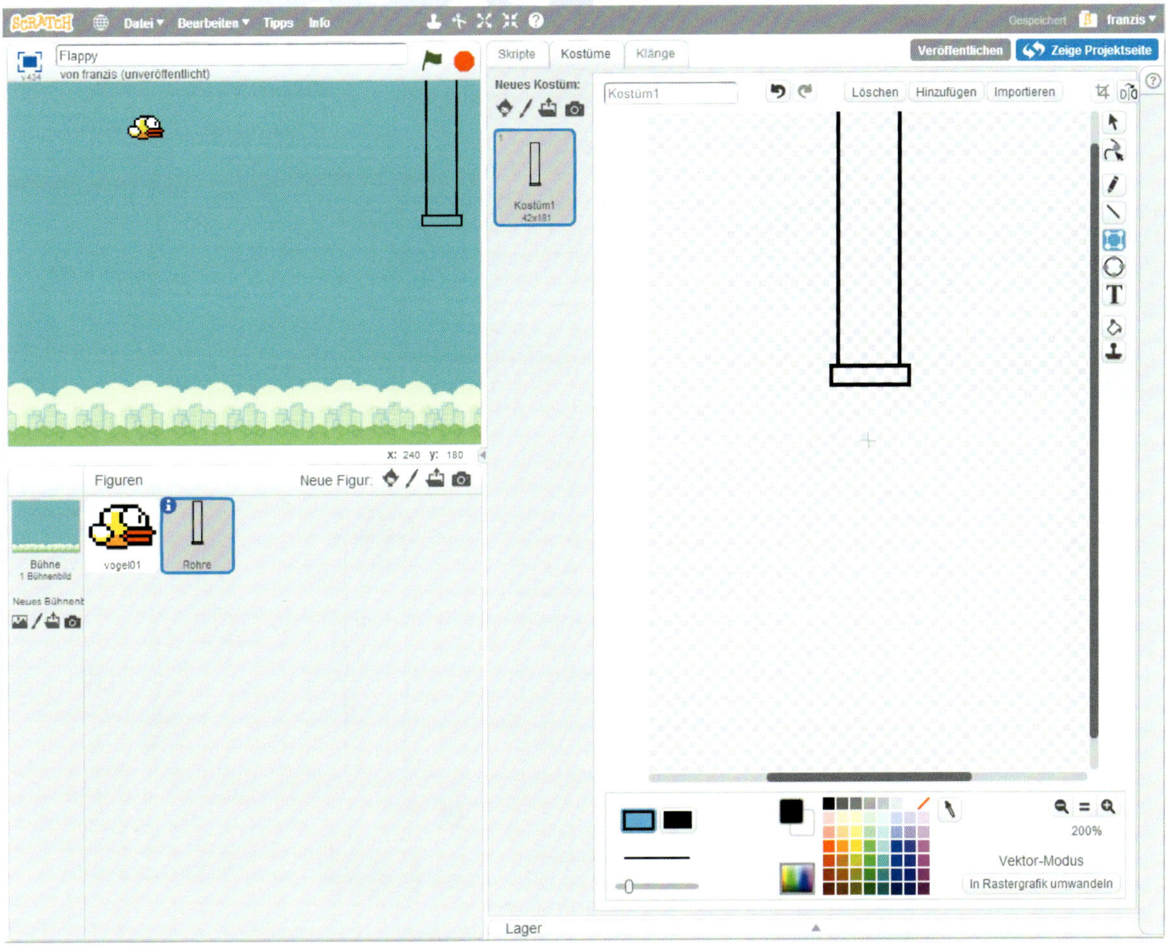

# ⑨ Flappy Bird

**③** Dupliziere nacheinander die beiden Rechtecke mit dem Stempelsymbol und baue daraus weiter unten ein gleiches Rohr. Schiebe die Rohre so, dass der Objektmittelpunkt, das kleine graue Kreuz, in der Mitte zwischen den beiden Rohrenden liegt.

**④** Zoome unten rechts im Malprogramm auf 100 % zurück. Klicke mit dem Pfeilsymbol den Griff in der Mitte des oberen Endes des oberen Rohrs an und ziehe dieses damit noch weiter nach oben in die Länge. Mache das Gleiche mit dem unteren Ende des unteren Rohrs. Beide Rohre zusammen müssen deutlich länger sein, als die Bühne hoch ist, damit der Zwischenraum, durch den der Vogel fliegt, auf unterschiedlichen Höhen sein kann.

**⑤** Im Originalspiel haben die Rohre einen grünen Farbverlauf, den unsere Rohre auch bekommen sollen. Klicke auf das Farbeimersymbol, wähle unten in der Farbpalette ein dunkles Grün und den senkrechten Farbverlauf bei den Füllmustern. Klicke dann nacheinander in die vier Rechtecke, die die Rohre bilden.

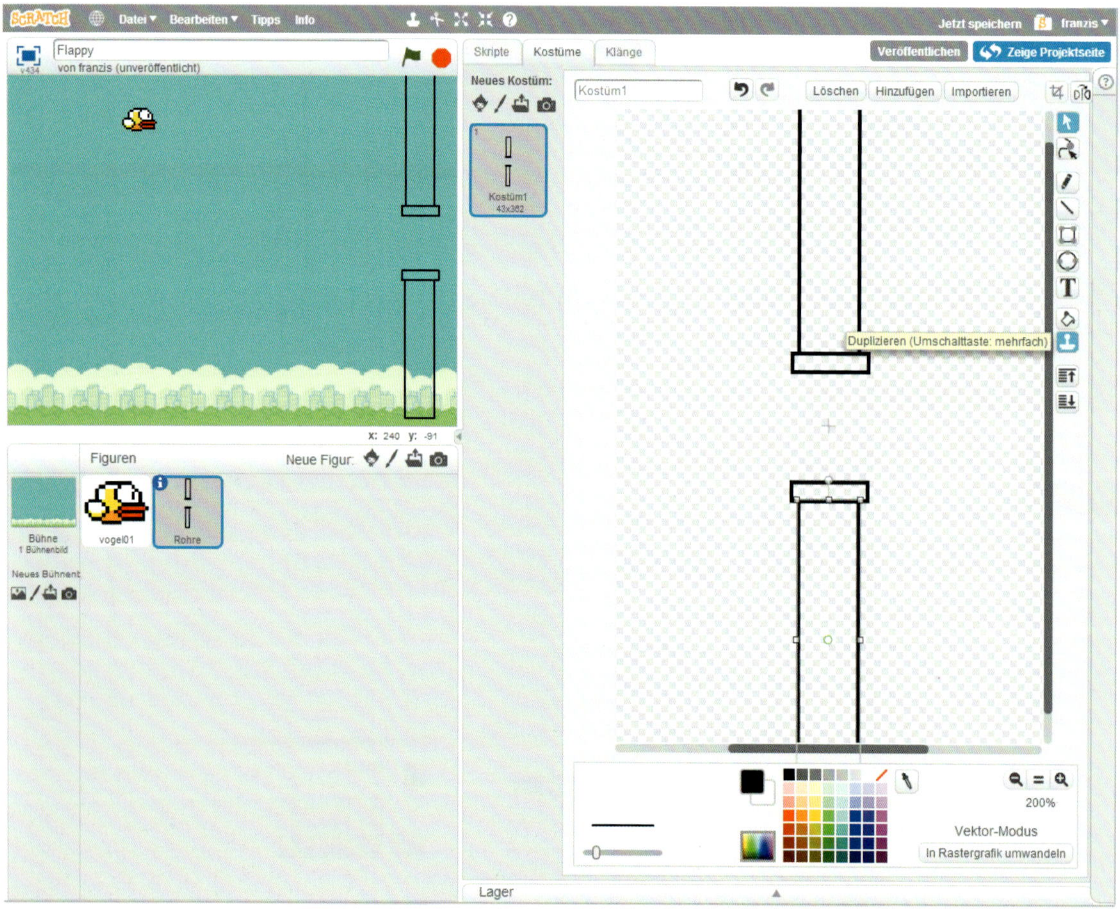

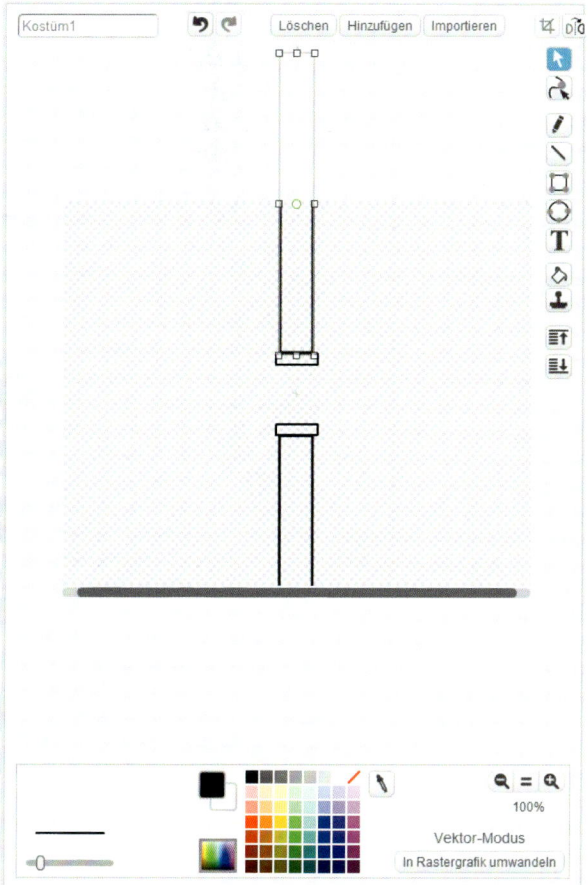

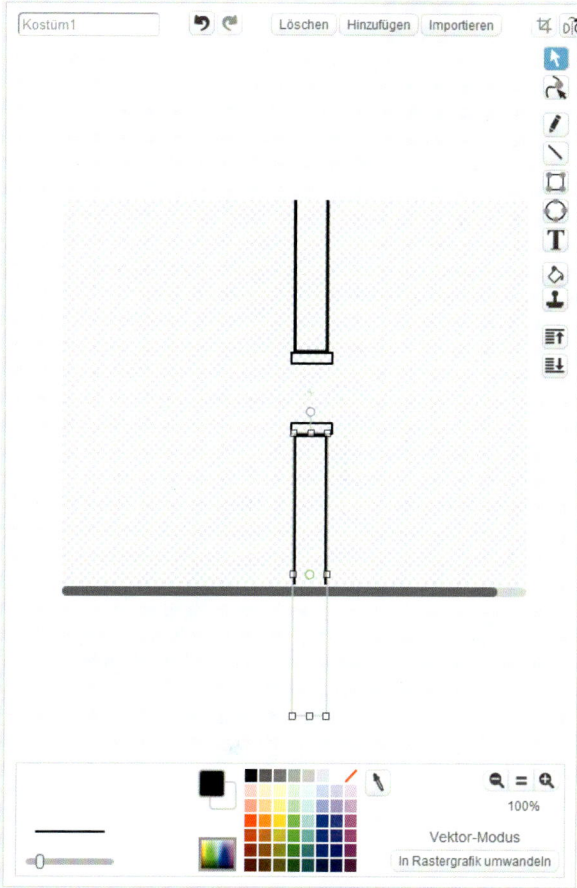

**6** Im Spiel bewegt sich der Vogel nur in senkrechter Richtung, die Rohre dagegen waagerecht von rechts nach links, sodass es aussieht, als würde der Vogel von links nach rechts fliegen. Baue für die Figur *Rohre* ein Programm, das beim Klick auf das grüne Fähnchen eine Endlosschleife startet.

**7** Am Anfang starten die Rohre ganz rechts außen am Bühnenrand bei der x-Koordinate *240*. Der Zwischenraum, durch den der Vogel fliegt, kann auf unterschiedlichen Höhen liegen. Deshalb wird die y-Koordinate des Startpunkts durch eine Zufallszahl zwischen *-100* und *100* festgelegt. Die Koordinaten einer Figur werden immer am Objektmittelpunkt gezählt. Deshalb ist es wichtig, dass dieser genau in der Mitte zwischen den beiden Rohren liegt.

gehe zu x: 240  y: Zufallszahl von -100 bis 100

# ⑨ Flappy Bird

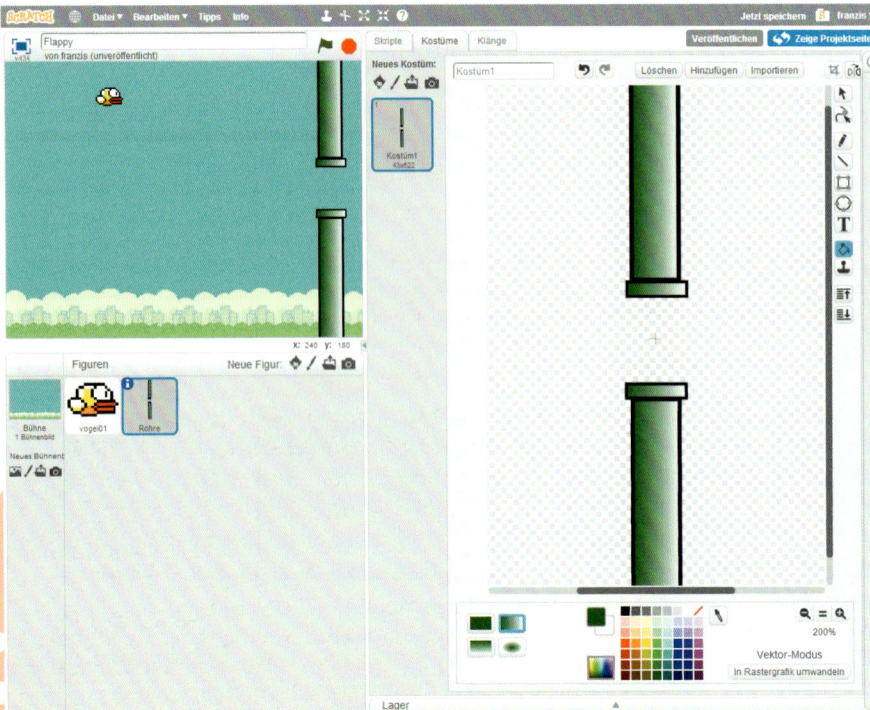

⑧ Danach startet eine weitere Schleife, die die Rohre in 100 einzelnen Schritten zu je 5 Einheiten nach links bewegt. Am Ende kommen die Rohre am linken Bildschirmrand an. Nun startet die Bewegung wieder rechts außen, was wie ein neues Rohr aussieht.

⑨ Jetzt kannst du wieder mit einem Klick auf das grüne Fähnchen das Spiel starten und mit der ⌜Leertaste⌝ ausprobieren, wie der Vogel durch die Rohre fliegen kann. Allerdings passiert noch nichts, wenn er anstößt. Er fliegt dann einfach weiter. Das Spiel endet nur, wenn der Vogel auf der Wiese landet.

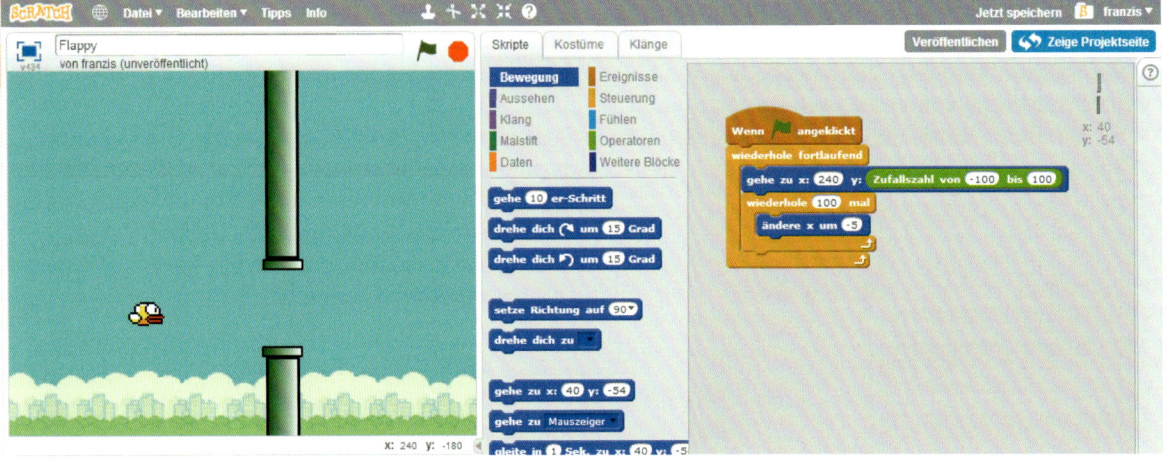

# KOLLISIONSERKENNUNG UND PUNKTE

Um das Spiel perfekt zu machen, brauchen wir noch eine Kollisionserkennung, die prüft, ob Vogel und Rohre sich gegenseitig berühren, sowie einen Punktezähler, der jeden erfolgreichen Durchflug durch die Rohre zählt. Beide Abfragen werden in die Bewegung der Rohre mit eingebaut.

❶ Lege auf der Blockpalette *Daten* eine neue Variable *Punkte* an. Diese wird am Anfang des Spiels auf *0* gesetzt. Die Variable soll natürlich auf der Bühne sichtbar sein, damit du jederzeit deine Punkte sehen kannst.

❸ Ob der Vogel durch die Rohre hindurchfliegt oder eigentlich die Rohre am Vogel vorbeifliegen, lässt sich über die x-Koordinate ermitteln. Wenn die x-Koordinate des Objektmittelpunkts der Rohre, der genau zwischen den Rohrenden liegt, und die x-Koordinate des Objektmittelpunkts des Vogels gleich sind, fliegt dieser gerade hindurch. Das wird nach jedem Bewegungsschritt der Rohre ebenfalls überprüft. Beim Durchflug gibt es einen Punkt.

❹ Damit ist das Spiel auch schon fertig. Starte es mit einem Klick auf das grüne Fähnchen und versuche, den Vogel möglichst oft durch die Rohre fliegen zu lassen und so möglichst viele Punkte zu sammeln.

❷ Nach jedem Bewegungsschritt der Rohre muss das Programm prüfen, ob Vogel und Rohre sich berühren. Wenn ja, soll das Programm sofort enden.

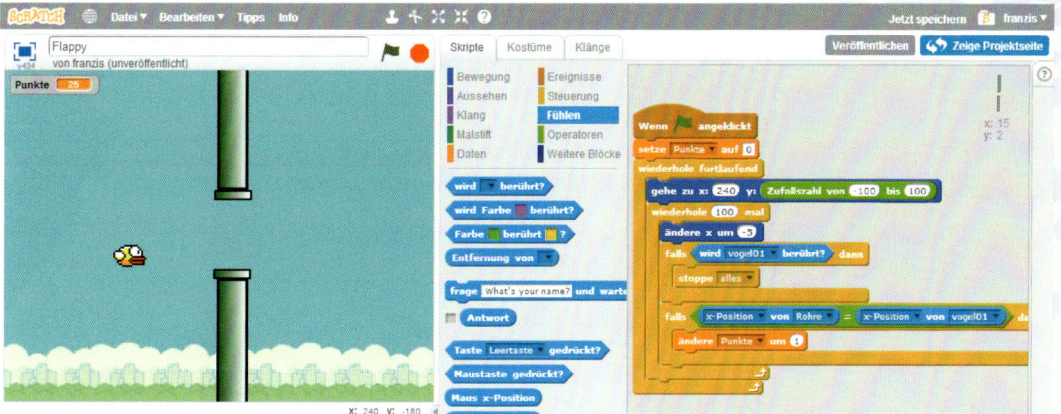

# 10 Labyrinth

Seit Jahrtausenden faszinieren Labyrinthe und Irrgärten unterschiedlichster Formen die Menschen. Besonderes Interesse löst diese Form der Grafik bei Künstlern, aber auch bei Mathematikern und Logikern aus. Im Computerzeitalter stellen sowohl das Gestalten wie auch das Lösen solcher Labyrinthe immer wieder interessante Herausforderungen an Programmierer.

Dieses Scratch-Projekt liefert einen ersten Einblick in die Geometrie und Logik von Labyrinthen.

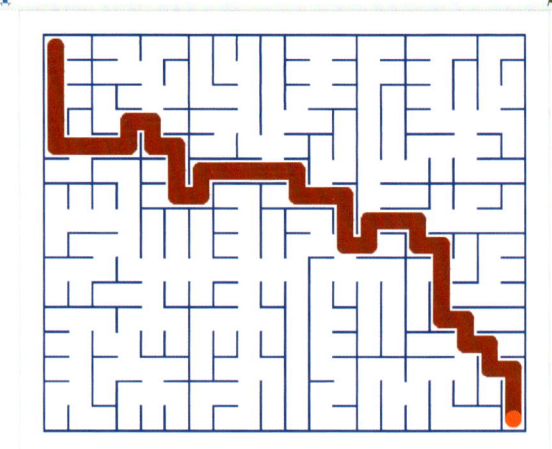

### ES GIBT IMMER GENAU EINEN WEG DURCH DAS LABYRINTH

Jedes Labyrinth sieht etwas anders aus, und durch jedes gibt es genau einen Weg von links oben nach rechts unten – probiere es aus.

Dieser garantierte Weg basiert auf einem einfachen Prinzip. Beim Generieren des Labyrinths wird an den Rändern angefangen. Von einem zufälligen Punkt auf einer Wand wird ein neues Wandsegment in den freien Raum gezogen. Dieses darf nicht an einer bestehenden Wand enden. So wird nacheinander immer zufällig ein Wandpunkt (im Raster des Labyrinths) ausgewählt, und von dort werden so lange Wände auf angrenzende freie Rasterpunkte gezogen, bis alle Rasterpunkte belegt sind. Dadurch dass nie eine Wand zwischen zwei Wänden gezogen wird, kann es keine durchgehende Sperre geben, die einen Lösungsweg verhindern würde. Umgekehrt fängt keine Wand an einem freien Punkt im Raum an, sodass es auch keine Inseln geben kann, woraus sich zwei unterschiedliche Wege ergeben würden.

Das Scratch-Programm generiert im ersten Schritt ein zufälliges Labyrinth. Anschließend kannst du mit den Pfeiltasten den roten Punkt durch das Labyrinth bewegen, ohne an den Wänden anzustoßen.

Dieses Prinzip erkennst du am besten, wenn du das Generieren eines Labyrinths genau mitverfolgst.

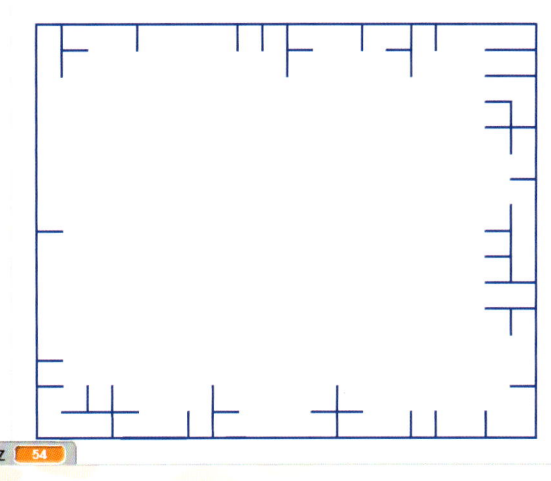

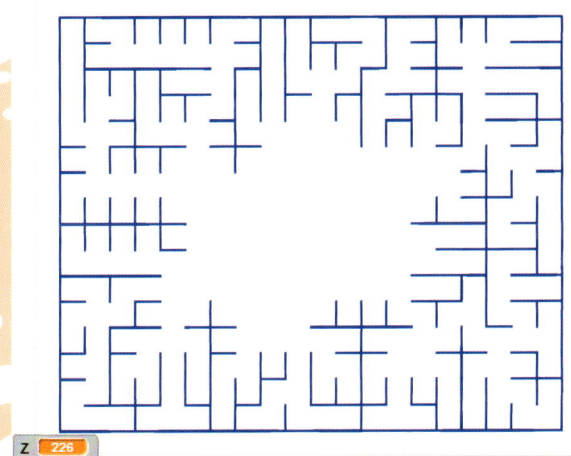

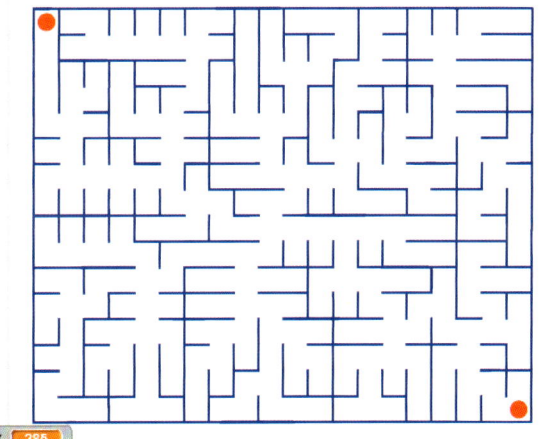

## DAS KOORDINATENSYSTEM DES LABYRINTHS

Die Scratch-Bühne hat zwar eine genau definierte Größe, trotzdem ist dieses Programm durch die Verwendung von Variablen so allgemein gehalten, dass es theoretisch auf unterschiedlichen Bühnengrößen laufen könnte. Außerdem verliert man bei der Berechnung mit Variablen nicht so schnell die Übersicht wie bei absoluten Zahlen, bei denen man irgendwann nicht mehr weiß, wie sie sich zusammensetzen.

Zur Beschreibung bestimmter Punkte im Labyrinth werden die Variablen *B* (= Breite), *H* (= Höhe) und *W* (=Wegbreite) verwendet. Die Wegbreite legt das Raster des Labyrinths fest.

● Der Mittelpunkt des Labyrinths liegt bei den Koordinaten *x:0* und *y:0*.

● Das Labyrinth hat eine Breite von *B*, gezählt in Wegbreiten, nicht in Koordinateneinheiten. Die Breite in Koordinateneinheiten ergibt sich durch Multiplikation mit der Wegbreite *W*. Aus *B=20* und *W=20* ergibt sich eine Gesamtbreite von *400* Koordinateneinheiten.

● Das Labyrinth hat eine Höhe von *H*, ebenfalls gezählt in Wegbreiten. Die Höhe in Koordinateneinheiten ergibt sich wieder aus der Multiplikation mit der Wegbreite *W*. Aus *H=16* und *W=20* ergibt sich eine Gesamthöhe von *320* Koordinateneinheiten.

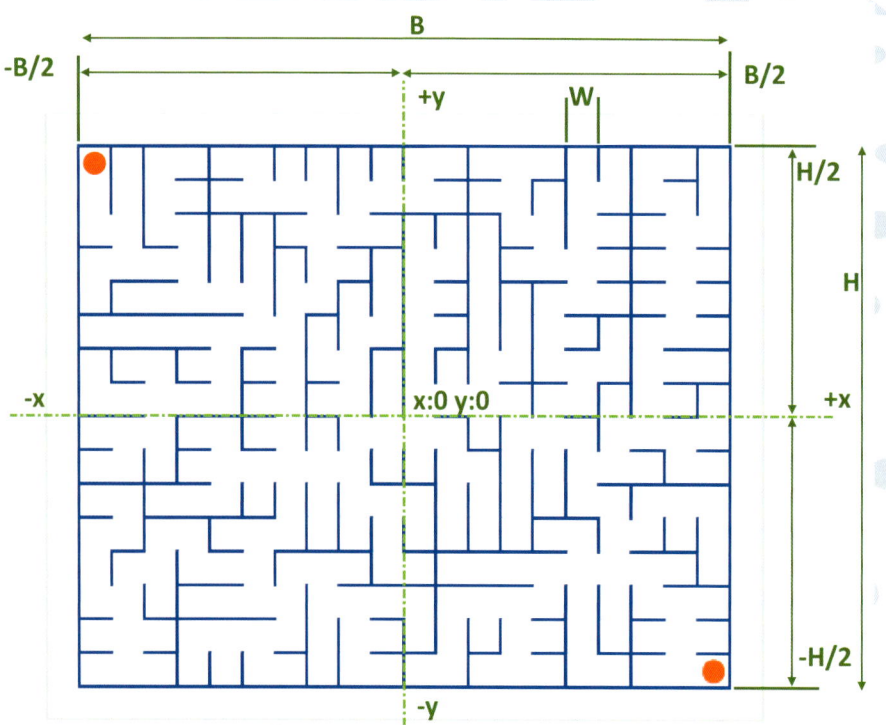

## ZEICHNE DAS LABYRINTH

Im Programm verwenden wir zwei einfache Figuren. Eine zeichnet die Wände und ist selbst nicht sichtbar, mit der anderen bewegst du dich später durch das Labyrinth und zeichnest dabei den Weg.

**❶** Lege in Scratch ein neues Projekt an und lösche die Katze. Klicke in der Figurenliste auf das Symbol **Neue Figur zeichnen**. Zeichne im Vektor-Modus einen blauen Kreis, der 16 x 16 Einheiten groß ist. Zoome dazu am besten auf 1.600 %. Dann kannst du den Kreis gut in der exakten Größe zeichnen. Der Objektmittelpunkt muss genau in der Mitte des Kreises liegen.

**❷** Baue für diese Figur ein neues Programm, das startet, wenn man auf das grüne Fähnchen klickt. Dieses Programm soll als Erstes die Figur verstecken, da sie beim Zeichnen nur stört.

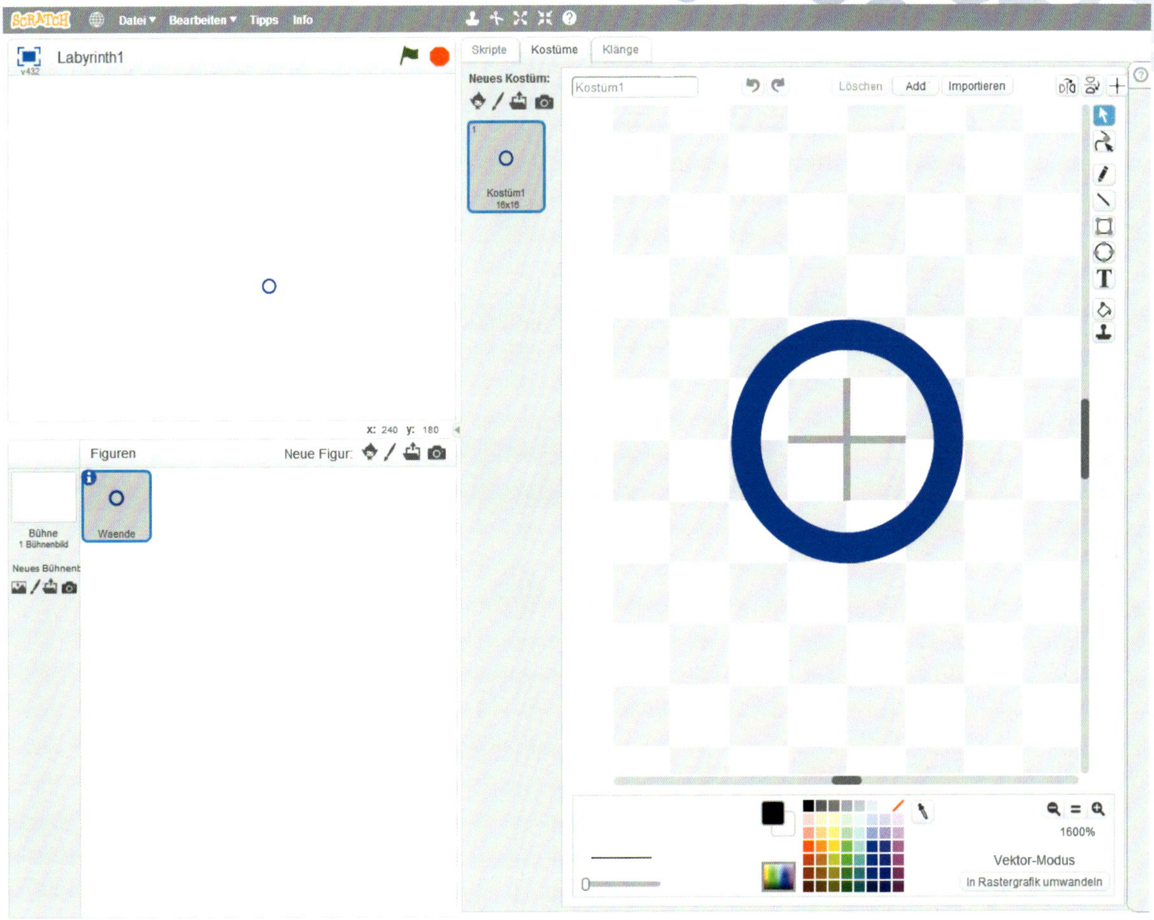

# 10 Labyrinth

**3** Erstelle jetzt die drei Variablen **B**, **H** und **W**. Diese sollen auf der Bühne nicht sichtbar sein. Achte aber beim Anlegen der Variablen darauf, dass sie für alle Figuren gelten. Ziehe anschließend drei Blöcke *setze ... auf ...* ins Programm, die diese Variablen auf ihre vorgegebenen Werte setzen.

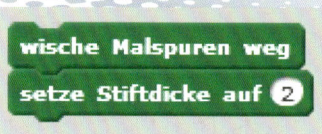

**6** Als Erstes zeichnen wir ein hellgraues Rechteck mit einem Abstand von einer Wegbreite um das eigentliche Labyrinth herum. Dieses wird später verhindern, dass beim Erzeugen des Labyrinths Mauersegmente außen am Labyrinth angebaut werden. Setze die Stiftfarbe auf Hellgrau und schalte den Stift zunächst aus, um die Figur an die erste Ecke dieses Rechtecks zu bringen.

**4** Lege noch eine Variable **Z** für den Zähler an, der mitzählt, wie viele Rasterpunkte bereits an das Labyrinth angeschlossen sind, und so feststellt, wann es fertig gezeichnet ist. Diese Variable wird mit dem Block *zeige Variable ...* auf der Bühne angezeigt. Diese Methode hat gegenüber dem einfachen Setzen des Häkchens den Vorteil, dass die Variable jederzeit angezeigt und wieder versteckt werden kann. Wenn das Labyrinth fertig gezeichnet ist und wir sie nicht mehr brauchen, wird sie versteckt.

**7** Die linke obere Ecke des Labyrinths liegt bei *x:-B/2 y:H/2* im Labyrinthraster oder entsprechend *x:-B/2\*W y:H/2\*W* in Koordinateneinheiten. Die linke obere Ecke des grauen Rechtecks soll um jeweils eine Wegbreite weiter links und oben liegen. Daraus ergibt sich diese Formel:

**5** Bereite jetzt die Bühne für das neue Labyrinth vor. Wische dazu alle Malspuren weg und setze die Stiftdicke auf **2**. Diese beiden Blöcke sind besonders wichtig, wenn das Programm schon einmal gelaufen ist, damit das nächste Labyrinth wieder mit den Grundeinstellungen gezeichnet werden kann.

**8** Da man in Scratch vor eine Variable nicht einfach ein negatives Vorzeichen setzen kann, teilen wir die Breite durch **-2** und erreichen so auch einen negativen Wert. Schalte an diesem Punkt den Stift ein, um mit dem Zeichnen des hellgrauen Rechtecks zu beginnen.

⑨ Setze die Richtung auf **90** Grad nach rechts und bewege die Figur dann einen Schritt, der um **2** Labyrinthraster länger ist als die Breite des Labyrinths. Damit zeichnest du die obere Kante des Rechtecks.

```
setze Richtung auf 90
gehe B + 2 * W er-Schritt
```

⑩ Schalte die Richtung auf **180** Grad nach unten und zeichne die rechte senkrechte Kante. Diese ist um **2** Labyrinthraster länger als die Höhe des Labyrinths.

```
setze Richtung auf 180
gehe H + 2 * W er-Schritt
```

⑪ Schalte die Richtung auf **-90** Grad nach links und zeichne die untere waagerechte Kante. Diese ist wieder um **2** Labyrinthraster länger als die Breite des Labyrinths.

```
setze Richtung auf -90
gehe B + 2 * W er-Schritt
```

⑫ Schalte zum Schluss die Richtung auf **0** Grad nach oben und zeichne die linke senkrechte Kante des hellgrauen Rechtecks.

```
setze Richtung auf 0
gehe H + 2 * W er-Schritt
```

⑬ Als Nächstes zeichnen wir den Umriss des Labyrinths. Dies funktioniert ganz ähnlich, da es auch ein Rechteck ist, dessen Mittelpunkt im Nullpunkt des Koordinatensystems liegt. Setze die Stiftfarbe auf Blau, schalte den Stift aus und bewege die Figur in die linke obere Ecke des Labyrinths bei *x:-B/2 y:H/2* im Labyrinthraster oder entsprechend *x:-B/2*W y:H/2*W* in Koordinateneinheiten. Schalte dort den Stift wieder ein.

```
setze Stiftfarbe auf ■
schalte Stift aus
gehe zu x: B / -2 * W  y: H / 2 * W
schalte Stift ein
```

⑭ Das blaue Rechteck wird genauso gezeichnet wie das hellgraue. Breite und Höhe entsprechen hier direkt der Breite und Höhe des Labyrinths.

```
setze Richtung auf 90
gehe B * W er-Schritt
setze Richtung auf 180
gehe H * W er-Schritt
setze Richtung auf -90
gehe B * W er-Schritt
setze Richtung auf 0
gehe H * W er-Schritt
```

**15** So sieht das Programm bis jetzt aus. Starte es mit einem Klick auf das grüne Fähnchen. Es zeichnet wie erwartet ein hellgraues und ein blaues Rechteck und zeigt die Variable **Z** auf der Bühne an.

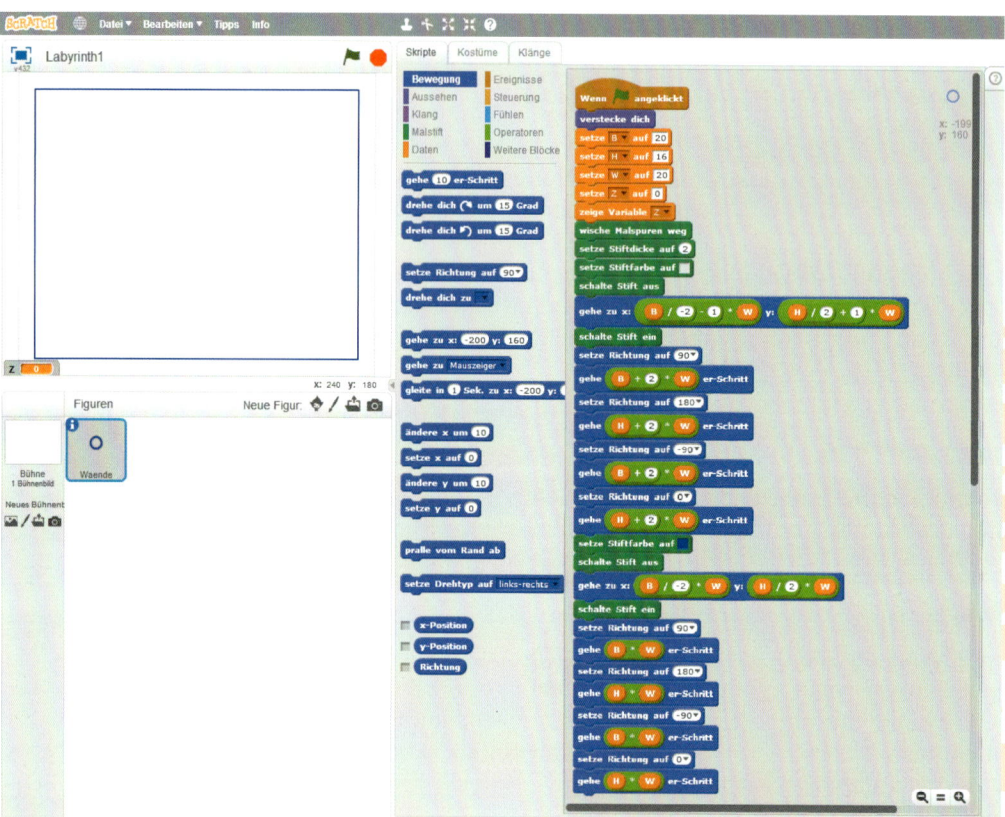

**16** Jetzt kommt der eigentlich interessante Programmteil, der das Labyrinth aufbaut. Da wir, aufgrund des Zufallsgenerators, vorher nicht wissen, wie lange es dauert, das Labyrinth aufzubauen, verwenden wir eine *wiederhole bis ...*-Schleife, die so lange läuft, bis alle inneren Rasterpunkte des Rechtecks an das Netz der Labyrinthmauern angeschlossen sind. Es gibt **B-1 * H-1** Rasterpunkte innerhalb des Rechtecks, die die Variable **Z** zählt. Bei den vorgegebenen Maßen sind das 285 Punkte.

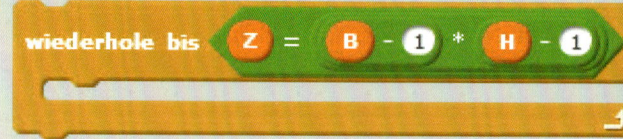

**17** In jedem Schleifendurchlauf wird ein Punkt zufällig ermittelt, von dem aus neue Labyrinthmauern gebaut werden. Voraussetzung ist natürlich, dass der Punkt bereits an einer Mauer liegt, da Mauern nach den Bauregeln nicht

frei im Raum beginnen können. Die Koordinaten dieses zufällig ermittelten Punkts werden in den Variablen *X* und *Y* gespeichert. Lege diese beiden Variablen neu an.

⑱ Die x-Koordinate kann irgendwo zufällig zwischen der linken Kante des Labyrinths und der rechten Kante liegen, die y-Koordinate irgendwo zwischen der unteren und der oberen Kante.

⑲ Schalte den Stift aus und bewege die Figur an die zufällig ermittelten Koordinaten.

⑳ Liegt der zufällig ermittelte Punkt auf einer Mauer, können von dort neue Mauern gezeichnet werden. Um das zu überprüfen, verwenden wir den Block *wird Farbe ... berührt?*. Wenn die unsichtbare Figur, die die Mauern zeichnet, die blaue Farbe berührt, mit der die Mauern gezeichnet werden, steht sie auf einem Rasterpunkt mit einer Mauer. Die Figur ist klein genug, um keine Nachbarmauer auf dem nächsten Rasterpunkt zu berühren. Sie kann auch bei der hier verwendeten Programmlogik nie zwischen zwei Rasterpunkten stehen.

㉑ Trifft die Bedingung zu, versucht das Programm, innerhalb der Schleife möglichst viele Mauern von dem ermittelten Punkt aus in die vier Richtungen zu zeichnen. Es können aber höchstens drei Mauern neu gezeichnet werden, da ein Punkt nur als Anfangspunkt verwendet wird, wenn er bereits an einer Mauer liegt. Die vier möglichen Richtungen werden mit einer weiteren Schleife abgearbeitet. Setze vor Beginn dieser Schleife die Richtung auf *0*, was als Winkelangabe nach oben bedeutet.

㉒ Schalte den Stift aus und bewege die Figur um ein Rasterfeld in der vorgegebenen Richtung.

107

# 10 Labyrinth

**23** Diese Bewegung dient nur dazu, festzustellen, ob in der angegebenen Richtung auf dem nächsten Rasterfeld eine Mauer ist. Ist dort nämlich keine Mauer, kann vom letzten Punkt, dessen Koordinaten immer noch in den Variablen *X* und *Y* gespeichert sind, eine neue Mauer zum aktuellen Rasterpunkt gezeichnet werden. Diese Abfrage prüft, ob weder die Farbe Blau noch die Farbe Hellgrau berührt wird. In Hellgrau ist das äußere Rechteck im Abstand von einem Rastermaß um das Labyrinth herum gezeichnet. Auf diese Weise stellst du sicher, dass keine Mauern entstehen, die vom blauen Umriss des Labyrinths nach außen laufen.

ten in den Variablen *X* und *Y* gespeichert sind. Ist der Stift eingeschaltet, wird dabei eine Mauer gezeichnet, andernfalls kommt die Figur trotzdem an diesen Punkt zurück, um möglicherweise, um 90 Grad weitergedreht, eine Mauer zu zeichnen.

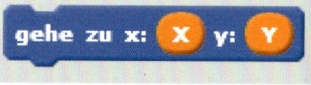

**26** Drehe dich um 90 Grad. Danach wiederholt sich die Schleife und versucht, eine weitere Mauer vom selben Ausgangspunkt zu zeichnen.

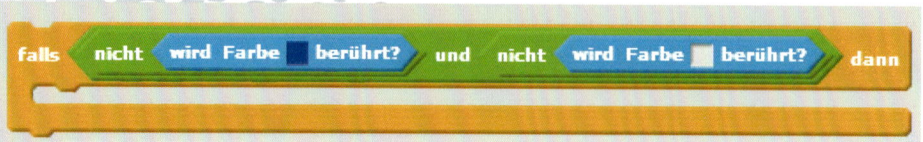

**24** Trifft die Abfrage zu, soll eine Mauer gezeichnet werden. Schalte dazu den Stift ein und erhöhe die Variable *Z* um *1*. Diese zählt die angeschlossenen Rasterpunkte. Bei 285 ist das Labyrinth fertig.

**27** Hänge ganz am Ende noch einen *verstecke Variable ...*-Block an, der die Variable *Z* versteckt. Sie wird, nachdem das Labyrinth fertig ist, nicht mehr benötigt.

**25** Unabhängig vom Ergebnis der Abfrage wird die Figur danach wieder an ihren Ausgangspunkt bewegt, den zufällig ermittelten Punkt, dessen Koordina-

㉘ Starte das Programm mit einem Klick auf das grüne Fähnchen. Jetzt kannst du beobachten, wie sich das Labyrinth aufbaut. Die Variable **Z** zählt die angeschlossenen Rasterpunkte hoch bis 285 und wird am Ende wieder versteckt.

Das Programm ist inzwischen so groß, dass es je nach Bildschirmauflösung nicht mehr auf den Bildschirm passt. Du kannst im Programmfenster scrollen und mit den Lupensymbolen unten rechts auch zoomen.

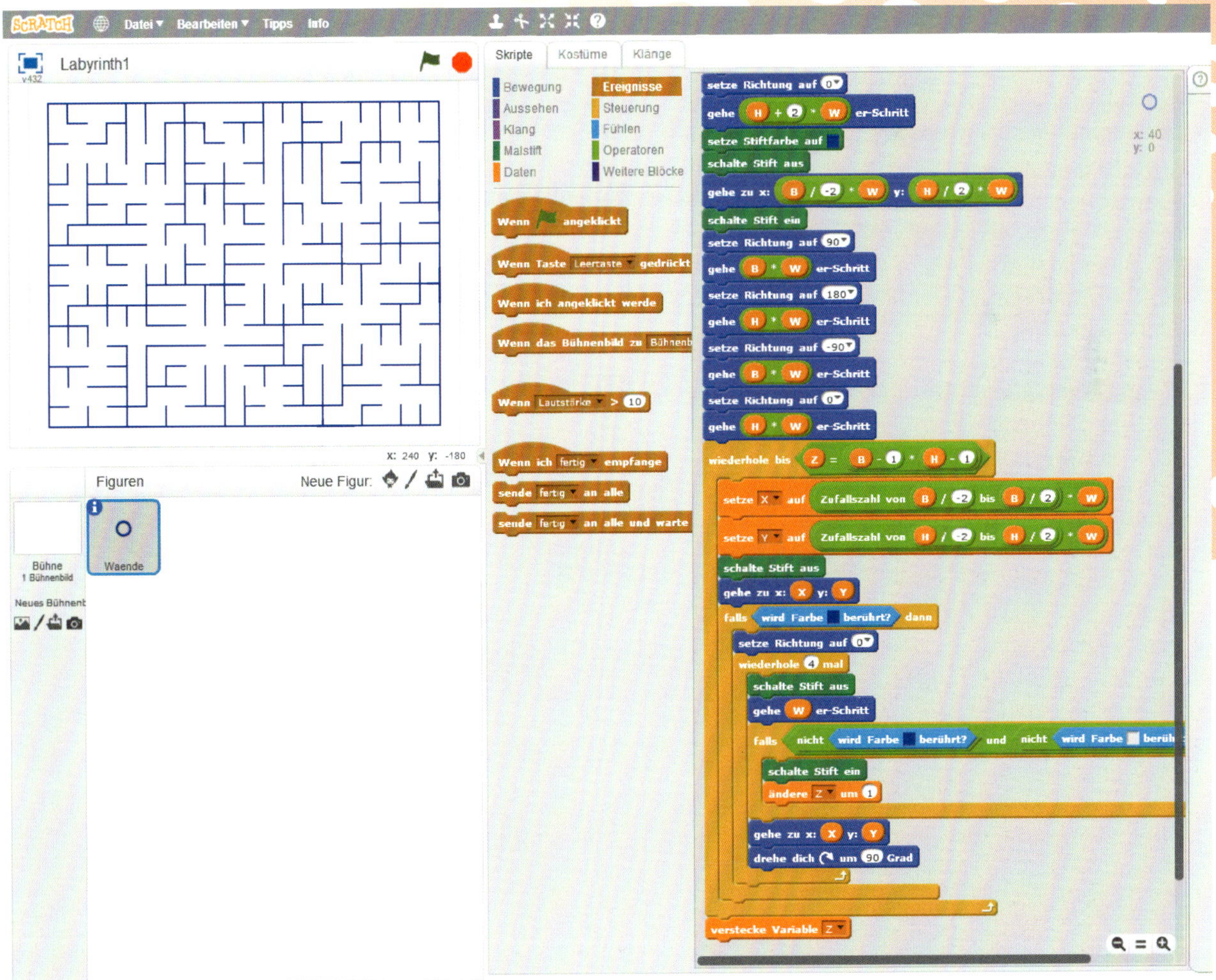

**109**

#  Labyrinth

## FINDE DEN WEG DURCH DAS LABYRINTH

Um durch das Labyrinth zu laufen, verwenden wir eine zweite Figur, einen roten Kreis, der mit den Pfeiltasten gesteuert wird.

**1** Zeichne eine neue Figur, einen roten gefüllten Kreis mit einer Größe von 15 x 15 Einheiten. Du kannst diese Figur natürlich auch über den Menüpunkt *Duplizieren* aus der ersten Figur erstellen. Die neue Figur heißt *Weg*, weil sie später den Weg durch das Labyrinth zeichnet.

**2** Lege eine neue Variable *Fehler* an. Diese soll mitzählen, wie oft du auf dem Weg durch das Labyrinth gegen eine Mauer rennst.

**3** Baue jetzt im Skriptbereich dieser Figur ein neues Programm, das beim Klick auf das grüne Fähnchen startet. Dieses einfache Programm soll am Anfang die rote Figur noch verstecken, bis das Labyrinth fertig ist. Die Variable *Fehler* wird am Anfang ebenfalls versteckt und auf *0* gesetzt.

**4** Die Figur soll erst auftauchen, wenn das Labyrinth fertig gezeichnet ist. Dazu brauchen wir neue Blöcke, die es einer Figur möglich machen, an eine andere eine Nachricht zu senden. Bisher galten alle Programmblöcke immer nur für eine Figur. Wähle noch mal die erste Figur *Waende* aus, die das Labyrinth zeichnet, und hänge am

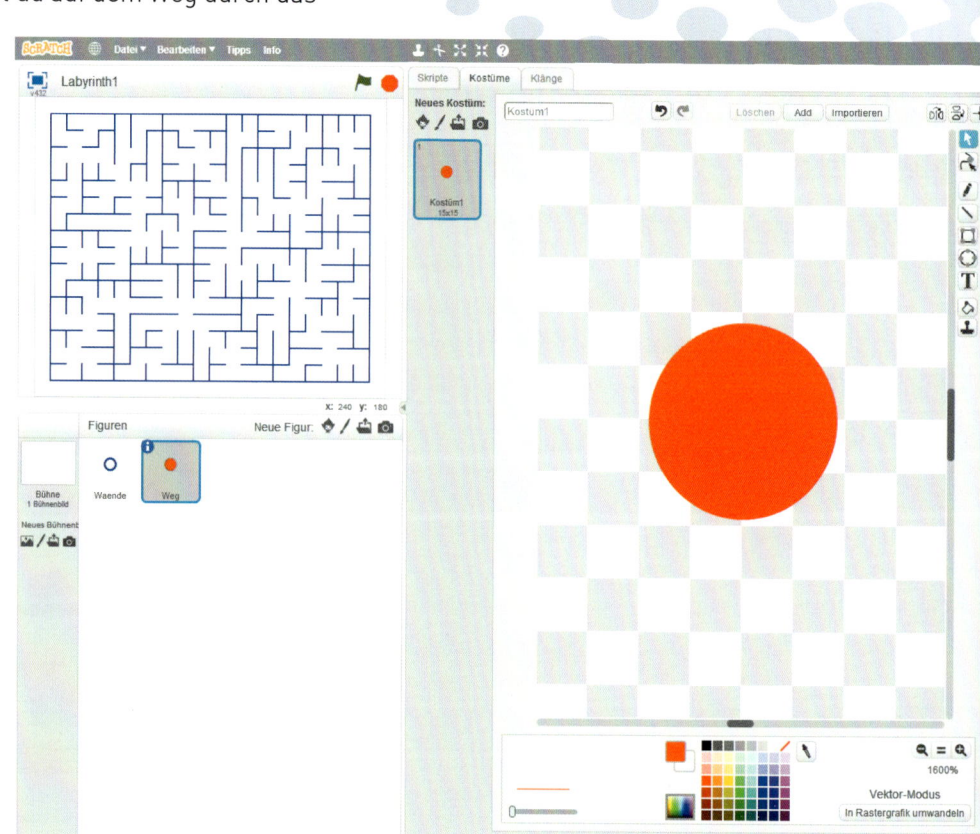

110   Der kleine Hacker – Programmieren für Einsteiger

Ende des Programms einen Block **sende ... an alle** an. Klicke in diesem Block auf das Listenfeld, wähle im Menü **neue Nachricht ...** und gib den Text **fertig** ein. An dieser Stelle kannst du einen beliebigen Text eingeben.

kannst, wie oft du schon gegen eine Mauer gelaufen bist.

**⑤** Schalte jetzt wieder auf die rote Figur **Weg**. Ziehe aus der Blockpalette **Ereignisse** einen neuen Programmblock **Wenn ich ... empfange** in den Skriptbereich, klicke auf das Listenfeld und wähle den zuvor eingegebenen Text **fertig** aus.

**⑦** Während du durch das Labyrinth läufst, wirst du eine kräftige Spur hinterlassen. Setze die Stiftfarbe auf **Violett** und die Stiftdicke auf **14**. Schalte dann den Stift erst einmal aus, um die Figur in die Startposition zu bringen, ohne quer über das Labyrinth zu malen.

**⑥** Dieser Programmblock wird gestartet, wenn die rote Figur **Weg** von der blauen Figur **Waende** die Nachricht **fertig** empfängt. Jetzt sollen ein paar Grundeinstellungen vorgenommen werden. Die Figur zeigt sich auf der Bühne. Am Anfang war sie noch versteckt. Auch die Variable **Fehler** wird jetzt angezeigt, damit du jederzeit sehen

# 10 Labyrinth

**8** Bewege die Figur in das untere rechte Rasterfeld des Labyrinths. An dieser Stelle soll das Ziel sein. Die rote Figur bewegt sich immer um ein halbes Rastermaß neben den Mauern – genau in der Mitte der Wege des Labyrinths. Der Zielpunkt liegt von der rechten unteren Ecke des Labyrinths um jeweils ein halbes Raster nach links und oben verschoben.

**9** An dieser Stelle soll die Figur einen Abdruck hinterlassen, bevor sie sich an den Startpunkt oben links bewegt. Ein solcher Abdruck funktioniert wie ein Stempelabdruck oder ein Fußabdruck. Er ist nur ein Bild, aber keine wirkliche Figur, kann also auch keine weiteren Programmblöcke nutzen.

**10** Da der Stift immer noch ausgeschaltet ist, kann sich die Figur jetzt einfach an den Startpunkt bewegen. Dieser liegt von der linken oberen Ecke des Labyrinths um jeweils ein halbes Raster nach rechts und unten verschoben.

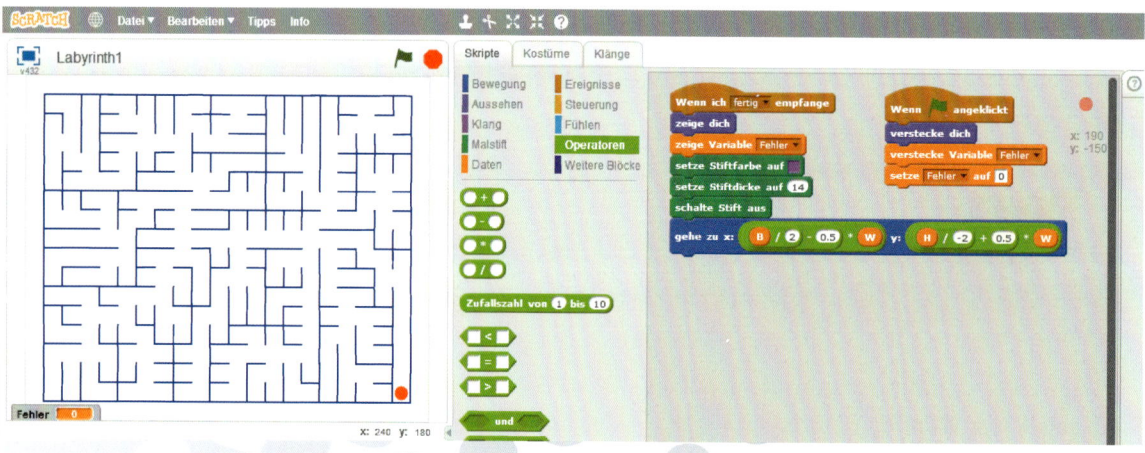

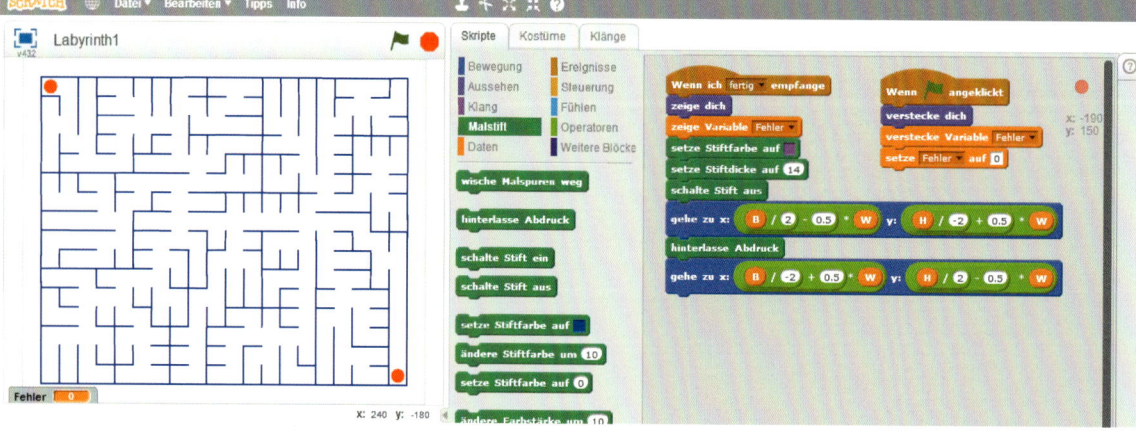

112   Der kleine Hacker – Programmieren für Einsteiger

**11** Bei komplizierteren Aktivitäten oder auch wenn etwas länger dauert, ist es hilfreich, wenn der Benutzer erfährt, was er tun soll. Mit dem Block *sage ... für ... Sek.* von der Blockpalette *Aussehen* kann eine Figur einen beliebigen Text in einer Sprechblase für eine bestimmte Zeit anzeigen. Hänge diesen Block unter das Programm und trage den abgebildeten Text ein.

**12** Ab jetzt braucht das Hauptprogramm nur noch abzuwarten, bis die rote Figur am Ziel angekommen ist. Die Tastatursteuerung und die Bewegung der Figur werden über eigenständige Programmblöcke geregelt. Hänge dazu einen *warte bis ...*-Block an das Programm und ziehe in das Feld für die Bedingung einen *... und ...*-Block aus der Blockpalette *Operatoren*, da zwei Bedingungen gleichzeitig erfüllt sein müssen.

**13** Die beiden Bedingungen lauten:

• Die *x-Position* der Figur muss in der letzten Spalte des Labyrinths ganz rechts außen sein.

• Die *y-Position* der Figur muss in der untersten Zeile des Labyrinths sein.

**14** Wenn beide Bedingungen gleichzeitig erfüllt sind, befindet sich die Figur in der rechten unteren Ecke des Labyrinths. Die *x-Position*, die *y-Position* und auch die *Richtung* können wie Variablen zum Rechnen verwendet werden. Die aktuellen Werte lassen sich auch auf der Bühne anzeigen. Du findest die Blöcke auf der Blockpalette *Bewegung*.

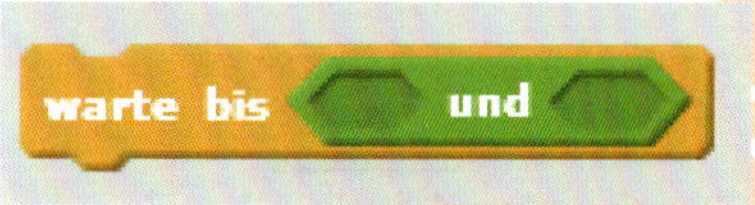

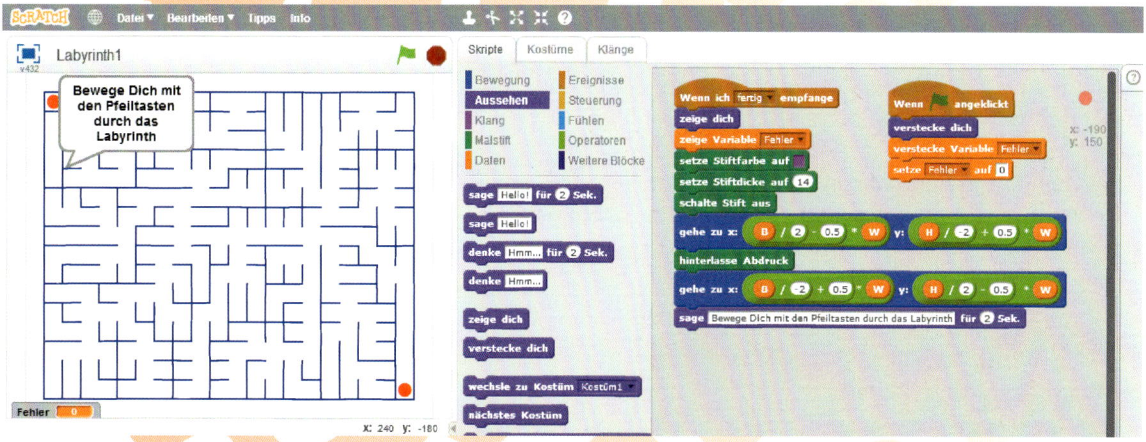

# 10 Labyrinth

**15** Wenn die rote Figur am Ziel angekommen ist, liefert ein **sage ... für ... Sek.**-Block eine Erfolgsmeldung, danach werden alle Programmaktivitäten beendet.

**16** Das Programm ist aber nicht fertig. Jetzt müssen noch die Pfeiltasten abgefragt und danach muss die Figur entsprechend bewegt werden. Hierfür verwenden wir **Wenn Taste ... gedrückt**-Blöcke von der Blockpalette **Ereignisse**. Dieser Block bietet eine lange Auswahlliste an Tasten, die Aktionen auslösen können.

**17** Wähle hier die **Pfeiltaste nach rechts**. In diesem Fall soll die Bewegungsrichtung ebenfalls nach rechts auf 90 Grad gesetzt werden.

⑱ Die Aktionen, die durch die Pfeiltasten ausgelöst werden, unterscheiden sich nur in der Richtung, sind sonst aber gleich. Deshalb bauen wir einen Programmblock, der von allen vier Pfeiltasten aufgerufen wird. Hänge dazu ans Ende wieder einen *sende ... an alle*-Block an, der diesmal den Befehl *gehe* sendet. Natürlich kannst du auch einen anderen Text nehmen.

⑲ Dupliziere den gesamten Programmblock noch dreimal und ändere jeweils die auslösende Taste sowie die entsprechende Richtung dazu.

⑳ Ziehe jetzt noch einen Block *Wenn ich ... empfange* aus der Blockpalette *Ereignisse* in den Skriptbereich und wähle dort den zuvor verwendeten Text *gehe* aus.

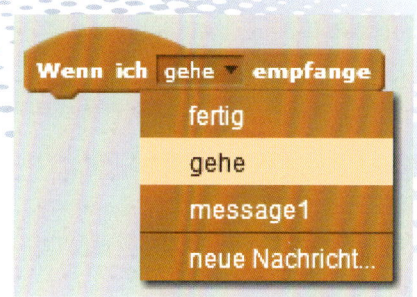

㉑ Als Erstes wird die rote Figur einen halben Schritt weit in die durch den Tastendruck festgelegte Richtung gehen.

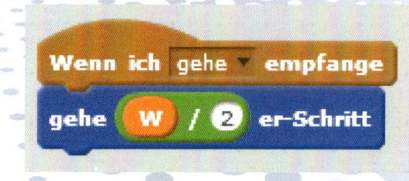

㉒ Würde die Figur einen ganzen Schritt im Labyrinthraster gehen, würde sie auf jeden Fall auf dem benachbarten Wegfeld landen. Durch den Trick mit dem halben Schritt gibt es zwei Möglichkeiten:

● Die Figur kommt mitten in einer Wand zum Stehen.

● Die Figur kommt auf einem Weg zwischen zwei Rasterfeldern zum Stehen.

㉓ Diese beiden möglichen Ergebnisse haben natürlich völlig unterschiedliche Folgen. Eine *falls ... dann ... sonst*-Abfrage prüft, ob die Figur nach dem halben Schritt die blaue Farbe

# 10 Labyrinth

einer Mauer berührt – also in diesem Fall genau in einer Mauer steht.

**24** Ist das der Fall, ist die Figur auf dem falschen Weg. Die Variable *Fehler* wird um *1* hochgezählt, die Figur dreht sich um *180* Grad und geht den halben Schritt wieder zurück an ihren ursprünglichen Platz.

**25** Im anderen Fall, wenn die Figur keine blaue Farbe berührt, also auf dem Weg zwischen zwei Rasterfeldern steht, soll sie auf das nächste Rasterfeld laufen und dabei eine Spur hinterlassen. Da sie auf dem ersten halben Schritt keine Spur hinterlassen hat, lasse die Figur den halben Schritt wieder zurückgehen, wie das auch beim Berühren der Mauer passiert, und schalte dann, am ursprünglichen Platz angekommen, den Stift ein.

**26** Drehe die Richtung dann wieder um *180* Grad und bewege die Figur mit eingeschaltetem Stift einen ganzen Schritt auf das nächste Rasterfeld. Schalte dort den Stift wieder aus.

**27** Auf dem nächsten Feld angekommen, bleibt die Figur stehen, bis du wieder eine Taste drückst, die eine neue Bewegungsrichtung vorgibt und den Programmblock wieder ausführt.

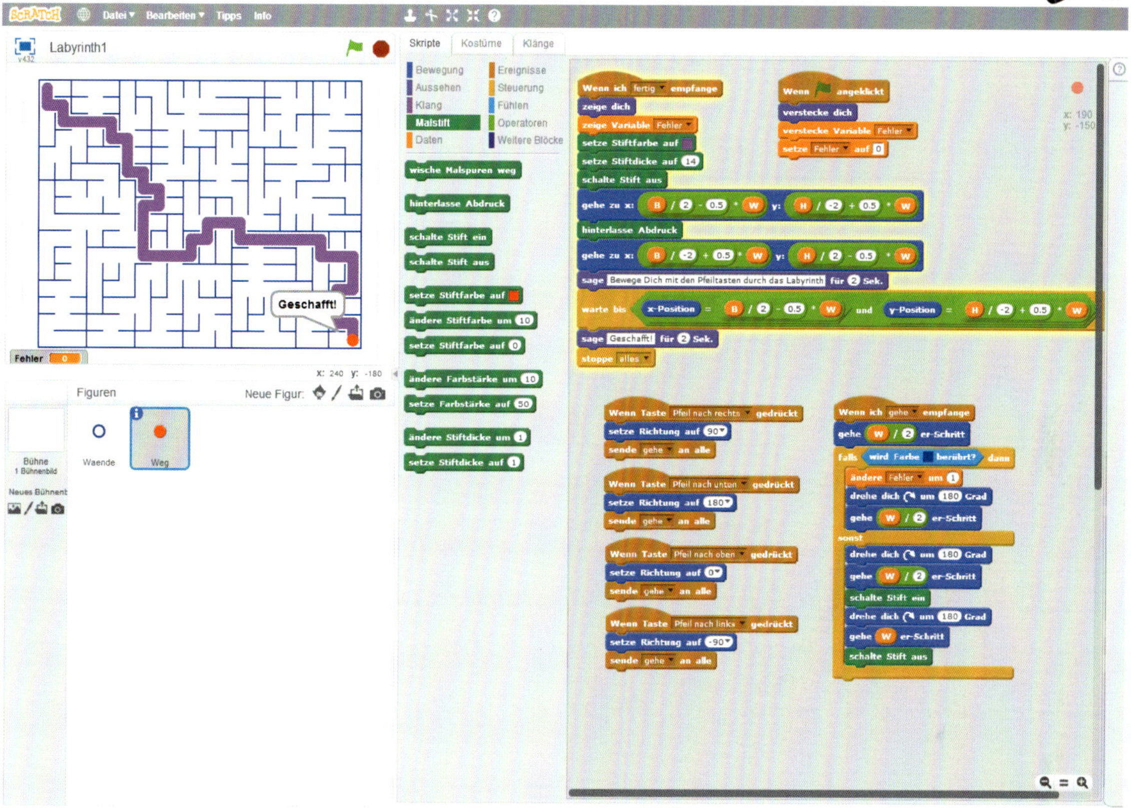

Starte das Programm mit einem Klick auf das grüne Fähnchen. Warte, bis das Labyrinth fertig gezeichnet ist und die Aufforderung zum Loslaufen erscheint. Bewege dich nicht zu hektisch, zurückzugehen ist erlaubt, gegen die Wand zu laufen, bringt böse Strafpunkte.

## AUTOMATISCH DEN WEG DURCH DAS LABYRINTH FINDEN

Den Weg durch ein Labyrinth zu finden, macht Spaß. Für Programmierer ist es natürlich deutlich

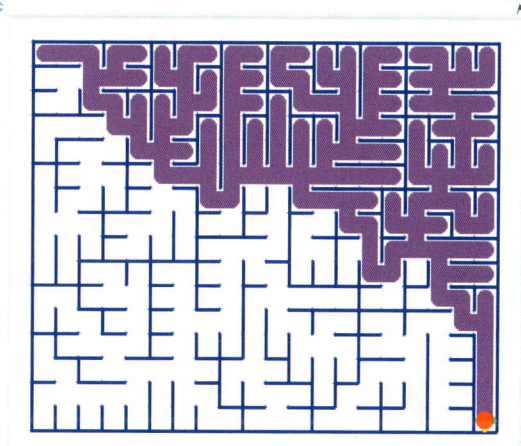

# 10 Labyrinth

interessanter, das Programm den Weg finden zu lassen.

Für jedes Labyrinth, das keine Inseln, sondern einen eindeutigen Weg hat, gibt es eine sichere Lösung: Gehe immer mit der linken Hand an der Wand entlang, dann bleibt die rechte frei für eine Taschenlampe.

Nach diesem Prinzip wird die nächste Version des Scratch-Programms einen Weg durch das Labyrinth finden.

❶ Die rote Figur bekommt zur Suche nach dem Weg zwei Sensoren, ein gelbes „Auge", das nach vorne blickt, und eine grüne „Hand", die sich an der Wand entlangtastet. Dupliziere dazu der Figur ein zweites Kostüm und füge diesem, wie die Abbildung zeigt, zwei farbige Kreise hinzu. Diese kannst du in der Reihenfolge der Ebenen nach hinten schieben. Es ist nur wichtig, dass sie weit genug aus dem roten Kreis herausragen, um benachbarte Wände zu berühren.

❷ Das Skript zum Zeichnen des Labyrinths bleibt unverändert, das Skript für die rote

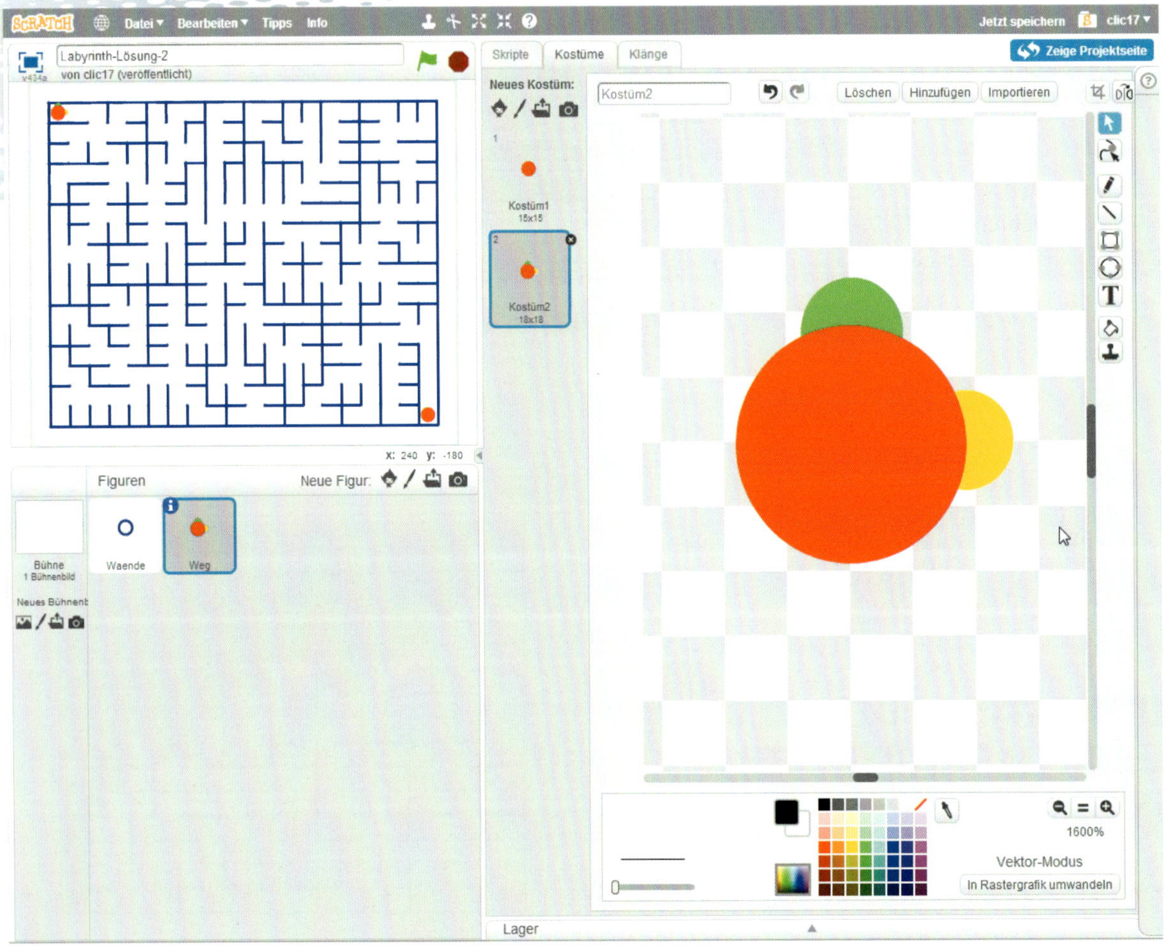

Figur bekommt neue Funktionen, um den Weg zu finden. Lösche die Programmblöcke, die mit **Wenn Taste ... gedrückt** und **Wenn ich gehe empfange** beginnen.

**3** Lösche auch die Variable **Fehler**. Du wirst sie nicht mehr brauchen, das Programm macht keine Fehler. Lösche ebenfalls unter dem Block **Wenn Fahne angeklickt** die Blöcke, die diese Variable betreffen. An dieser Stelle wird jetzt nur noch die rote Figur versteckt.

**5** Nachdem die Figur an den Start oben links bewegt wurde, wird die Richtung auf **90** Grad (nach rechts) gesetzt und das **Kostüm2** gewählt, bei dem die beiden Sensoren sichtbar sind. Außerdem wird der Stift eingeschaltet, damit die Figur auf ihrem Weg eine Spur hinterlässt.

**6** Jetzt ist die rote Figur bereit, auf den Weg geschickt zu werden. Ein Block **sage ...** teilt dem Benutzer mit, dass er die `Leertaste` drücken muss, um zu starten. Anschließend wartet das

**4** Wenn das Labyrinth fertig gezeichnet ist und die rote Figur erscheint, braucht das Programm ein paar Änderungen. Entferne hier den Block mit der Variablen **Fehler**. Füge dafür, bevor die Figur unten rechts am Ziel den Abdruck hinterlässt, einen Block **wechsle zu Kostüm Kostüm1** ein. Der Abdruck soll einfach nur ein roter Kreis ohne die beiden Sensoren sein.

Programm darauf, dass der Benutzer die `Leertaste` auch wirklich drückt.

119

#  Labyrinth

🔴 Danach startet eine neue **wiederhole bis ...**-Schleife, die die Bewegungsschritte der roten Figur so lange wiederholt, bis diese in der rechten unteren Ecke des Labyrinths angekommen ist.

🔴 Die Figur ist einen Schritt auf ein Feld gegangen, auf dem der grüne Sensor links keine Wand mehr berührt.

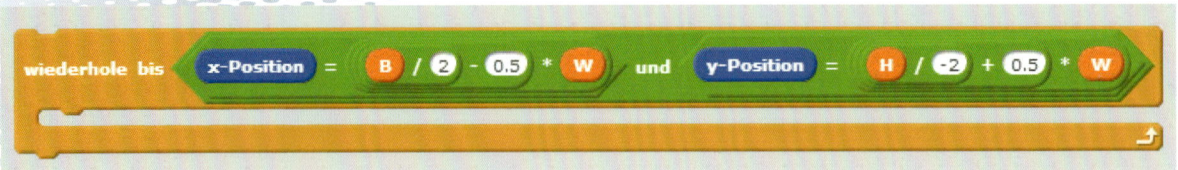

Bevor wir das Programm bauen, das den Weg findet, hier zunächst die Logik, nach der die Suche im Labyrinth funktioniert.

Wenn sich die Figur durch das Labyrinth bewegt, kann es zwei Fälle geben:

🔴 Die Figur steht auf einem Feld, auf dem der grüne Sensor links eine Wand berührt.

Im ersten Fall muss das Programm noch unterscheiden, ob die Figur vor einem freien Feld steht (linkes Bild) und geradeaus weitergehen kann oder ob sie vor einer Wand steht (mittleres Bild) und nach rechts abbiegen muss – links ist ja die Wand. Im zweiten Fall, wenn links keine Wand ist, muss sie immer links abbiegen.

Dies gilt auch für den Fall, dass die Figur nicht an einer Ecke, sondern neben einem Wandende steht. In diesem Fall kann sie ebenfalls links abbiegen und einen Schritt weitergehen. Danach steht sie vor der gleichen Situation, links ist keine Wand. Also soll die Figur sich wieder nach links drehen und dann noch mal einen Schritt weitergehen. Jetzt steht sie mit dem grünen Sensor erneut an einer Wand.

**8** Diese Bewegungsregeln werden in zwei ineinandergeschachtelten *falls ... dann ... sonst*-Abfragen verarbeitet.

**9** Falls der grüne Sensor eine blaue Wand berührt, wird geprüft, ob auch der gelbe Sensor eine blaue Wand berührt.

**10** Ist dies der Fall, steht die Figur in einer Ecke, in der es nur nach rechts weitergeht, sie muss sich also um 90 Grad nach rechts drehen.

**11** Berührt nur der grüne Sensor eine Wand, der gelbe aber nicht, geht es geradeaus weiter. Die Figur macht einen Schritt, und zwar eine Rastereinheit *W* weit.

**12** Berührt der grüne Sensor keine Wand, muss die Figur nach links abbiegen und einen Schritt gehen, um wieder eine Wand zu finden.

**13** Diese Bewegungsmuster werden so lange wiederholt, bis die Figur den Zielpunkt in der rechten unteren Ecke erreicht hat. Dann wird noch kurz eine Meldung angezeigt, und das Programm ist zu Ende.

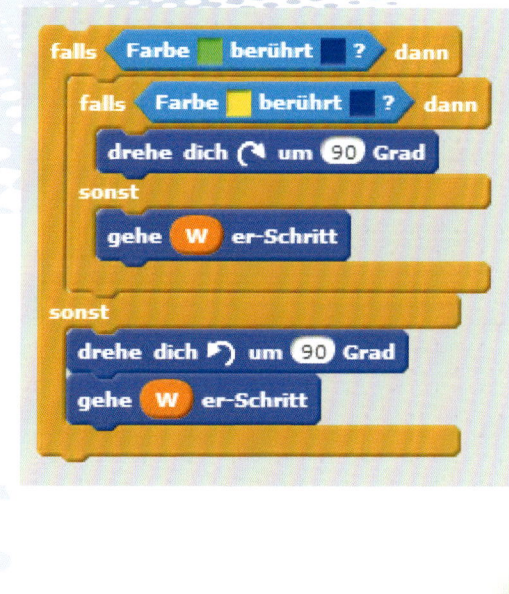

# 10 Labyrinth

Starte das Programm mit einem Klick auf das grüne Fähnchen. Warte, bis das Labyrinth fertig gezeichnet ist und die Aufforderung zum Loslaufen erscheint.

 Drücke dann einmal auf die `Leertaste`, und die rote Figur wird sich in Bewegung setzen.

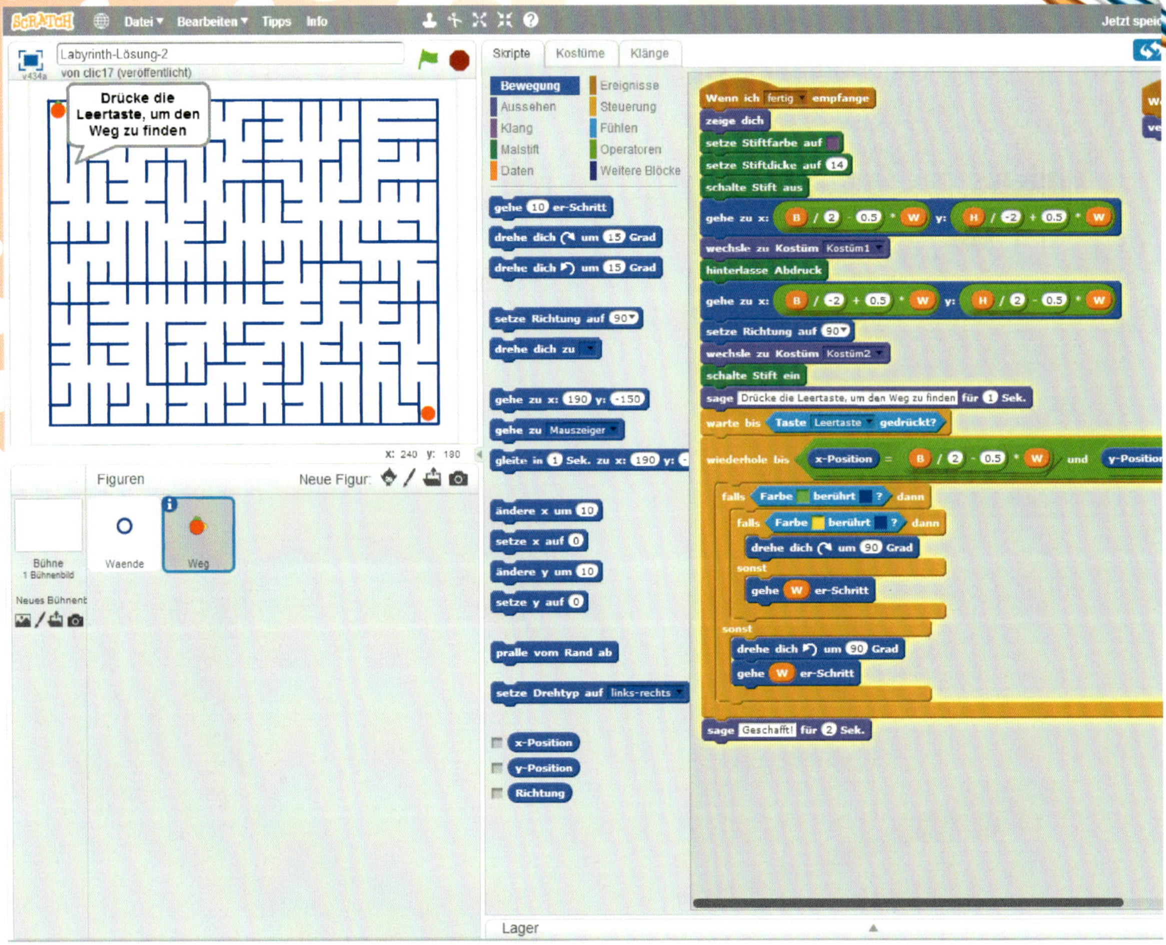

Jetzt kannst du mitverfolgen, wie sich die Figur immer an der linken Wand entlanghangelt und so etwa die Hälfte des Labyrinths durchwandert, bis sie am Ziel ankommt.

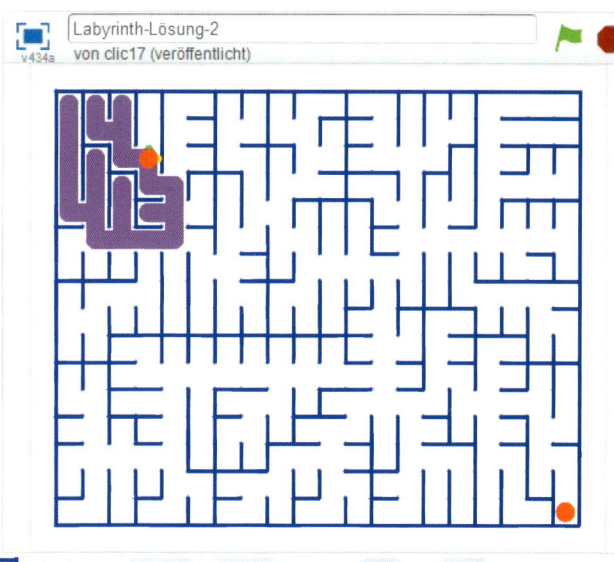

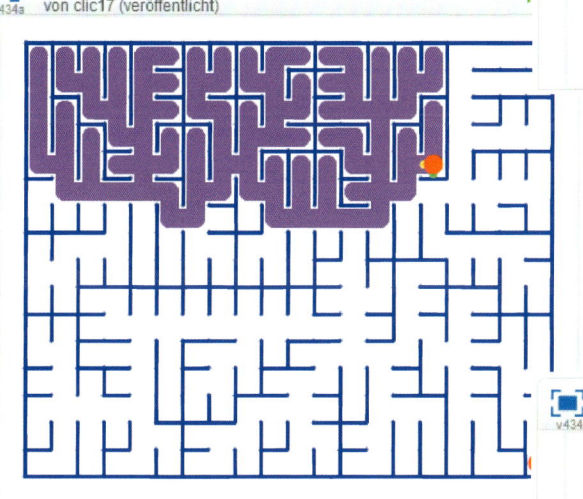

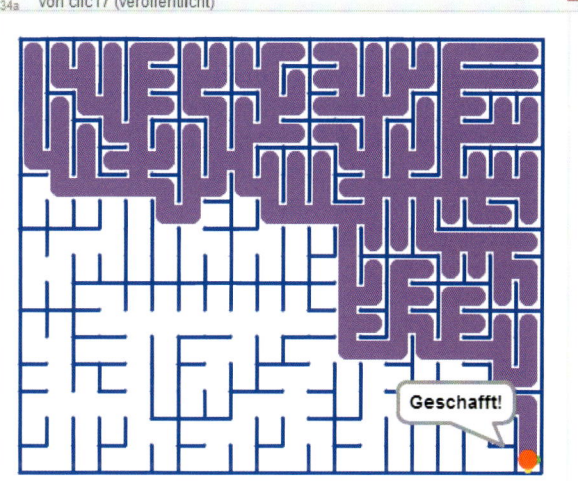

# 11 Analoguhr

Die digitale Zeitanzeige, wie wir sie heute von Computern gewohnt sind, ist erst in den 70er-Jahren in Mode gekommen. Davor hat man jahrhundertelang die Uhrzeit analog mit Zeigern auf einem Zifferblatt angezeigt. Der Digitaluhrboom ist in den letzten Jahren wieder etwas zurückgegangen, da man erkannt hat, dass Analoguhren schneller und bei schlechten Wetterbedingungen oder auf große Entfernungen, wie zum Beispiel auf Bahnhöfen, auch klarer abzulesen sind. Das menschliche Auge erfasst eine Grafik schneller als Ziffern oder Buchstaben. Das Bild einer Analoguhr prägt sich ins Kurzzeitgedächtnis ein, sodass man es, auch wenn man es nur unvollständig oder verschwommen gesehen hat, dennoch richtig umsetzen kann. Sieht man dagegen eine Digitaluhr nur ungenau, kann man daraus keine zuverlässigen Rückschlüsse auf die angezeigte Zeit ziehen.

Das Programm stellt eine Analoguhr mit Sekundenzeiger auf dem Bildschirm dar, die die aktuelle Uhrzeit anzeigt. Zusätzlich wird die Zeit auch noch digital angezeigt. Scratch bietet Blöcke, die das Rechnen mit Uhrzeiten sehr einfach machen.

**1** Lege in Scratch ein neues Projekt an, klicke in der Figurenliste links auf die Bühne und dann auf das Symbol **Bühnenbild aus einer Datei laden**. Lade das Hintergrundbild **uhr.png**. Dieses zeigt ein einfaches Zifferblatt einer Analoguhr ohne Zahlen im Stil einer Bahnhofsuhr.

**2** Lösche die Katze und klicke in der Figurenliste auf das Symbol **Neue Figur zeichnen**. Nenne diese Figur **Minuten**, es wird der Minutenzeiger der Uhr.

**3** Schalte im Bereich **Kostüme** dieser Figur unten rechts auf den Vektor-Modus um. Zeichne jetzt eine senkrechte Linie in der gewünschten Länge des Minutenzeigers. Das untere Ende dieser Linie muss genau auf dem Objektdrehpunkt liegen. Wenn du während des Zeichnens die Umschalt-Taste gedrückt hältst, wird die Linie exakt senkrecht.

**4** Schiebe den Minutenzeiger genau auf den Mittelpunkt des Zifferblatts. Schalte dazu in den Bereich **Skripte** und trage im Block **gehe zu x: ... y: ...** zweimal die **0** ein. Klicke dann auf den Block, ohne ihn in das Skriptfenster zu schieben.

**5** Dupliziere den Minutenzeiger mit einem Rechtsklick auf die Figur in der Figurenliste.

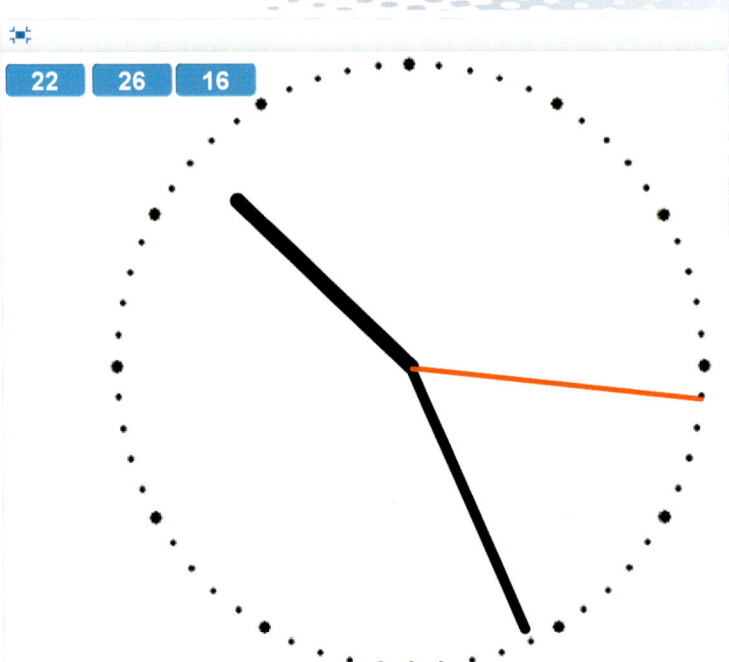

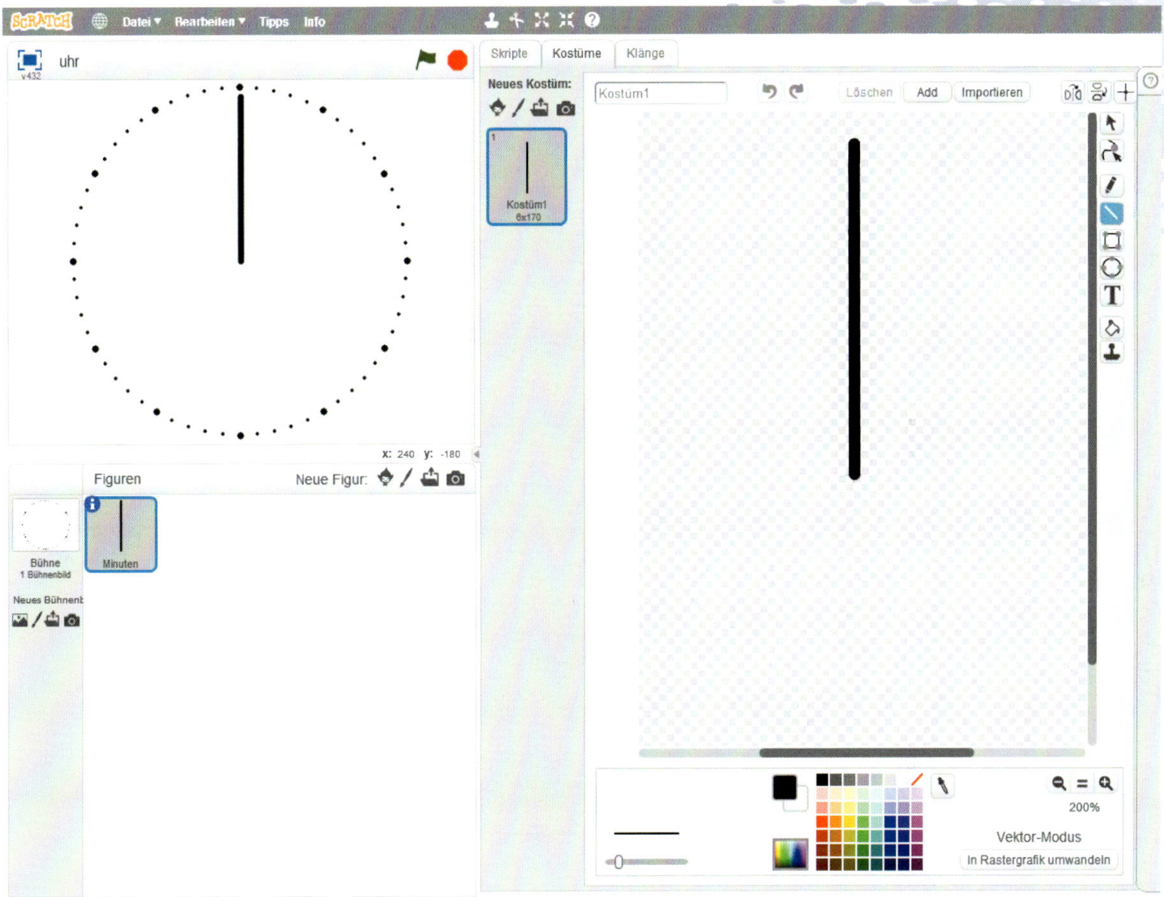

Nenne die neue Figur **Stunden**. Mache im Bereich **Kostüme** die Strichstärke etwas dicker und verkürze den Zeiger dafür ein Stück. Das untere Ende muss immer noch genau auf dem Objektdrehpunkt liegen.

**6** Schiebe auch diese Figur genau auf den Mittelpunkt des Zifferblatts.

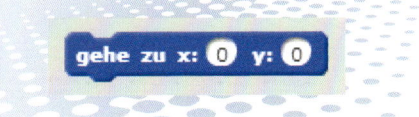

**7** Bevor du auch noch den Sekundenzeiger aus dem Minutenzeiger duplizierst, bauen wir das Programm zusammen. Das hat den Vorteil, dass das Skript für den Sekundenzeiger aus dem sehr ähnlichen Skript für den Minutenzeiger dupliziert werden kann.

**8** Als Erstes erstellen wir das Skript für den Minutenzeiger, der sich in jeder Minute um 6 Grad drehen soll. Lege für das Programm auf der Blockpalette **Daten** eine Variable **M** an.

**125**

#  Analoguhr

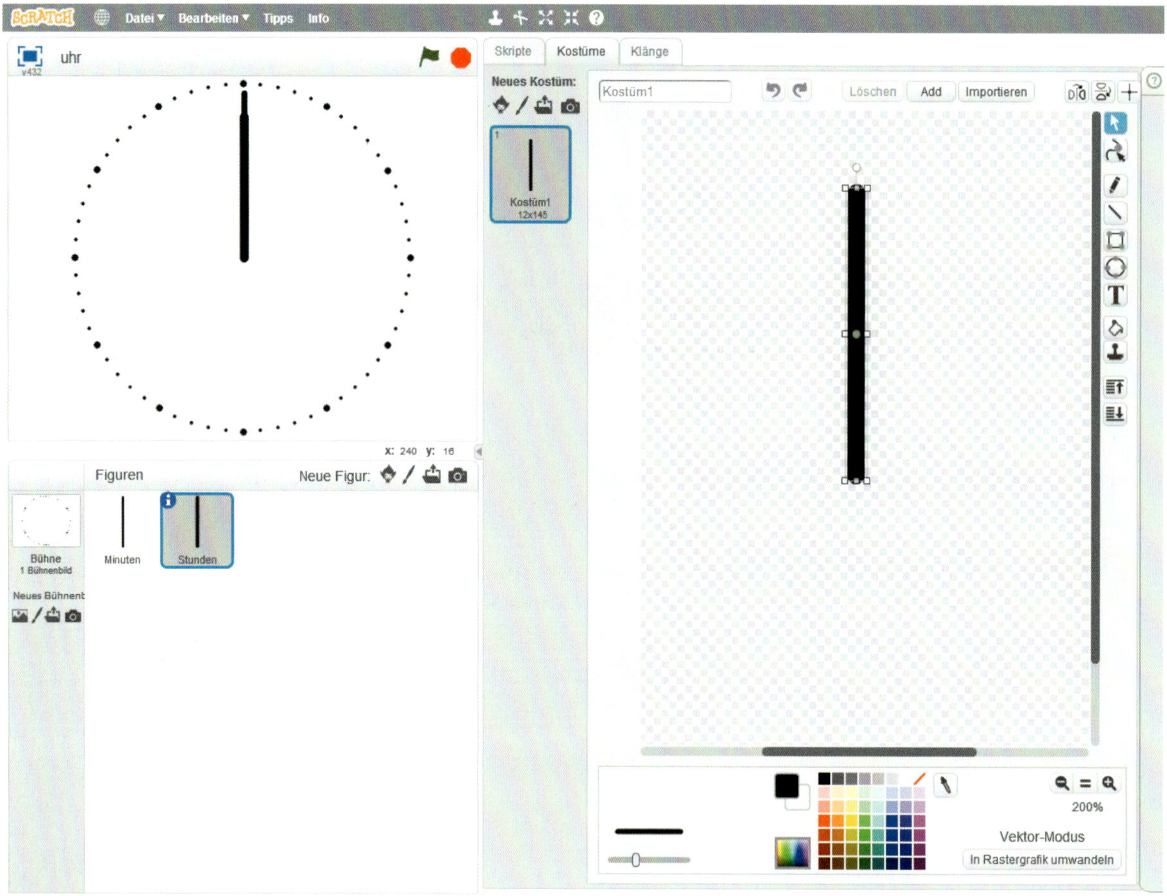

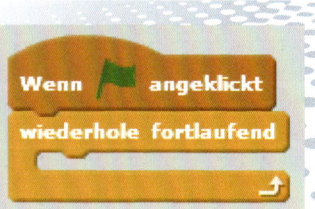

⑨ Wenn der Benutzer auf das grüne Fähnchen klickt, soll eine Endlosschleife starten.

⑩ Einmal in der Minute soll der Minutenzeiger gedreht werden. Die Dauer eines Schleifendurchlaufs im Programm ist nicht bekannt. Für die Analoguhr bedeutet dies, dass die Grafik nicht bei jedem Schleifendurchlauf aktualisiert werden muss, sondern nur, wenn die aktuelle Minute eine andere ist als die zuletzt gezeichnete. Da Scratch keinen Block für *ungleich* kennt, verwenden wir eine Kombination der Blöcke *nicht* und *gleich*.

⑪ Der Block *Minute im Moment* liefert die aktuelle Minute aus der Systemuhr des Computers.

⑫ Falls die aktuelle Minute nicht der zuletzt gezeichneten und in der Variablen *M* gespeicherten entspricht, muss der Minutenzeiger in die neue Richtung gedreht werden. Da er sich in jeder Minute um 6 Grad dreht, wird die aktuelle Minute mit **6** multipliziert. Dazu werden noch **90** Grad addiert, da die Standardrichtung jeder Figur bei Programmstart immer 90 Grad ist.

🅮 Damit sich auch der Stundenzeiger einmal in der Minute bewegt, sendet das Skript noch eine Nachricht *Stundenzeiger*, die von der Figur des Stundenzeigers ausgewertet wird.

🅫 Anschließend wird die Variable **M** auf die aktuelle Minute gesetzt.

🅯 Wähle jetzt den Stundenzeiger. Dieser bekommt ein Skript, das startet, wenn die Nachricht *Stundenzeiger* empfangen wird. Der Stundenzeiger dreht sich um 30 Grad in jeder ganzen Stunde. Dazu kommen noch 0,5 Grad pro Minute in der laufenden Stunde.

#  Analoguhr

⑯ Dupliziere jetzt aus dem Minutenzeiger einen Sekundenzeiger. Ändere dessen Farbe auf Rot, mache die Strichstärke noch dünner und ziehe ihn etwas in die Länge. Schiebe auch diese Figur genau auf den Mittelpunkt des Zifferblatts.

⑰ Mit der Figur wird automatisch auch das Skript des Minutenzeigers für den Sekundenzeiger dupliziert. Die Skripte sind sich sehr ähnlich. Für den Sekundenzeiger sind nur kleine Veränderungen nötig. Lege zunächst auf der Blockpalette *Daten* eine neue Variable *S* an, in der die Sekunde eingetragen wird, in der sich der Sekundenzeiger zuletzt bewegt hat.

⑱ Wenn das grüne Fähnchen angeklickt wird, beginnt der Sekundenzeiger zu laufen. Das Skript zur Bewegung unterscheidet sich von dem des Minutenzeigers nur dadurch, dass die Bewegung auf der Sekunde im Moment basiert und nicht auf der Minute.

⑲ Schalte auf der Blockpalette *Fühlen* das Kontrollkästchen neben dem Block *Minute im Moment* ein, um diesen Wert auf der Bühne anzuzeigen.

> **ZEITDARSTELLUNG BEI ANALOGUHREN**
>
> Je nach verwendeter Mechanik gibt es zwei unterschiedliche Anzeigemethoden bei Analoguhren. Bei echten analog laufenden Uhren führt der Minutenzeiger eine gleichförmige Kreisbewegung aus, bei digital gesteuerten Uhren, wie zum Beispiel Bahnhofsuhren, springt er zur vollen Minute um eine ganze Minute weiter. Letzteres Verfahren hat den Vorteil, dass die Uhrzeit besser auf einen Blick minutengenau abgelesen werden kann. Bruchteile von Minuten sind im Alltag normalerweise nicht wichtig. Wir verwenden für unser Uhrenprogramm ebenfalls dieses Verfahren. Der Stundenzeiger muss aber trotzdem eine gleichförmige Kreisbewegung ausführen. Hier wäre es sehr befremdlich und unübersichtlich, würde er jede volle Stunde um eine ganze Stunde weiterspringen.

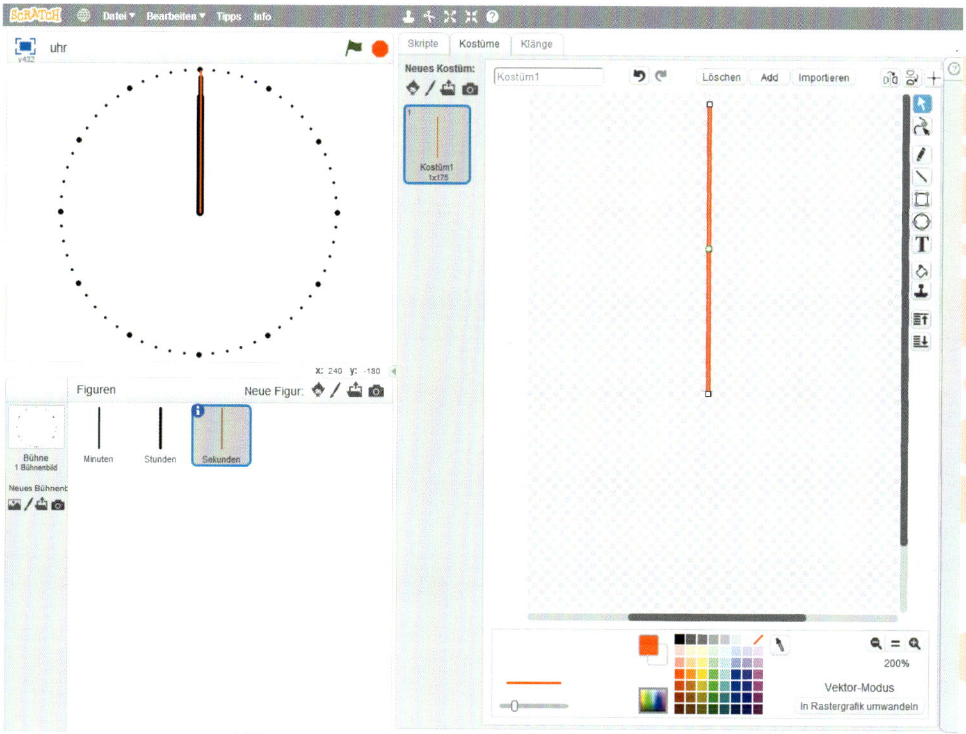

**20** Wähle dort im Listenfeld nacheinander *Stunde* und *Sekunde* aus und schalte auch dann das Kontrollkästchen ein. Die Werte werden auf der Bühne angezeigt. Klicke mit der rechten Maustaste auf diese Anzeigefelder und schalte auf *Großanzeige* um. Ordne die drei Felder danach wie bei einer Digitaluhr nebeneinander an.

Die Digitaluhr zeigt nur den aktuellen Status von Systemvariablen an, benötigt also kein Skript. Deshalb läuft sie schon, bevor du auf das grüne Fähnchen klickst.

Klicke auf das grüne Fähnchen, um auch die Analoguhr zu starten.

# ⑫ Simon – Senso – Einstein

In den späten 70er-Jahren, noch vor der Zeit echter Computerspiele, gab es ein elektronisches Spiel mit vier farbigen Lampen, das es im Jahr 1979 sogar auf die allererste Auswahlliste zum Spiel des Jahres schaffte. Das Spiel war in Deutschland unter dem Namen *Senso* auf dem Markt. Atari brachte einen Nachbau unter dem Namen *Touch Me* in der Größe eines damaligen Taschenrechners heraus. Ein weiterer Nachbau erschien als *Einstein*, im englischen Sprachraum wurde das Spiel als *Simon* vermarktet.

Das Spielprinzip ist einfach. Farbige Flächen blinken in einer zufälligen Reihenfolge. Der Benutzer muss die gleiche Reihenfolge anschließend anklicken. Mit jeder Runde leuchtet eine weitere Farbfläche, sodass es immer schwieriger wird, sich die Folge zu merken. Sobald man einen Fehler macht, ist das Spiel zu Ende. Wer zehn Runden schafft, hat gewonnen.

## DIE GRAFIK

Die Grafik des Spiels besteht aus einer einzigen Figur, die verschiedene Kostüme verwendet, je nachdem, welche Farbe gerade leuchtet.

❶ Starte ein neues Projekt in Scratch und lösche als Erstes die Katze. Wir verwenden als Figur eine stilisierte Darstellung des alten Elektronikspiels. Klicke auf das Symbol *Figur aus einer Datei laden* und lade die Grafik *simon.svg* in das Projekt.

❷ Schiebe die Figur genau auf den Mittelpunkt der Bühne. Trage dazu im Block *gehe zu x: ... y: ...* auf der Blockpalette *Bewegung* zweimal die *0* ein. Klicke dann auf den Block, ohne ihn in das Skriptfenster zu schieben.

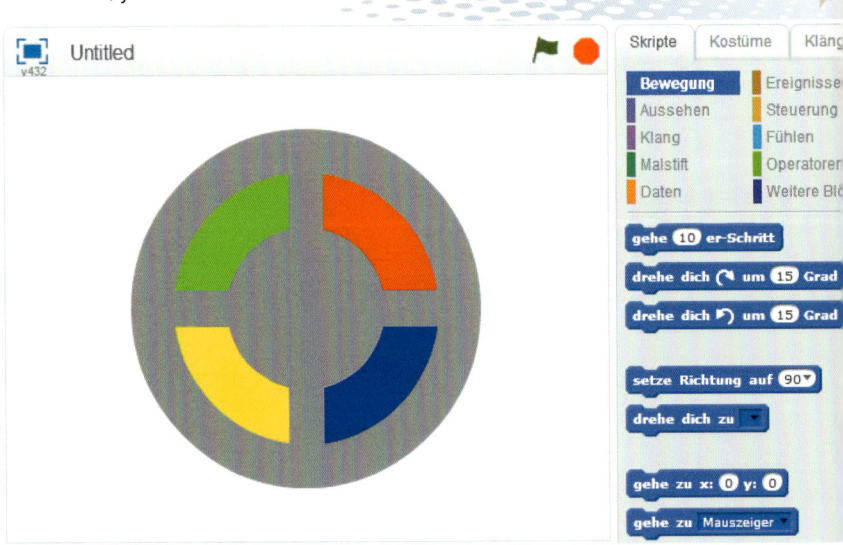

130 Der kleine Hacker – Programmieren für Einsteiger

**③** Schalte danach auf *Kostüme* um und klicke auf das Symbol *Drehpunkt des Kostüms* ganz rechts oben. Der Drehpunkt, auch als Objektmittelpunkt bezeichnet, muss genau in der Mitte der Figur liegen.

**④** Klicke mit der rechten Maustaste auf das Kostüm *simon* in der Spalte der Kostüme und dupliziere es. Wähle in der Farbpalette den dunkelsten Grünton und fülle mit dem Farbeimersymbol damit die grüne Fläche im neuen Kostüm *simon2*. Auf diese Weise wird im Spiel dargestellt, dass das Licht nicht leuchtet.

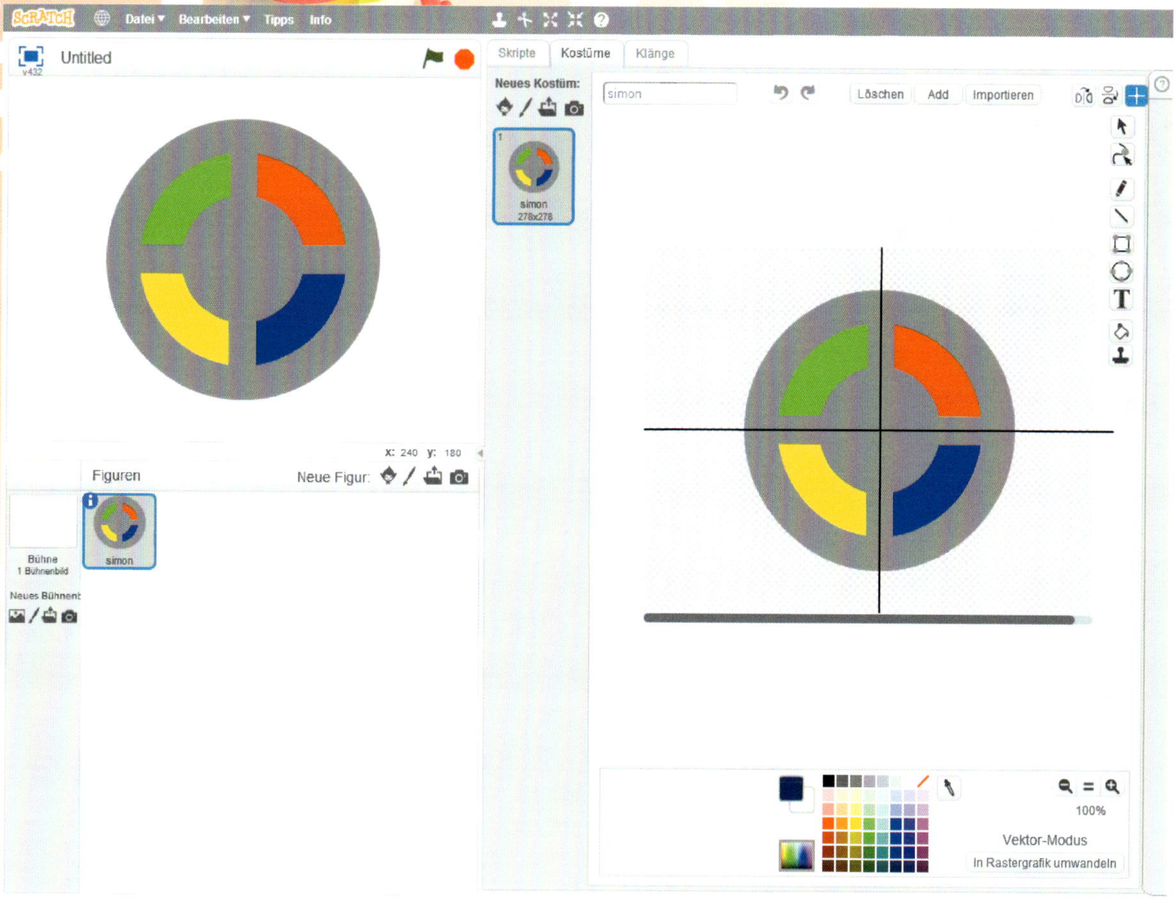

# ⑫ Simon – Senso – Einstein

**⑤** Wähle nacheinander noch den jeweils dunkelsten Rot-, Geld- und Blauton und fülle die entsprechenden Flächen.

**⑥** Dupliziere das so veränderte Kostüm noch viermal. Du hast jetzt die Kostüme *simon* bis *simon6*. Bei den Kostümen *simon2* bis *simon5* soll jeweils eine Farbe leuchten. Fülle dazu in jedem dieser Kostüme eine Farbfläche wieder mit einem kräftigen Grün, Rot, Gelb oder Blau, wie in der Abbildung auf der rechten Seite gezeigt.

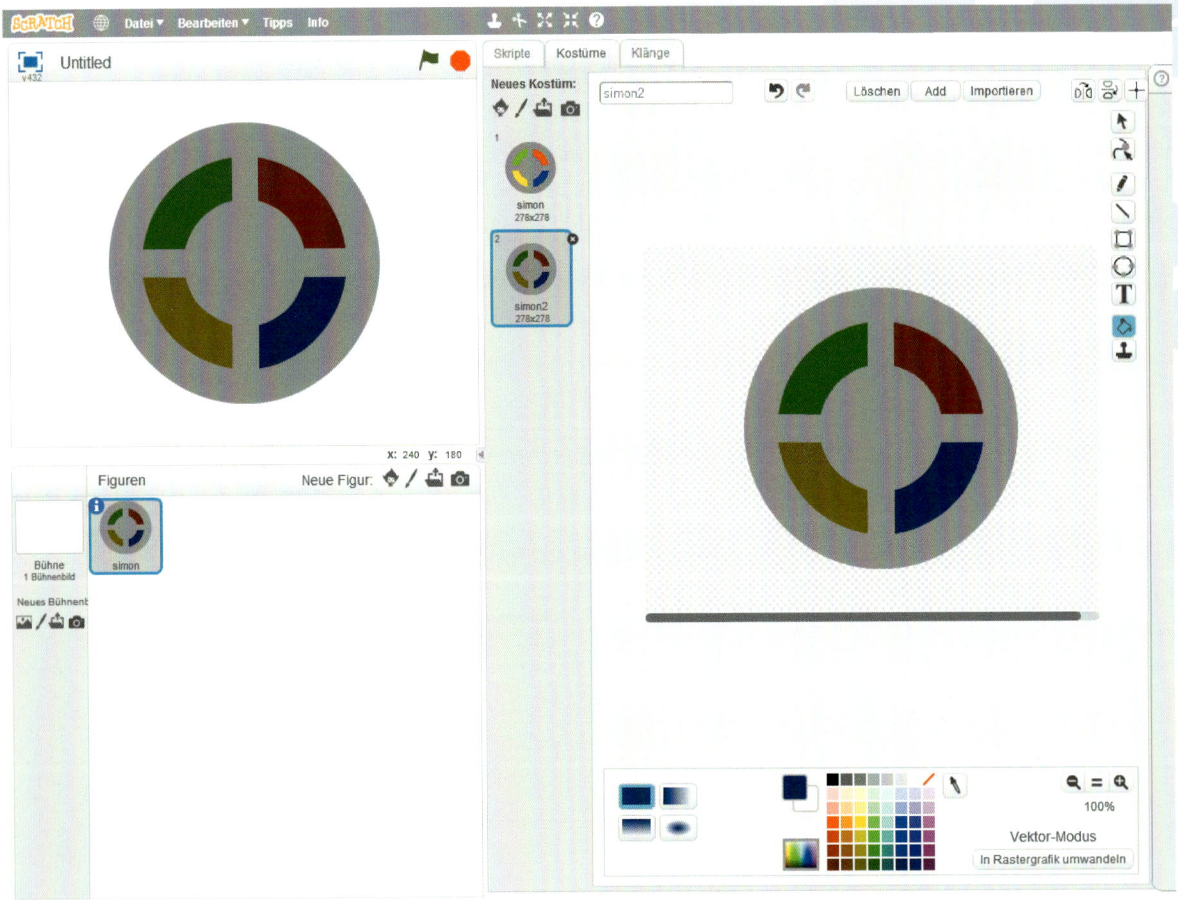

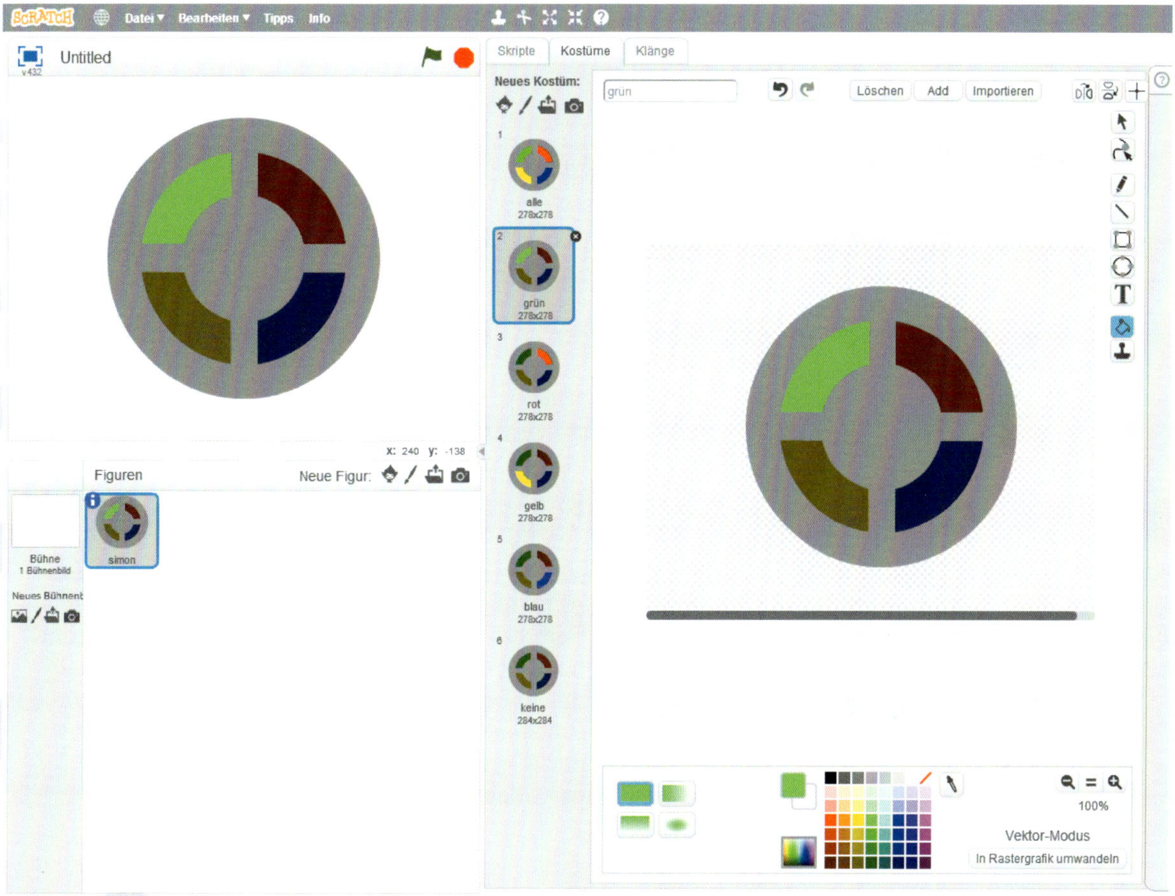

**7** Damit klarer wird, welches Kostüm welche Farben leuchten lässt, benenne die Kostüme über das Namensfeld oben links in jedem Kostüm wie in der Abbildung gezeigt um: *alle*, *grün*, *rot*, *gelb*, *blau*, *keine*.

## DEN EIGENEN BLOCK DEFINIEREN

Eine wichtige Neuerung in Scratch 2.0 ist die Möglichkeit, selbst eigene Blöcke zu definieren, die Aktionen, die im Programm immer wieder vorkommen, abarbeiten. Durch Verwendung solcher Blöcke braucht man nicht ein und denselben Programmteil mehrfach an verschiedene Stellen zu duplizieren. Andere Programmiersprachen nennen dieses Verfahren *Funktion* oder *Prozedur*.

# ⑫ Simon – Senso – Einstein

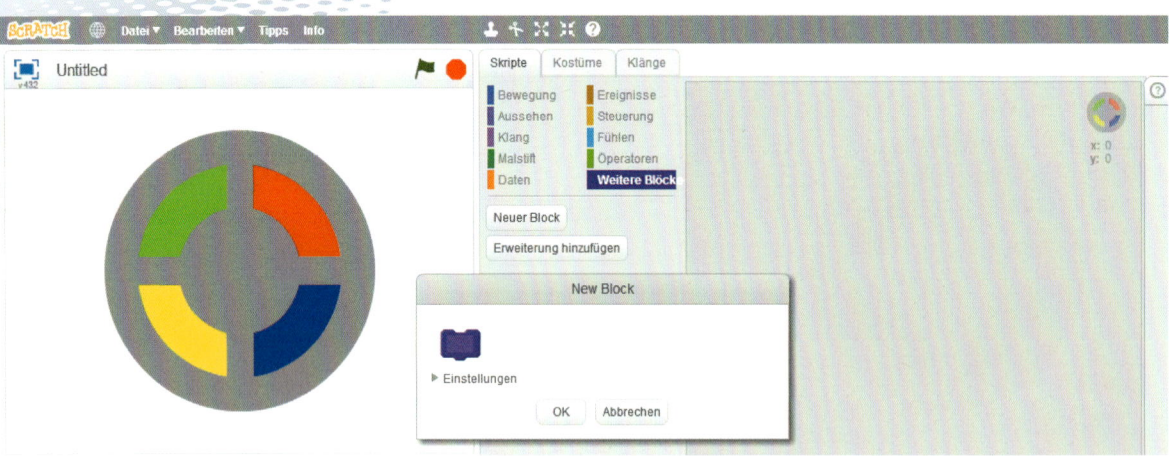

① In unserem Spiel wird es immer wieder vorkommen, dass eine der vier Lampen kurz aufleuchtet und dazu jeweils ein charakteristischer Ton abgespielt wird. Dies soll ein eigener Block erledigen. Klicke dazu auf der Blockpalette *Weitere Blöcke* auf die Schaltfläche *Neuer Block*.

② Es erscheint ein Fenster mit einem dunkelvioletten Blocksymbol. Klicke darauf und gib dem Block den Namen *blink*. Klicke dann noch auf *Einstellungen* und füge ein Zahlenfeld hinzu. Das Programm soll später dem Block eine Zahl von *1* bis *4* übergeben, die angibt, welche der vier farbigen Flächen leuchten soll.

③ Klicke auf *OK*, dann wird der Block angelegt. Im Skriptfenster erscheint die Blockdefinition mit einer Variablen *number1*, die innerhalb des neuen Blocks verwendet werden kann. Auf der Blockpalette *Weitere Blöcke* erscheint der Block, damit du ihn später in das Skript an die gewünschte Stelle ziehen kannst.

④ Hänge jetzt unten an die Blockdefinition die Programmblöcke, die der selbst definierte Block verarbeiten soll. In unserem Fall soll eine

134 Der kleine Hacker – Programmieren für Einsteiger

Farbfläche leuchten, was durch die Auswahl eines anderen Kostüms erledigt wird, und ein Ton abgespielt werden. Welche Farbe und welcher Ton das sind, hängt von der Zahl ab, die in der Variablen *number1* übergeben wird. Hänge dazu als Erstes einen *falls ... dann*-Block an, der prüft, ob *number1 = 1* ist.

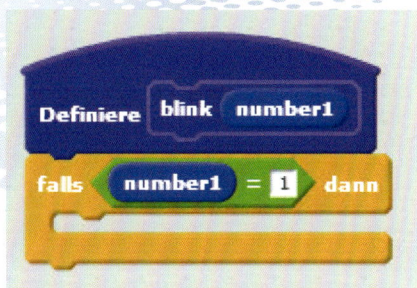

**5** Um die Variable *number1* in den *gleich*-Operator einzubauen, ziehe sie einfach aus der Blockdefinition in das erste Feld des grünen Operatorblocks.

**6** Im Fall der Farbe *1* soll die grüne Farbfläche links oben leuchten und der Ton *60* abgespielt werden. Ziehe dazu einen Block *wechsle zu Kostüm ...* in die *falls ... dann*-Abfrage und wähle dort das Kostüm *grün*. Ziehe zusätzlich noch den Block *spiele Ton ...* in die Abfrage.

**7** Dupliziere jetzt den ganzen *falls ... dann*-Block noch dreimal und ändere in der Abfrage den Wert jeweils auf *2*, *3* und *4*, um die anderen möglichen Zahlen auszuwerten.

**8** Wähle in den *wechsle zu Kostüm ...*-Blöcken die passenden Kostüme *rot*, *gelb* und *blau*.

**9** Wähle in den *spiele Ton ...*-Blöcken die Töne *64*, *67* und *71*.

# ⑫ Simon – Senso – Einstein

⑩ Nach den vier Abfragen leuchtet in jedem Fall genau eine Farbfläche, und es war ein Ton zu hören. Jetzt soll das Programm eine halbe Sekunde warten und anschließend das Kostüm *keine* wählen, auf dem alle Farbflächen wieder dunkel sind.

Dieser neu definierte Programmblock wird jedes Mal ablaufen, wenn eine Farbfläche leuchten soll. Dies passiert mehrfach hintereinander, wenn das Spiel dem Spieler eine Farbfolge vorspielt, die dieser dann nachspielen soll. Später wird der gleiche Programmblock verwendet, um die Farbflächen, die der Spieler anklickt, aufleuchten zu lassen. Auch dabei sollen die Töne zu hören sein.

## DAS SPIEL

Das Spiel soll Farbfolgen von bis zu zehn Farben liefern, wobei es mit einer Farbe beginnt und bei jedem Durchlauf die Folge um eine Farbe länger wird. Nachdem die Farbfolge abgespielt wurde, muss der Benutzer sie nachspielen. Bei einem Fehler ist das Spiel sofort zu Ende.

① Lege zuerst auf der Blockpalette *Daten* die zwei Variablen *farbe* und *i* an. Beide sollen auf der Bühne nicht zu sehen sein. *farbe* enthält die Farbe, die der Benutzer angeklickt hat: Grün = *1*, Rot = *2*, Gelb = *3*, Blau = *4*. *i* wird wie üblich für den Schleifenzähler verwendet.

② Zum Speichern der Farbfolge im Spiel verwenden wir eine Liste. Listen sind eine Sonderform von Variablen, die mehrere Werte in einer festen Reihenfolge enthalten können. Listen können beliebig lang sein. Lege auf der Blockpalette *Daten* eine neue Liste mit Namen *spiel* an. Sie soll auf der Bühne nicht zu sehen sein, da der Spieler sonst jederzeit die korrekte Farbfolge zur Lösung des Spiels ablesen könnte. Nachdem du die Liste angelegt hast, erscheinen einige neue Blöcke auf der Blockpalette, mit denen die Werte der Liste bearbeitet werden können.

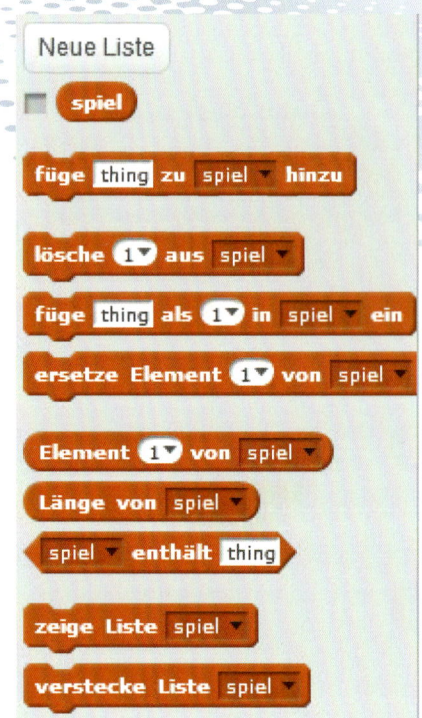

③ Wenn du auf das grüne Fähnchen klickst, soll ein neues Spiel beginnen. Dabei müssen zuerst alle Werte der alten Farbfolge aus der Liste *spiel* gelöscht werden. Mit dem Block *lösche ... aus ...* kannst du einen beliebigen oder auch alle Werte aus einer Liste löschen.

④ Danach startet die Hauptschleife des Spiels. In jedem Durchlauf wird die Farbfolge um eine Farbe verlängert. Das Spiel soll so oft laufen, bis diese Farbfolge und damit die Liste zehn Elemente enthalten. Schaffst du es, diese Farbfolge richtig nachzuspielen, hast du das Spiel gewonnen. Der Block **Länge von ...** liefert die aktuelle Anzahl von Elementen in einer Liste.

⑧ Nachdem die Farbfolge abgespielt wurde, sollen einmal kurz alle Farben aufleuchten, um dem Spieler anzuzeigen, dass er jetzt an der Reihe ist, die Farbfolge nachzuspielen.

⑤ Beim Start jeder Runde wird eine Zufallszahl von *1* bis *4* zur Liste hinzugefügt. Diese Zahl steht für die jeweilige Farbe, die später über den selbst definierten Block *blink* angezeigt wird.

⑨ Anschließend wird der Schleifenzähler *i* zurück auf *1* gesetzt, da er für die folgende Schleife, die die Mausklicks des Spielers auswertet, wieder gebraucht wird.

⑥ Der Schleifenzähler *i* wird auf *1* gesetzt. Dieser wird an verschiedenen Stellen im Programm immer wieder gebraucht.

⑩ Auch diese Schleife wird so oft wiederholt, wie die Liste zurzeit lang ist. Der Spieler muss genauso viele Farben nachspielen, wie er kurz vorher gesehen hat.

⑦ Jetzt folgt eine Schleife, die so oft durchläuft, wie die Liste gerade lang ist, wie viele Farben also abgespielt werden. Diese Schleife spielt die Farbfolge ab, die sich der Spieler merken muss. Beim ersten Mal zeigt sie nur eine einzige Farbe, beim zehnten Mal zehn Farben nacheinander. In jedem Durchlauf der Schleife wird der selbst definierte Block *blink* aufgerufen, und ihm wird ein Element der Liste übergeben. Dies ist immer eine Zahl von 1 bis 4. Danach wird der Zähler *i* um 1 erhöht.

⑪ Das Spiel enthält nur eine einzige Figur, also kann nicht abgefragt werden, ob eine bestimmte Figur angeklickt wurde. Stattdessen

# ⑫ Simon - Senso - Einstein

wertet das Spiel die Position des Mauszeigers aus. Dazu wartet das Skript zunächst, bis der Spieler die Maustaste gedrückt hat. Auf der Blockpalette *Fühlen* gibt es dafür den Block *Maustaste gedrückt?*.

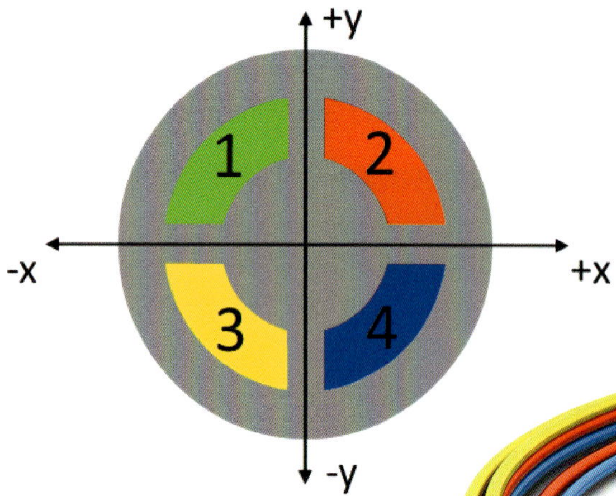

⑬ Eine *falls ... dann ... sonst*-Abfrage unterscheidet anhand der *Maus y-Position*, ob der Spieler in die obere oder untere Hälfte geklickt hat.

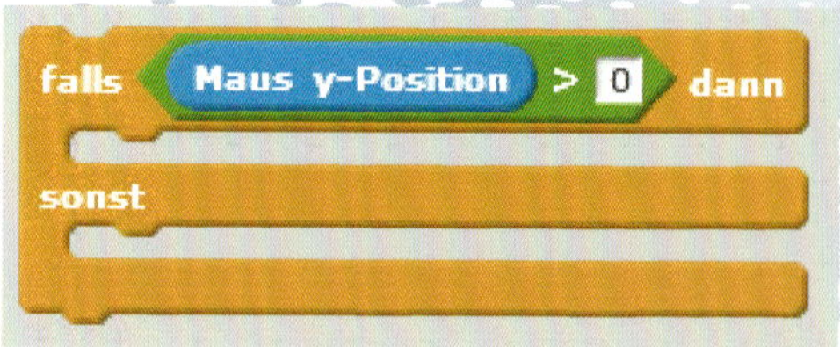

⑫ Da sich die Grafik genau in der Mitte der Bühne befindet, kann man einfach abfragen, ob die x-Position und die y-Position des Mauszeigers größer oder kleiner als 0 sind. Damit werden die vier Quadranten der Bühne und gleichzeitig die vier möglichen Farben eindeutig festgelegt.

⑭ Ist die *Maus y-Position* größer als 0, hat der Spieler in die obere Hälfte der Bühne geklickt. Eine weitere *falls ... dann ... sonst*-Abfrage entscheidet anhand der *Maus x-Position*, ob die Farbe Grün =*1* oder Rot = *2* gewählt wurde.

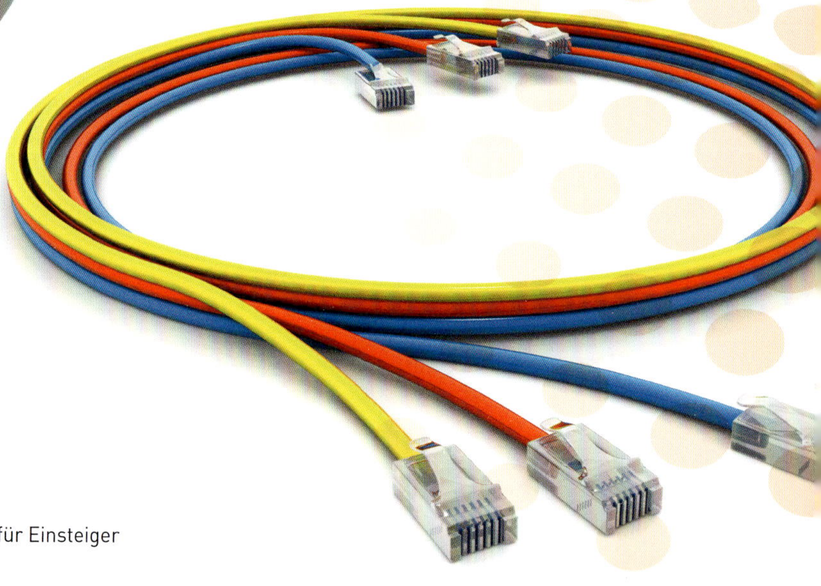

138 Der kleine Hacker – Programmieren für Einsteiger

**15** Ist die *Maus y-Position* dagegen nicht größer als 0, hat der Spieler in die untere Hälfte der Bühne geklickt. Hier entscheidet eine ähnliche *falls ... dann ... sonst*-Abfrage anhand der *Maus x-Position*, ob die Farbe Gelb = *3* oder Blau = *4* gewählt wurde. In allen Fällen wird die Variable *farbe* auf die vom Spieler ausgewählte Farbnummer gesetzt.

**16** Nachdem der Spieler eine Farbe – oder, genauer gesagt, einen Quadranten der Bühne – angeklickt hat, muss das Spiel auswerten, ob dies die richtige Farbe war, die dem jeweiligen Listenelement entspricht. Wenn ja, darf der Spieler weiterspielen, wenn nicht, ist das Spiel verloren. Auch hier wird eine *falls ... dann ... sonst*-Abfrage verwendet, die prüft, ob die Variable *farbe* dem Listenelement *i* entspricht. Der Schleifenzähler *i* zählt auch hier wieder, wie zuvor beim Abspielen der Farbfolge, durch die ganze Liste.

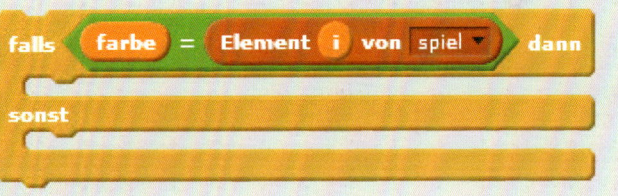

**17** Hat der Spieler die richtige Farbe angeklickt, wird der selbst definierte Block *blink* aufgerufen. Diesem wird der Wert der Variablen *farbe* übergeben, damit die angeklickte Farbe blinkt und der passende Ton erklingt.

**18** Anschließend wird der Schleifenzähler *i* um *1* hochgezählt. Jetzt kann der Spieler die nächste Farbe anklicken.

# 12 Simon – Senso – Einstein

**19** Hat der Spieler aber eine falsche Farbe angeklickt – entspricht die Variable *farbe* also nicht dem Listenelement *i* –, ertönt ein tiefer Ton, es wird kurz die Meldung **Verloren!** angezeigt, und das Programm wird gestoppt.

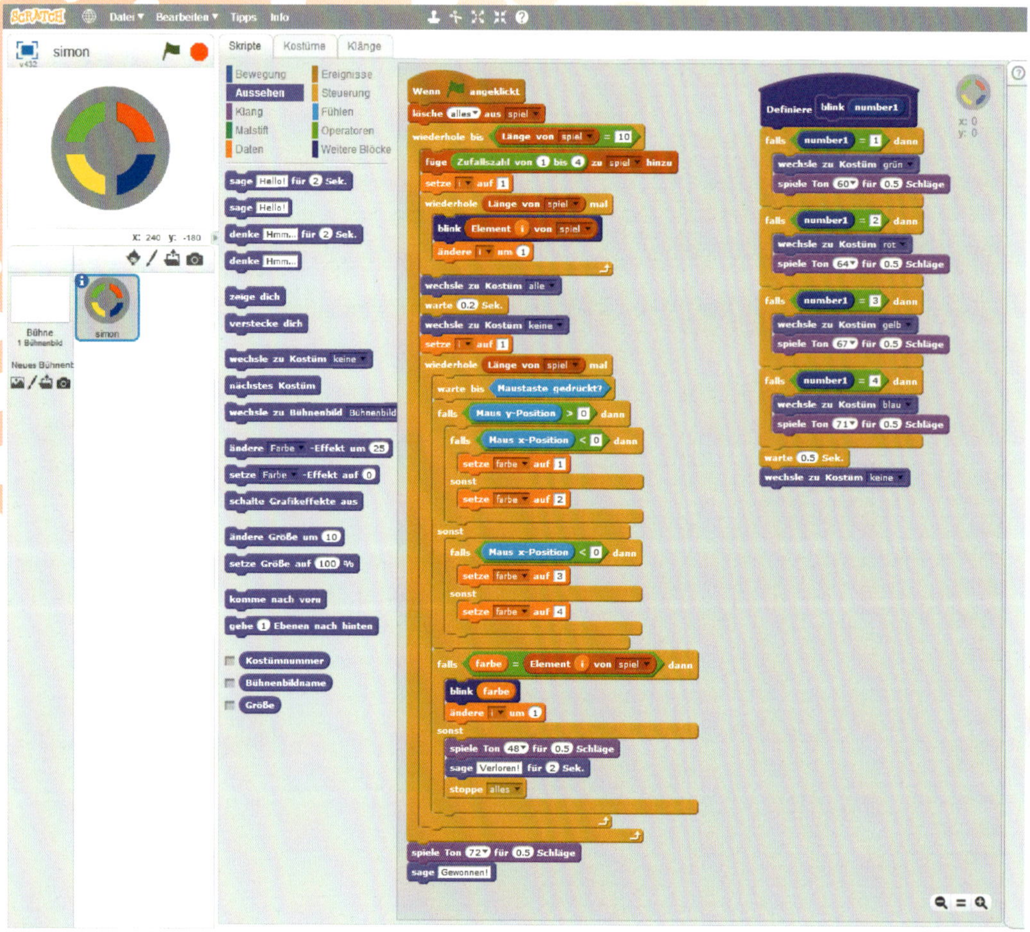

㉔ Hast du es zehnmal erfolgreich geschafft, die komplette und immer länger werdende Farbfolge richtig nachzuspielen, ist die Hauptschleife beendet. In diesem Fall ertönt ein hoher Ton, und es wird die Meldung **Gewonnen!** angezeigt.

㉑ So sieht das Programm fertig aus. Je nach Bildschirmauflösung passt es möglicherweise, ohne dass du scrollst, nicht mehr auf eine Bildschirmseite.

Klicke auf das grüne Fähnchen, um das Spiel zu starten. Es zeigt dir zunächst eine Farbe. Danach blinken einmal kurz alle Farben auf. Klicke jetzt auf diese Farbe. Danach erscheinen zwei Farben hintereinander, wobei die erste die zuvor angezeigte ist, die zweite eine zufällige. Wiederhole auch diese Farbfolge durch Klicken. Die Farbfolge wird jedes Mal länger, wobei die ersten Farben immer die gleichen sind wie beim letzten Mal. Nur die letzte Farbe ist eine zufällige neue. Versuche, in den zehn Runden des Spiels die Farbfolgen fehlerfrei zu wiederholen.

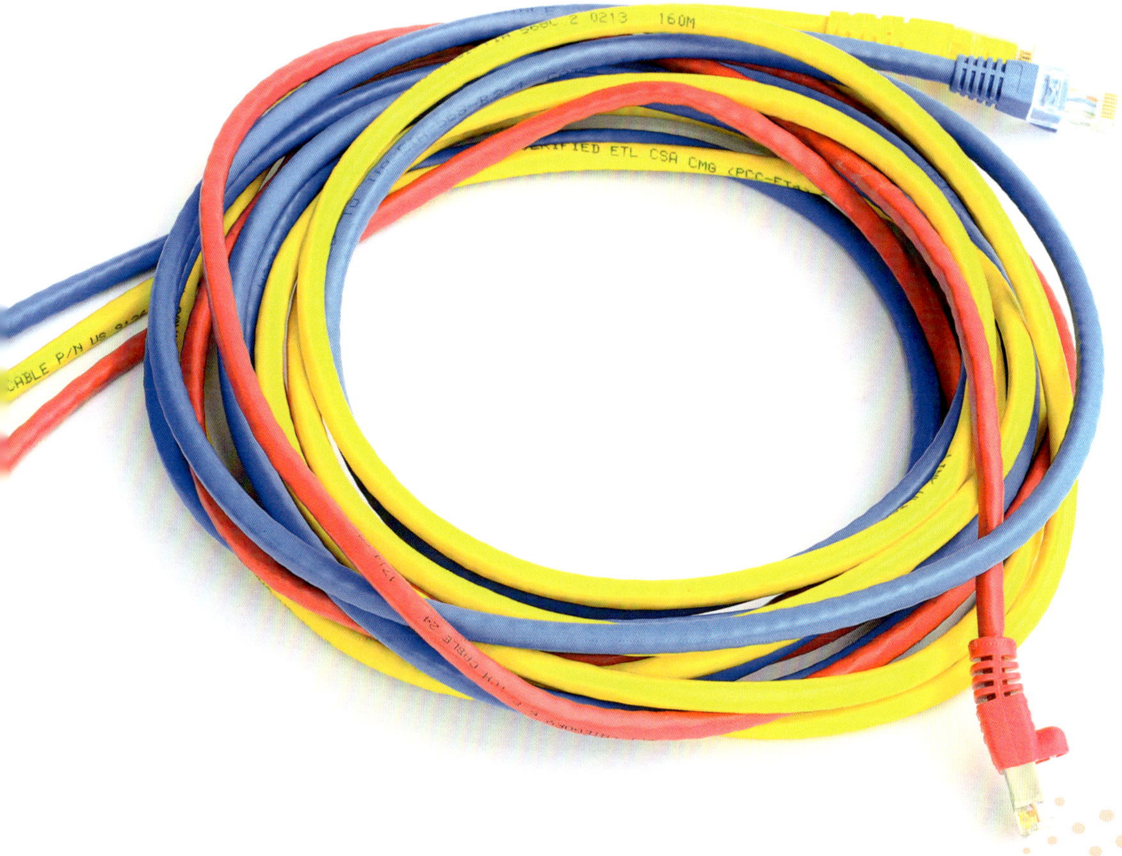

# 13 Die Scratch-Gemeinschaft

Programmieren ist nicht unbedingt nur was für Leute, die einsam in ihren Computerkellern sitzen. Scratch bietet eine riesige Onlinegemeinschaft, in der Menschen aus über 150 Ländern in mehr als 40 Sprachen Programme veröffentlichen und auch gegenseitig weiterentwickeln.

Wer ein Projekt entdeckt und dazu neue Ideen hat, kann es zu seinen Sachen kopieren und remixen. Das bedeutet verändern, verbessern, vereinfachen, übersetzen oder was auch immer. Auf diese Weise entstehen durch die kreativen Fähigkeiten vieler ganz neue Ideen.

Melde dich oben rechts über den Button *Scratcher werden* auf der Scratch-Webseite *scratch.mit.edu* als neuer Scratcher an. Dazu musst du dir nur einen Benutzernamen und ein Passwort ausdenken. Gib dann im nächsten Schritt dein Geburtsdatum und dein Heimatland an. Diese Daten werden nur für statistische Zwecke verwendet und nicht veröffentlicht. Du erhältst eine E-Mail, die du noch mit einem Klick bestätigen musst. Damit wird verhindert, dass jemand automatisch massenhaft Benutzerkonten anlegt und irgendwelchen Spam verbreitet.

Die Scratch-Gemeinschaft funktioniert deshalb so gut, weil sich alle an ein paar einfache Regeln halten. Lies dir diese

**DER SCRATCH DAY**

Der Scratch Day ist ein weltweites Netzwerk von Veranstaltungen zum Thema Scratch, das einmal im Jahr an einem bestimmten Tag stattfindet. Auf der Seite *day.scratch.mit.edu* findest du das nächste Datum und kannst nach Veranstaltungen in deiner Region suchen.

Regeln durch und respektiere sie, damit du und alle anderen Spaß an Scratch haben.

Klicke anschließend oben auf die Schaltfläche *Entdecken*, um beliebte oder neu veröffentlichte Scratch-Projekte aus verschiedenen Kategorien zu finden.
Du kannst jedes Projekt direkt ausprobieren und mit dem Button *Schau hinein* auch den Scratch-Code sehen und daran herumbasteln.

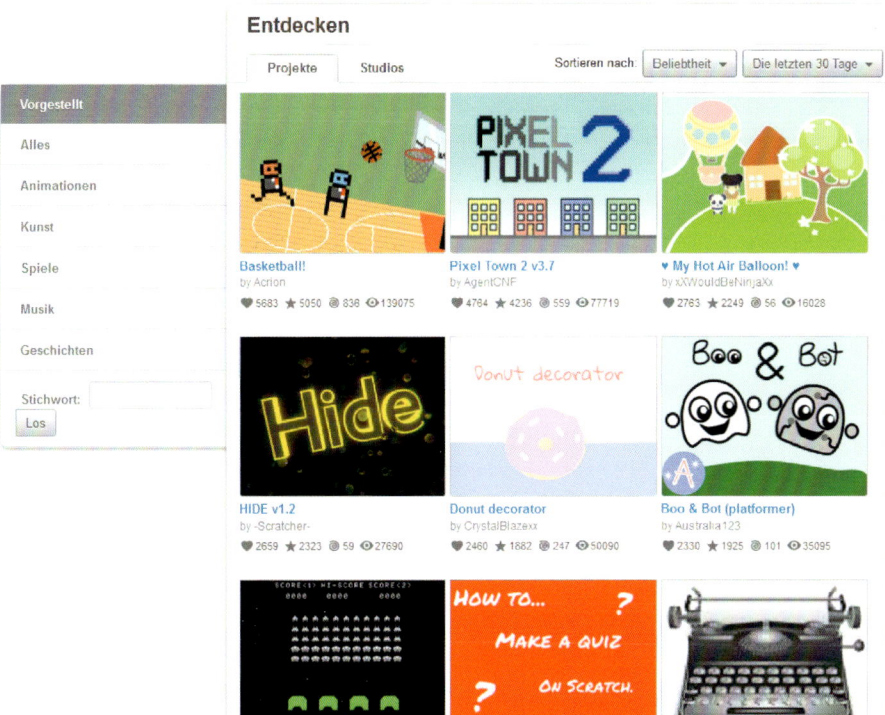

143

# ⑬ Die Scratch-Gemeinschaft

## EIGENE PROJEKTE VERÖFFENTLICHEN

Nachdem du angemeldet bist, kannst du eigene Projekte auf dem Scratch-Server ablegen und auch veröffentlichen. Außerdem hast du als angemeldeter Scratcher die Möglichkeit, die Projekte von anderen zu kommentieren und zu remixen.

Wenn du an einem Projekt bastelst, wird es automatisch unter *Meine Sachen* gespeichert. Du brauchst dich um das Speichern nicht zu kümmern. Zu deiner Liste *Meine Sachen* kommst du jederzeit mit dem Symbol oben rechts.

Das Projekt bleibt so lange nur für dich sichtbar, bis du es mit dem Button *Veröffentlichen* oben rechts veröffentlichst. Beim Veröffentlichen solltest du noch eine Kurzbeschreibung zu deinem Projekt verfassen, wenn nötig Bedienungshinweise für Benutzer geben, die mit dem Projekt nicht vertraut sind, sowie deine Quellen nennen. Damit sind andere Projekte gemeint, aus denen du Sachen oder Ideen übernommen hast.

Möchtest du ein Projekt von jemand anderem remixen, öffne es einfach und klicke oben rechts auf *remixen*. Jetzt wird es bei deinen Projekten gespeichert. Wenn du ein remixtes Projekt veröffentlichst, denk daran, den ursprünglichen Autor zu erwähnen und in deine Beschreibung einzutragen, was du am Projekt bearbeitet hast. Das ist auch für den Autor interessant.

Auf deiner Profilseite sind deine veröffentlichten Projekte zu sehen wie auch deine letzten Kommentare zu anderen Projekten und die Projekte anderer Scratcher, die du mit dem Sternchen als Lieblingsprojekte markiert hast.

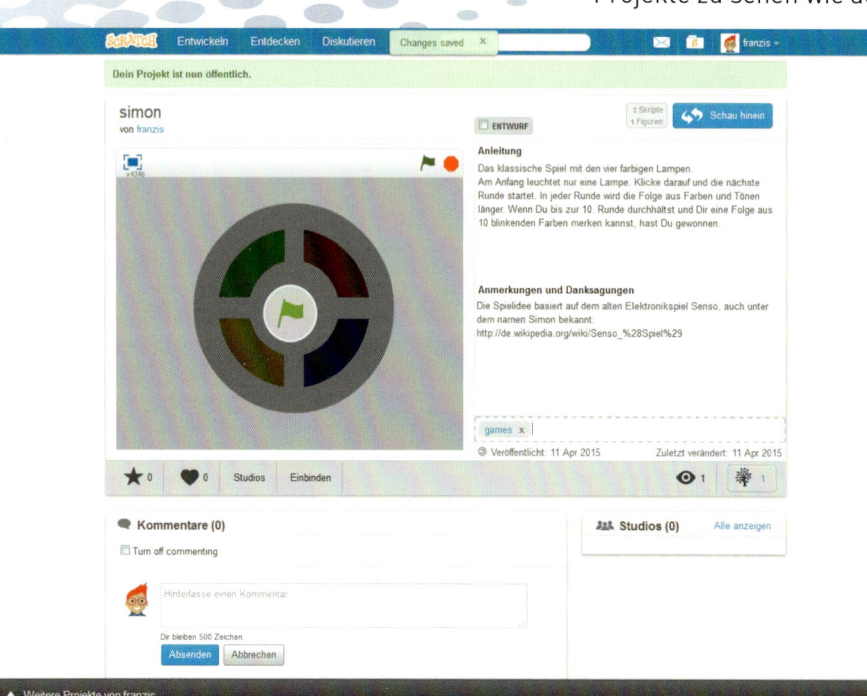

Unter dem Scratch-Benutzernamen *franzis* (*scratch.mit.edu/users/franzis*) haben wir die in diesem Buch verwendeten Programme veröffentlicht. Hier kannst du sie alle direkt ausprobieren und gern auch kommentieren, liken oder remixen.

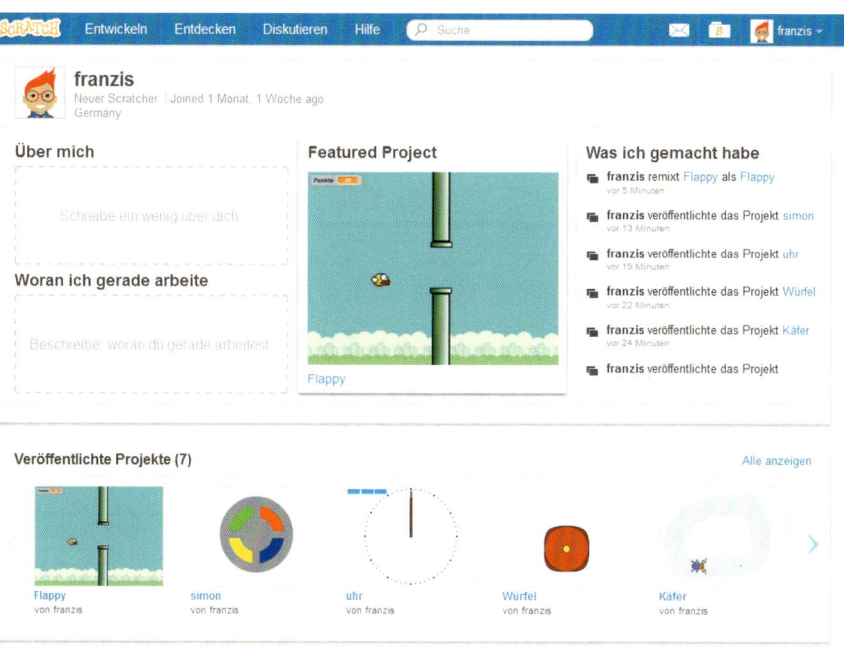

# DIE COOLSTEN SCRATCH-PROJEKTE UND WIE SIE FUNKTIONIEREN

Beim Herumsurfen auf der Scratch-Webseite wirst du sicher jede Menge coole Projekte entdecken. Hier stellen wir ein paar besonders sehenswerte vor. Folge einfach dem Scratcher *franzis*, hier wirst du bei den Lieblingsprojekten immer wieder coole Sachen entdecken.

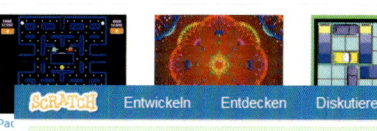

## PARK18

Park18 ist ein Schiebepuzzle, das auf der Idee des Spieleklassikers *Rush Hour* (de.wikipedia.org/wiki/Rush_Hour_(Spiel)), manchmal auch als *Traffic Jam* bezeichnet, basiert. Ziel ist es, ein Auto aus einem zugeparkten Parkplatz herauszuschieben. Dabei können alle Autos nur vorwärts und rückwärts

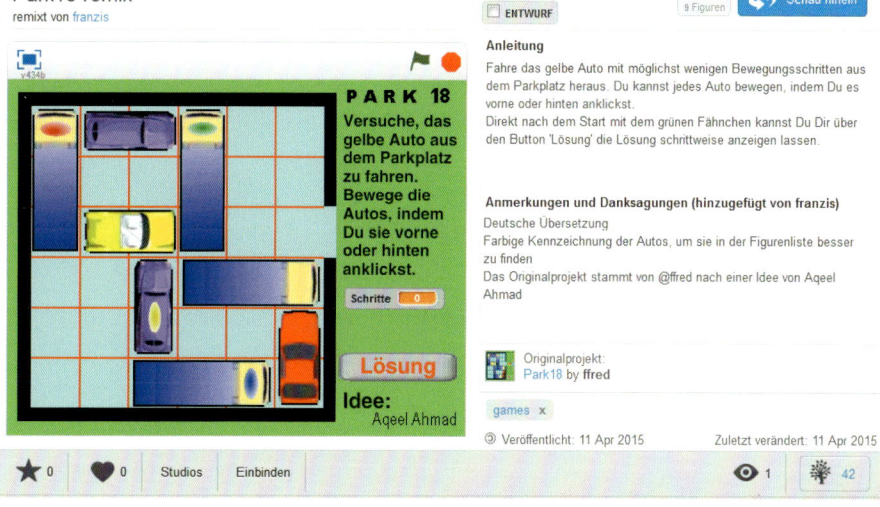

145

# 13 Die Scratch-Gemeinschaft

bewegt werden, nicht seitlich. Klicke dazu einfach vorne oder hinten auf die Fahrzeuge.

Der Scratcher *franzis* hat dieses Projekt remixt und ins Deutsche übersetzt (*scratch.mit.edu/projects/56573184*). Außerdem wurden die Autos, die im Original gleich aussehen, farbig gekennzeichnet, um sie im Programm leichter zu erkennen.

Das Programm sieht auf den ersten Blick kompliziert aus, ist aber eigentlich recht einfach. Bei jedem Fahrzeug gibt es ein Skript, das das Fahrzeug auf die Ausgangsposition setzt, wenn das grüne Fähnchen angeklickt wird.

Ein weiteres Skript steuert die Bewegung, wenn das Fahrzeug angeklickt wird. Dabei wird die Mausposition im Verhältnis zum Drehpunkt des Fahrzeugs ausgewertet, um die Bewegungsrichtung festzulegen. Das Fahrzeug wird erst einen kleinen Schritt, der in der Variablen *Pass* gespeichert ist, bewegt, um zu prüfen, ob es an der Mauer oder dem schwarzen Rand eines anderen Fahrzeugs anstößt. Wenn das nicht der Fall ist, wird es um ein Rasterfeld, in der Variablen *Move* gespeichert, bewegt.

Beim gelben Auto wird zusätzlich ständig geprüft, ob sich seine x-Position schon außerhalb des Parkplatzes befindet. Wenn ja, wird eine entsprechende Meldung ausgegeben und das Spiel beendet.

Sobald der erste Bewegungsschritt gemacht ist, wird die Nachricht *Start* gesendet und damit der Button *Lösung* versteckt. Die Lösung kann nur am Anfang aufgerufen werden, da sie davon ausgeht, dass sich alle Autos in der Ausgangsposition befinden.

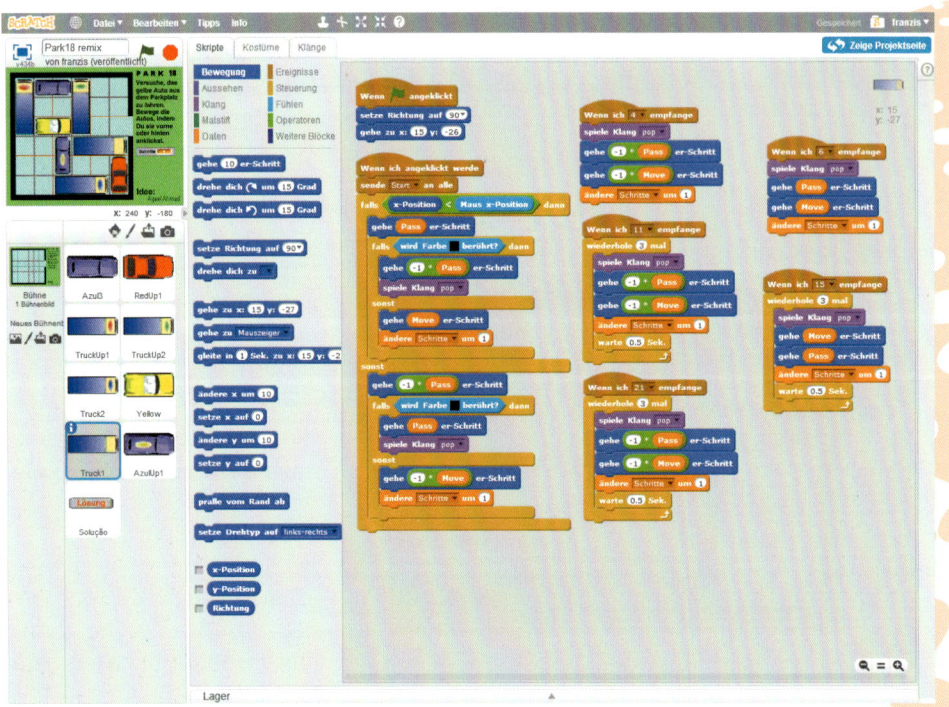

Jeder Klick auf den Button *Lösung* sendet eine um 1 höhere Zahl als der vorherige Klick als Nachricht an alle Objekte. Die notwendigen Bewegungsschritte der einzelnen Autos sind dort als Skriptblöcke hinterlegt, die aufgerufen werden, wenn die jeweilige Zahl als Nachricht empfangen wird.

## PACMAN

PacMan ist ein weiterer Spielklassiker, der sich geradezu anbietet, mit Scratch nachgebaut zu werden (*scratch.mit.edu/projects/13701368*).

Bewege die gelbe PacMan-Figur mit den Pfeiltasten und versuche, die weißen Punkte zu fressen. Die großen weißen Objekte bringen Bonuspunkte, aber lass dich nicht von den beiden Geistern erwischen.

Bei jedem Drücken einer Pfeiltaste ändert die Pac-Man-Figur ihr Kostüm und schnappt so mit dem Mund auf und zu. Solange der schwarze Punkt vor der Figur den schwarzen Hintergrund berührt, kann die Figur einen Schritt gehen.

Jeder weiße Punkt (*Dot*) ist eine eigene Figur, die sich automatisch versteckt, wenn sie die PacMan-Figur berührt. In diesem Moment werden der in der Variablen *Score* gespeicherte Punktestand und die in *Dots* gespeicherte Zahl gefressener Dots erhöht. Die Bonus-Objekte funktionieren ähnlich, geben aber über die Nachricht **BONUS** den Geistern für 8 Sekunden ein anderes Kostüm. In diesem Zustand können sie vom PacMan berührt werden, was 100 Punkte bringt.

Die Geister haben einen zufällig gesteuerten Bewegungsmechanismus. Werden sie in ihrem Normalzustand vom PacMan berührt, ist das Spiel vorbei.

Wenn das Spiel zu Ende ist, wechselt das Bühnenbild auf *Game over* oder *You Won!*. Beim Wechsel des Bühnenbilds verstecken sich automatisch alle Objekte.

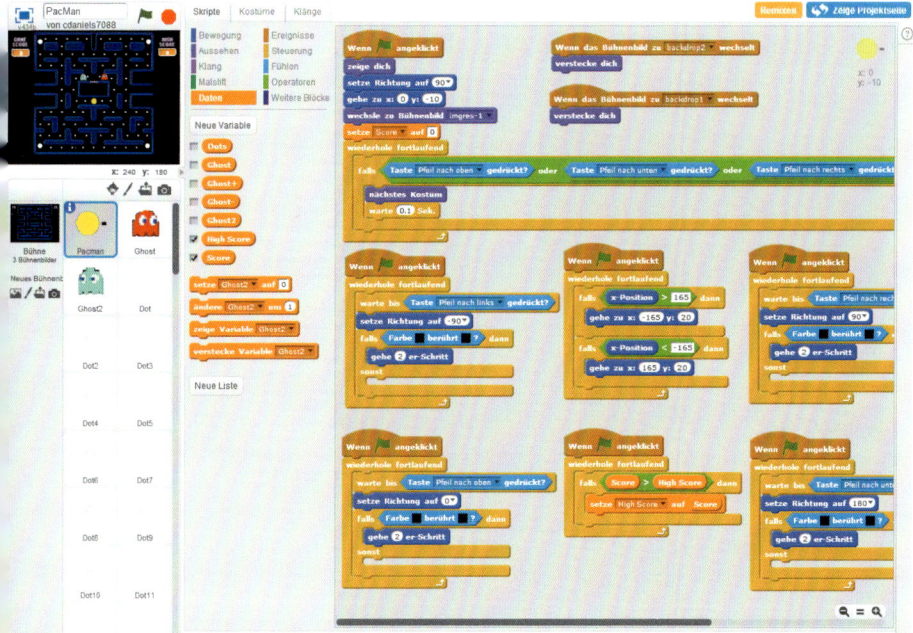

## RUBIK'S CUBE

Das Scratch-Projekt *Working Rubik's cube* (*scratch.mit.edu/projects/41883578*) simuliert den Klassiker Rubik's Cube, in Deutschland auch als Zauberwürfel bekannt. Der Würfel wird in allen sechs Ansichten gezeigt. Mit den goldenen Pfeilen kannst du den Würfel im Ganzen drehen, um ihn von einer anderen Seite zu betrachten. Mit den

# ⑬ Die Scratch-Gemeinschaft

schwarzen Pfeilen verdrehst du einzelne Ebenen gegeneinander.

Jede Fläche ist eine eigene Figur, die sechs verschiedene Kostüme für die sechs Farben annehmen kann. Die Farben werden in der Liste *Sticker colors* gespeichert und bei einer Drehung entsprechend geändert. Für jede mögliche Bewegung ist eine eigene Figur definiert, die die Farben aller betroffenen Flächen entsprechend dem Bewegungsmuster verändert.

Ein Klick auf *Scramble cube* verdreht den Würfel zufällig 100-mal. Ein Klick auf *Solve cube* setzt den Würfel wieder in den Ausgangszustand zurück.

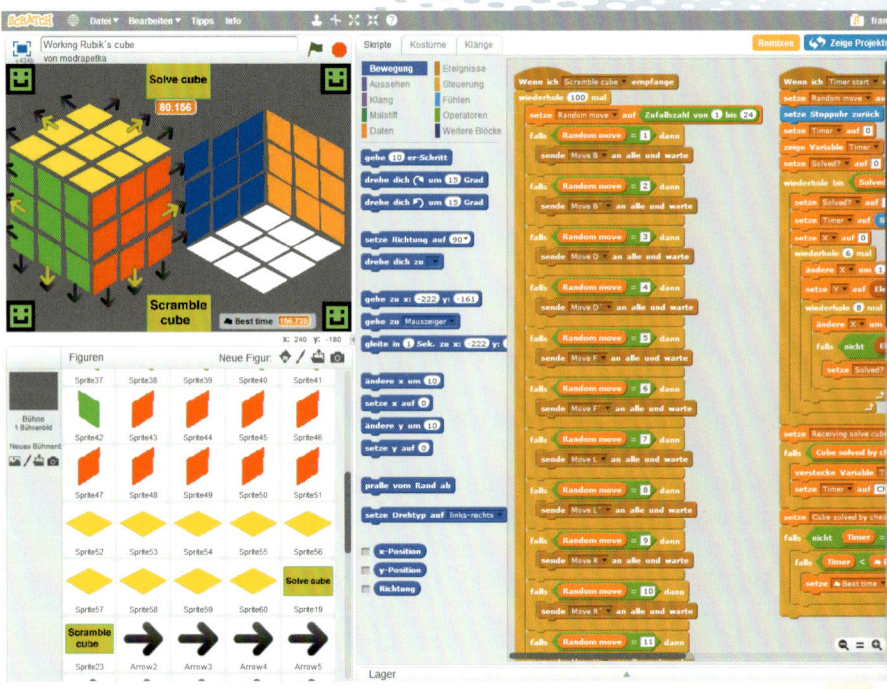

## FRACTAL KALEIDOSCOPE

Fractal Kaleidoscope (*scratch.mit.edu/projects/41883578*) zeigt, dass mit Scratch auch komplexe mathematische Berechnungen möglich sind. Das Programm berechnet fraktale Grafiken, die eine unsichtbare Figur mit dem Malstift malt.

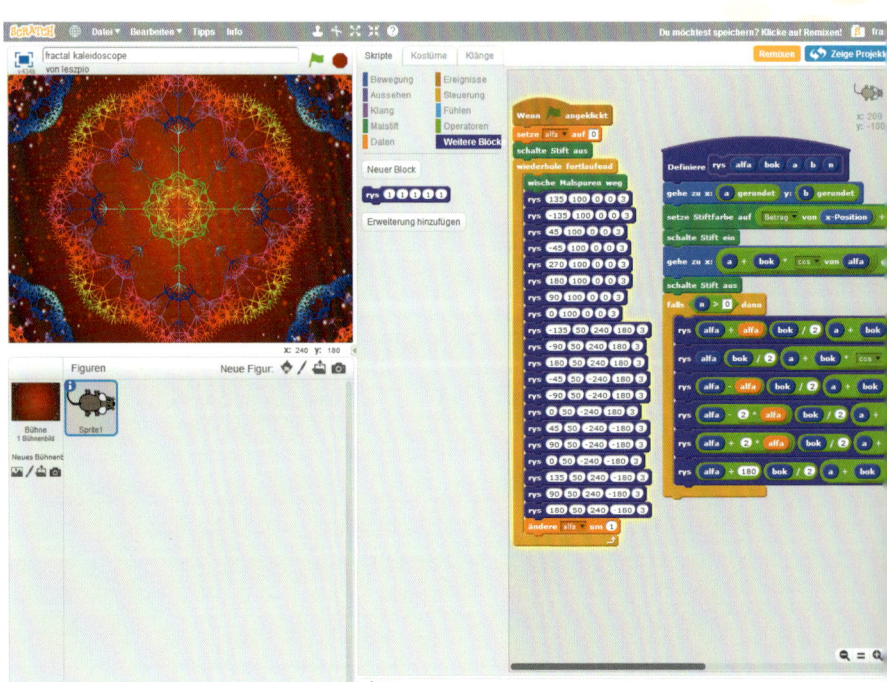

Die Grafik entsteht durch einen selbst definierten Block, der sich selbst mehrfach wieder aufruft. So etwas bezeichnet man als rekursive Funktion.

## CITY CREATOR

City Creator (*scratch.mit.edu/projects/44966072*) ist eine einfache Stadtbausimulation, in der du versuchst, eine möglichst wohlhabende und gesunde Stadt zu erschaffen. Spiele das Spiel am besten im Vollbildmodus, da das Spielfeld sehr kleinteilig ist. Am Anfang zeigt ein Tutorial, wie das Bauen funktioniert.

Es gibt verschiedene Arten von Gebäuden, die unterschiedliche Preise haben. Teure Gebäude kannst du erst bauen, wenn du über die Steuern, die Einwohner und Geschäfte zahlen, genug Geld hast.

● Wohnhäuser müssen an Straßen gebaut werden. Jede Person zahlt $5 an Steuern. Am Anfang wohnt eine Person im Haus. Wenn die Bildung in der Stadt (*education*) mindestens *1* beträgt und das Haus in der Nähe eines Parks steht, wohnen zwei Personen im Haus. Die dritte Person zieht ein, wenn das Haus in einer Schulzone und neben einem Park steht. Die vierte Stufe wird erreicht, wenn die Stadt ein Krankenhaus hat und die Bedingungen der dritten Stufe erfüllt sind.

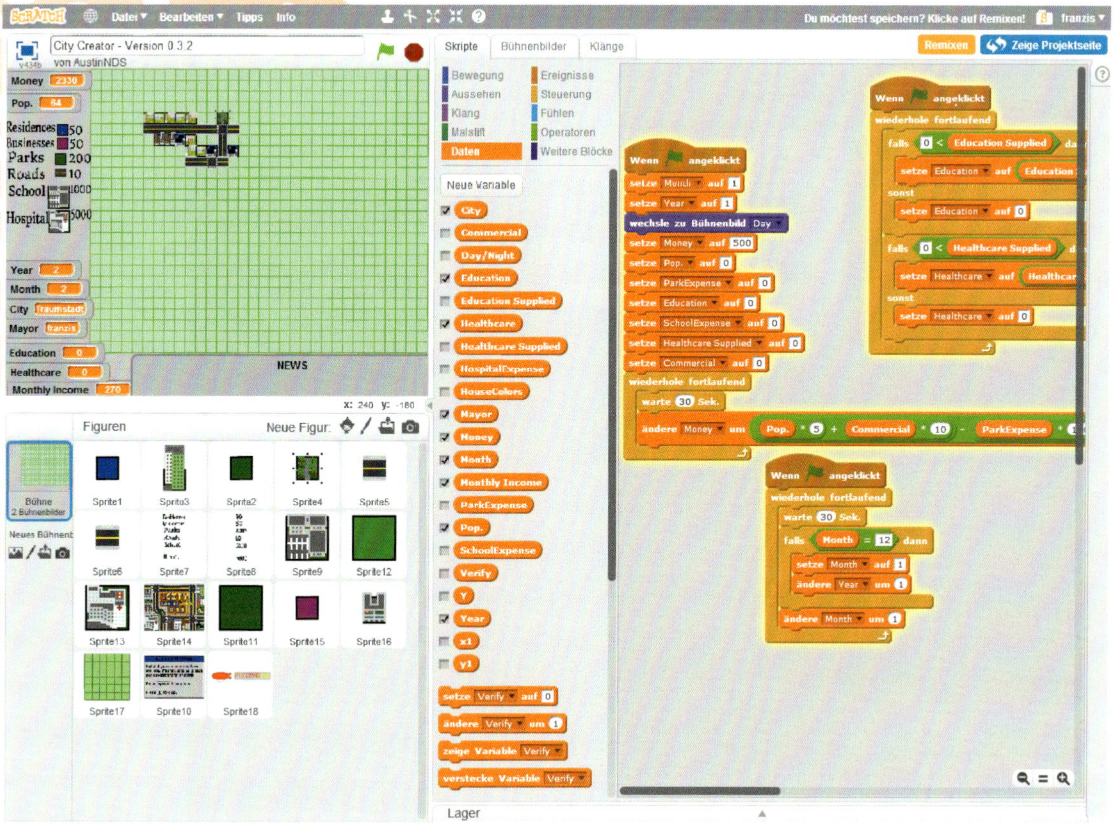

149

# ⓭ Die Scratch-Gemeinschaft

- Geschäfte zahlen $10 an Steuern und werden automatisch erweitert, wenn die Bevölkerung zunimmt.

- Parks werden benötigt, um Wohnhäuser zu erweitern. Ihre Betriebskosten betragen $100 in jeder Runde.

- Straßen sind billig, werden aber gebraucht, um die Bewohner zu den Häusern zu bringen.

- Schulen erhöhen die Bildung. Jede Schule versorgt 1.000 Bewohner und erzeugt eine Schulzone von 6 x 6 Feldern, in denen die Wohnhäuser wertvoller werden. Eine Schule hat $500 Betriebskosten in jeder Runde.

- Krankenhäuser erhöhen die Gesundheit (*healthcare*). Jedes Krankenhaus versorgt 1.000 Bewohner und erzeugt eine Zone von 6 x 6 Feldern, in denen die Wohnhäuser wertvoller werden.

## VIRTUAL TELESCOPE

Virtual Telescope (*scratch.mit.edu/projects/52484548*) ist eines der komplexesten Projekte, die mit Scratch entwickelt wurden. Es stellt einen

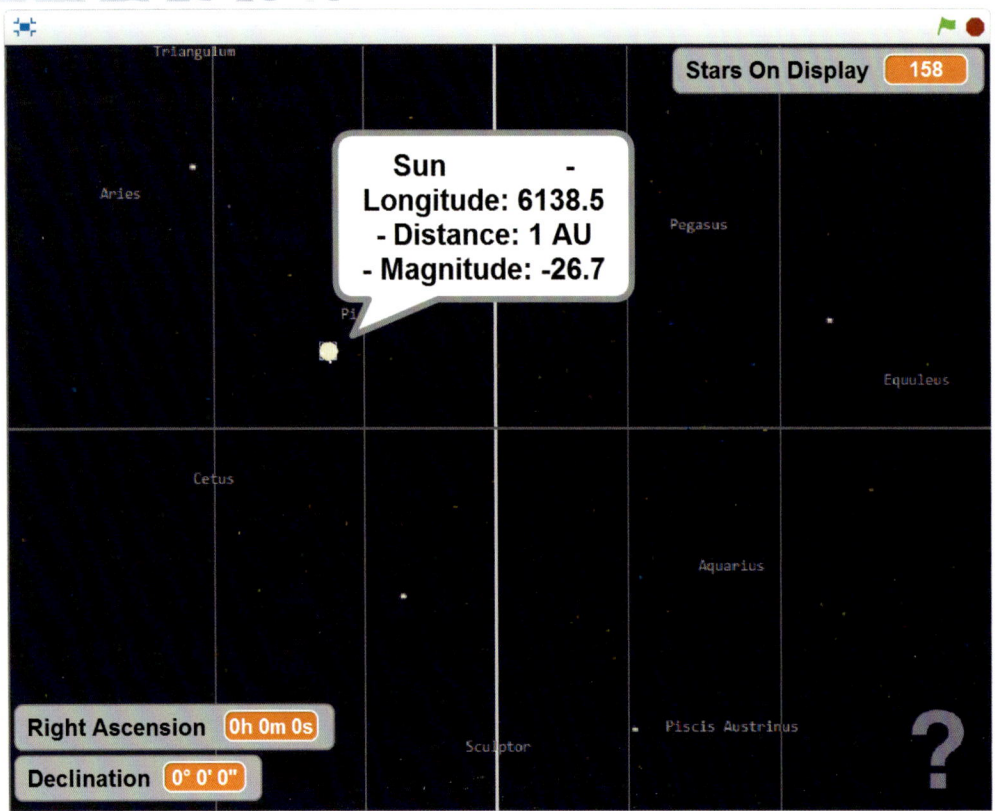

interaktiven Sternenhimmel dar, in dem man sich frei umsehen kann und die Daten zu 100.000 Sternen, 8 Planeten, einem Mond und 88 Sternbildern sehen kann. Nutze das Programm am besten im Vollbildmodus.

Klicke unten auf das Fragezeichen, wird eine kurze Erklärung eingeblendet.

- Pfeiltasten bewegen das Teleskop.

- [Z] und Pfeil auf/ab zoomt die Ansicht.

- [S] und Pfeil auf/ab verändert die Empfindlichkeit und damit die Anzahl angezeigter Sterne.

- [T] und Pfeil auf/ab verändert das Datum und damit die Position der Planeten.

- [Leertaste] erzeugt ein Bild mit allen sichtbaren Sternen aus der Liste von 100.000. Standardmäßig werden aus Performancegründen nur die hellsten 10.000 Sterne berechnet.

- [A] blendet die Achsen ein oder aus.

- Ein Klick auf den Namen eines Sternbilds blendet dieses als Linien ein.

- Fahre mit der Maus über einen Stern, um dessen Daten anzuzeigen.

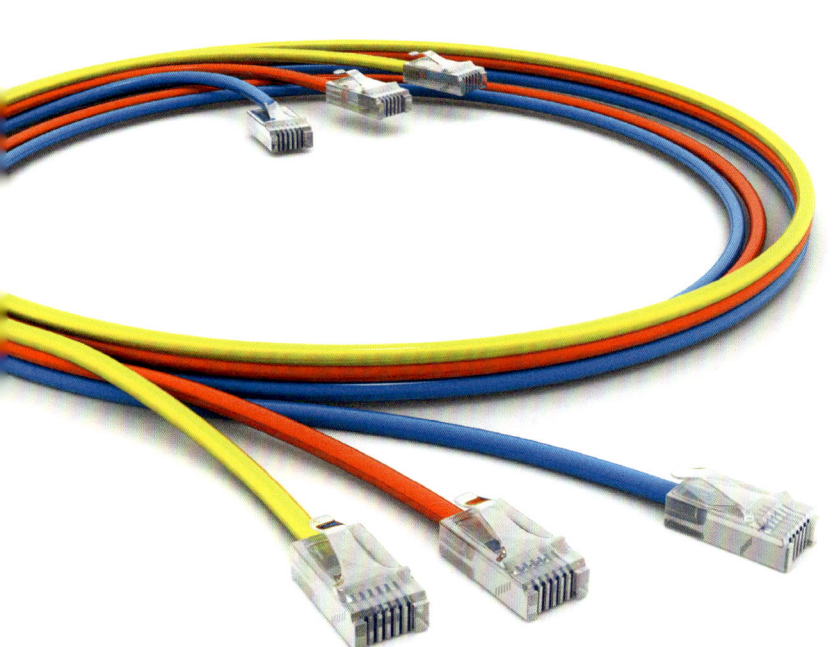

# 14 Blinkende Spielautomaten – Scratch auf dem Raspberry Pi

Mit einem normalen PC oder gar einem Notebook einfache Elektronik zu steuern, ist – auch wenn es nur ein paar LEDs sind – für den Hobbyprogrammierer viel zu aufwendig. Dem PC fehlen einfach die notwendigen Schnittstellen dafür. Außerdem ist das Windows-Betriebssystem ungeeignet, um mit Elektronik zu kommunizieren.

Der Bastelcomputer Raspberry Pi ist – obwohl er auf den ersten Blick gar nicht so aussieht – ein vollwertiger Computer. Du kannst damit Texte schreiben, ins Internet gehen, Spiele spielen oder Filme ansehen. Vieles geht etwas langsamer, als man es von modernen PCs gewohnt ist, dafür ist der Raspberry Pi ja auch viel kleiner und vor allem billiger als ein PC. Und du kannst den Raspberry Pi programmieren – das geht sogar viel leichter als auf dem PC, weil alle dafür notwendigen Werkzeuge bereits vorinstalliert sind und einfachere verständliche Programmiersprachen verwendet werden. Das folgende Projekt kannst du sowohl mit dem Raspberry Pi A+ oder B+ als auch mit dem neuesten Modell, dem Raspberry Pi 2 durchführen.

## DAS BRAUCHST DU NOCH

Wie für einen „großen" PC braucht man auch für den Raspberry Pi noch einiges an Zubehör, um ihn wirklich benutzen zu können.

- Handyladegerät als Netzteil

- Monitor mit HDMI-Anschluss oder HDMI/DVI-Adapter

- USB-Tastatur und Maus

- Netzwerkkabel

- Raspbian-Betriebssystem auf MicroSD-Speicherkarte (*www.raspberrypi.org/downloads*)

## SCRATCH AUF DEM RASPBERRY PI

Wenn du bereits einen Raspberry Pi nutzt, hast du das vorinstallierte Scratch möglicherweise bereits entdeckt. Das Raspbian-Betriebssystem liefert Scratch in der Version 1.4 mit. Teilweise heißen die Blöcke etwas anders, und einige Blöcke fehlen auch gegenüber der Version 2.0. Dafür kann Scratch auf dem Raspberry Pi ohne Installation und auch offline ohne Internet sofort genutzt werden.

Der Bildschirm von Scratch 1.4 sieht etwas anders aus. Die Bühne und die Figurenliste sind rechts, an manchen Stellen wirkt die Bedienung etwas umständlicher, aber man gewöhnt sich schnell um, wenn man Scratch 2.0 kennt.

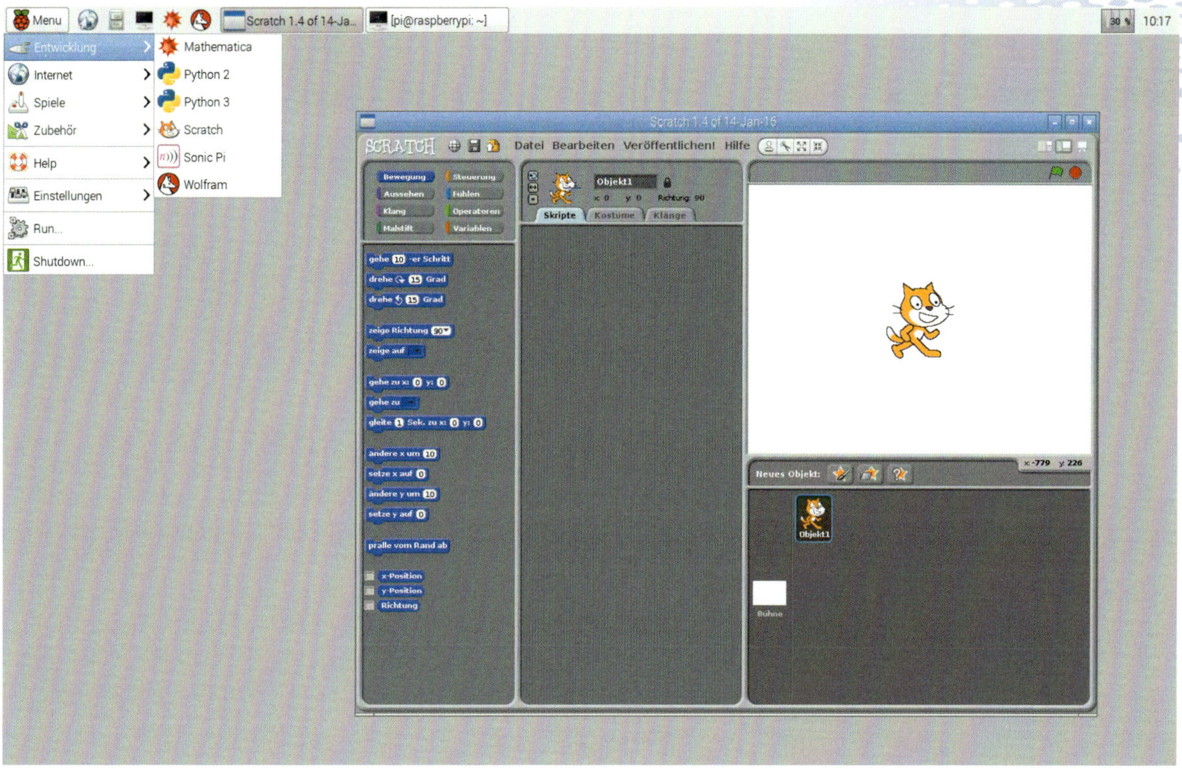

### KEIN SCRATCH 2.0 AUF DEM RASPBERRY PI

Das Raspbian-Betriebssystem liefert zwar einen Webbrowser mit, Scratch 2.0 funktioniert aber auch online dort nicht. Dem Raspberry Pi fehlt die Unterstützung für Adobe Flash oder AIR. Selbst die Installation eines anderen Browsers wie Chrome oder Firefox, die ebenfalls für den Raspberry Pi angeboten werden, hilft nicht weiter.

# 14 Blinkende Spielautomaten – Scratch auf dem Raspberry Pi

## GPIO-STEUERUNG MIT SCRATCH AUF DEM RASPBERRY PI

Was den Raspberry Pi bei Makern so beliebt macht, ist die Möglichkeit, Elektronik anzuschließen und diese mit eigenen Programmen zu steuern.

Die Stiftleiste an der einen Seite des Raspberry Pi wird als GPIO bezeichnet. Die englische Abkürzung *General Purpose Input Output* bedeutet auf Deutsch einfach *Allgemeine Ein- und Ausgabe*.

Von diesen Pins lassen sich alle, die nur mit einer Zahl bezeichnet sind, wahlweise als Eingang oder Ausgang programmieren und so für vielfältige Hardwareexperimente nutzen. Die übrigen sind für die Stromversorgung und andere Zwecke fest eingerichtet. Es gibt je zwei Pins mit +3,3 V und +5 V Spannung sowie insgesamt acht Pins mit Masseanschluss *GND*.

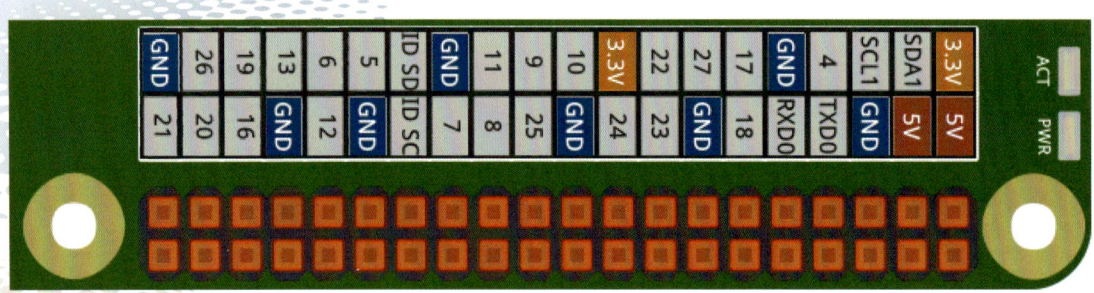

## PI_SCRATCH

Standardmäßig unterstützt nur die zweite auf dem Raspberry Pi vorinstallierte Programmiersprache Python die GPIO-Schnittstelle. Pi_Scratch ist eine Erweiterung, die die fehlende GPIO-Unterstützung für Scratch nachliefert.

Der Raspberry Pi verwendet Linux und kein Windows, aber das sieht auch nicht viel anders aus. Linux hat den großen Vorteil, dass es längst nicht so hardwarehungrig ist, also so viel Leistung braucht, wie Windows. Außerdem ist Linux „freie Software". Das heißt, jeder darf Linux nutzen, für seine eigenen Zwecke anpassen und auch beliebig weitergeben, ohne Seriennummern eingeben oder sich mit Lizenzen herumärgern zu müssen.

**IMMER +3,3 V VERWENDEN**

Verwende für elektronische Experimente immer die +3,3-V-Anschlüsse des Raspberry Pi und nicht die +5-V-Anschlüsse. Würde 5 V Spannung durch eine elektronische Schaltung wieder zurück auf einen GPIO-Pin kommen, würde dies den Raspberry Pi beschädigen. Die +5-V-Anschlüsse sind nur für externe Geräte wie zum Beispiel Servomotoren gedacht und nicht für Logiksignale.

Pi_Scratch greift tief ins Betriebssystem ein und ist daher etwas aufwendig zu installieren. Wir haben die Vorteile freier Software genutzt und für dieses Buch ein spezielles Linux vorbereitet, das Pi_Scratch bereits mitliefert.

### INFO

Unser Linux für den Raspberry Pi basiert auf dem Original-Raspbian-Betriebssystem, das die Raspberry Pi-Stiftung (*www.raspberrypi.org*) anbietet. Bei dieser Linux-Version ist die Programmiersprache Scratch, die wir verwenden, auch schon dabei. Wir haben zusätzlich Pi_Scratch (*www.pridopia.co.uk*) installiert, eine Erweiterung, mit der Scratch Elektronik ansteuern kann. Im Gegensatz zum englischen Original Pi_Scratch ist unsere Version auf Deutsch.

Du kannst dir das Linux mit Pi_Scratch von der DVD auf den PC herunterladen. Entpacke dort die etwa 1,4 GByte große ZIP-Datei. Darin befindet sich eine 4 GByte große IMG-Datei mit dem Betriebssystemimage.

## SPEICHERKARTE VORBEREITEN

Zunächst bereiten wir die Speicherkarte auf dem PC vor. Dazu brauchst du einen Kartenleser am PC. Dieser kann fest eingebaut oder per USB angeschlossen sein. Wenn dein PC noch keinen Kartenleser hat, besorg dir am besten einen kleinen Kartenleser in USB-Stick-Form. Die einfachen Modelle, die nur MicroSD-Karten lesen und bei manchen Speicherkarten sogar schon mitgeliefert werden, reichen völlig aus, da wir genau dieses Kartenformat für den Raspberry Pi brauchen und andere Kartentypen inzwischen auch weitgehend ungebräuchlich sind. Smartphones und Tablets verwenden üblicherweise ebenfalls MicroSD-Karten. Bei im PC eingebauten SD-Kartenlesern ist für MicroSD-Karten meistens ein Adapter erforderlich, der bei neuen MicroSD-Karten oft bereits mitgeliefert wird.

Wenn du eine fabrikneue Speicherkarte verwendest oder eine, die bisher nur in Smartphones oder Tablets genutzt wurde, ist diese bereits vom Hersteller optimal vorformatiert, und du brauchst dich um die Formatierung nicht zu kümmern.

Hast du die Speicherkarte früher schon einmal für einen Raspberry Pi oder einen anderen Linux-Computer verwendet, muss sie neu formatiert werden, damit der Kartenleser im PC die Größe der Speicherkarte richtig erkennt.

# 14 Blinkende Spielautomaten – Scratch auf dem Raspberry Pi

Um die Speicherkarte neu zu formatieren, lade dir das kostenlose Programm SDFormatter der SD Association bei **www.sdcard.org/downloads/formatter_4** herunter.

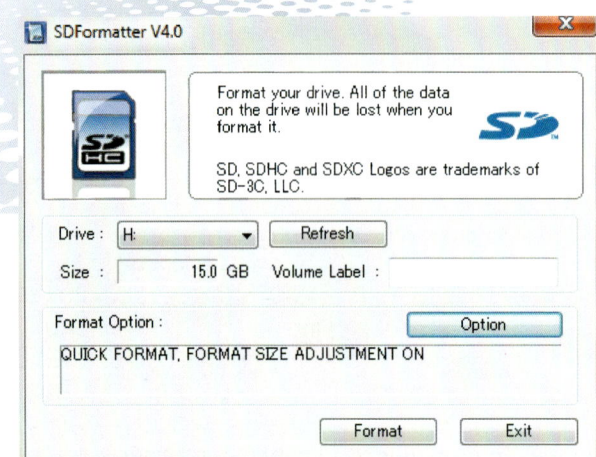

Das Windows-Programm erkennt die Speicherkarte im Kartenleser automatisch und zeigt die Größe an. Sollte die Speicherkarte Partitionen aus einer früheren Linux-Installation enthalten, zeigt der SDFormatter nicht die vollständige Größe an. Klicke in diesem Fall auf *Option* und wähle die Formatierungsoption *ON* bei *Format Size Adjustment*. Mit einem Klick auf *Format* wird anschließend die Speicherkarte in ihrer vollen Größe formatiert.

## IMAGEDATEI AUF DIE SPEICHERKARTE ÜBERTRAGEN

Die Imagedatei des Raspbian-Betriebssystems muss jetzt auf die Speicherkarte übertragen werden. Die Datei kann nicht einfach kopiert werden, sie enthält ein Abbild der Linux-Partition mit dem Bootblock und der kompletten Verzeichnisstruktur des Raspbian-Betriebssystems, das auf der Speicherkarte bootfähig installiert wird.

**❶** Zur Übertragung solcher Imagedateien gibt es das Spezialprogramm USB Image Tool von **www.alexpage.de/usb-image-tool/download**.

**❷** Stecke die Speicherkarte in den Kartenleser und starte das USB Image Tool. Dieses Programm braucht nicht auf dem PC installiert zu werden, du musst nur das heruntergeladene

**ACHTUNG**
Egal ob neu formatiert oder nicht, bei der Installation des Raspberry Pi-Betriebssystems werden alle Daten, die sich auf der Speicherkarte befinden, unwiderruflich gelöscht. Also vorher alles sichern, was wichtig ist!

ZIP-Archiv entpacken und die darin enthaltene Datei *USB Image Tool.exe* starten.

**3** Klicke oben links unter *Device Mode* auf das Symbol der Speicherkarte. Rechts tauchen dann jede Menge technische Daten auf sowie der Laufwerkbuchstabe, unter dem Windows die Speicherkarte anspricht.

**4** Klicke auf *Restore* und wähle die Imagedatei *Pi_Scratch_v276B_DE.img* aus dem Download aus.

**5** Starte dann den Kopiervorgang, der einige Minuten dauern wird. Nach Abschluss ist die Speicherkarte fertig vorbereitet, und du kannst sie aus dem PC herausnehmen.

# DER ERSTE START DES RASPBERRY PI

Jetzt ist es so weit – du kannst den Raspberry Pi zum ersten Mal booten. Wundere dich nicht, wie schnell das geht. Trotz der geringen Hardwareleistung booten das komplette Linux-Betriebssystem und die Scratch-Programmieroberfläche deutlich schneller als ein Windows-PC.

**1** Stecke die Speicherkarte in den Steckplatz auf der Rückseite des Raspberry Pi und schließe Tastatur, Maus und Monitor an. Der USB-Stromanschluss kommt als Letztes. Damit wird der Raspberry Pi eingeschaltet. Einen extra Einschaltknopf gibt es nicht.

**2** Der Raspberry Pi bootet und zeigt dabei auf einem schwarzen Bildschirm diverse Linux-Kommandos, die schnell durchrauschen und uns erst einmal nicht weiter interessieren müssen.

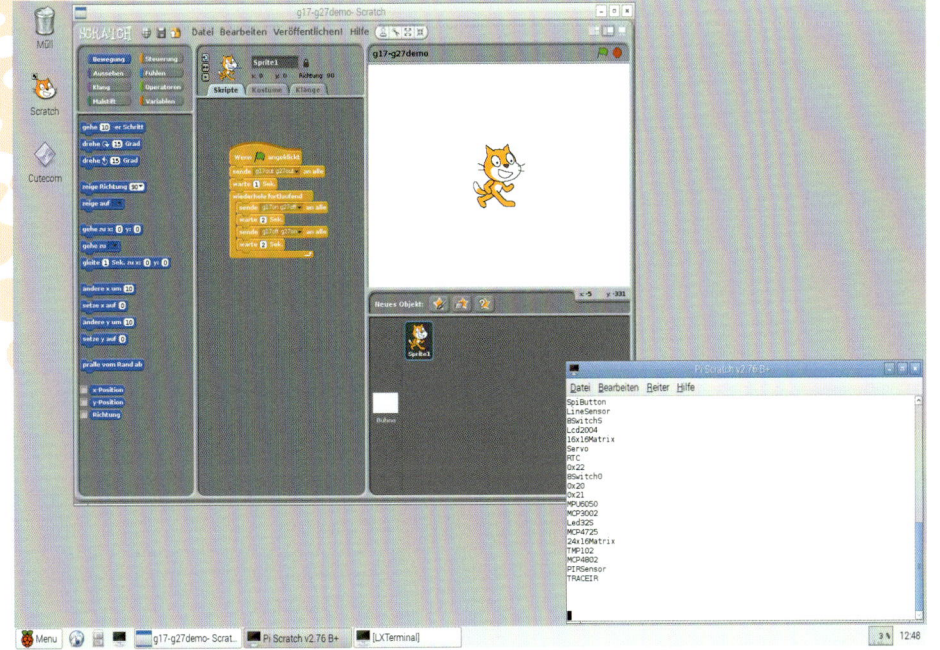

**3** Am Ende erscheint ein Desktop, der Windows relativ ähnlich sieht. Da wir mit Scratch programmieren wollen, ist das Betriebssystem gleich so voreingestellt, dass die Scratch-Programmieroberfläche automatisch startet.

# 14 Blinkende Spielautomaten – Scratch auf dem Raspberry Pi

**4** Zusätzlich öffnet sich noch ein Textfenster, in dem du Meldungen von Pi_Scratch siehst. Schließe dieses Fenster nicht, sondern lass es einfach im Hintergrund laufen. Hier siehst du, welche GPIO-Ports geschaltet werden, und bekommst mit, wenn Fehler auftreten.

**5** Wie unter Windows kannst du die Fenster über den Bildschirm schieben, indem du sie mit der Maus an der Titelzeile anfasst.

**6** Mit dem zweiten Symbol rechts oben kannst du das farbige Scratch-Fenster auf volle Bildschirmgröße vergrößern, um mehr Platz zum Programmieren zu haben. Möchtest du zwischen durch die Meldungen im Textfenster sehen, kannst du wie unter Windows auf das Symbol **Pi_Scratch v2.76 B+** in der Taskleiste klicken oder einfach mit der Tastenkombination [Alt]+[Tab] zwischen den Fenstern hin- und herschalten.

**7** Das Menüsymbol ganz links unten öffnet das Startmenü, die Symbole daneben den Webbrowser und den Dateimanager. Das Startmenü ist wie unter Windows mehrstufig aufgebaut.

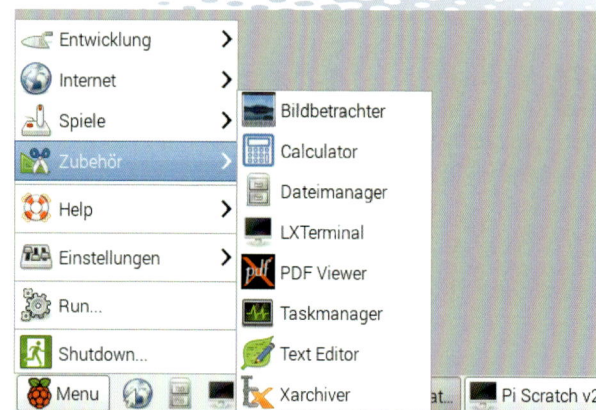

Um die Experimente in diesem Kapitel nachzubauen und zu programmieren, brauchst du die Programme im Startmenü alle nicht. Wir verwenden nur Scratch.

### RASPBERRY PI AUSSCHALTEN

Theoretisch kann man bei dem Raspberry Pi einfach den Stecker ziehen, und er schaltet sich ab. Besser ist es jedoch, ihn wie einen PC sauber herunterzufahren. Wähle dazu im Startmenü *Shutdown* und klicke im nächsten Fenster wieder auf *Shutdown*.

## DIESE TEILE BRAUCHST DU

Wir verwenden für die Experimente in diesem Buch gängige Bauteile, die im Elektronikhandel oder in den Ersatzteilkisten von Elektronikbastlern leicht zu finden sind.

### STECKBRETTER

Für den schnellen Aufbau elektronischer Schaltungen, ohne löten zu müssen, verwendet man

Steckbretter. Hier können elektronische Bauteile direkt in ein Lochraster eingesteckt werden.

Bei größeren Steckbrettern sind die äußeren Längsreihen über Kontakte (X und Y) alle miteinander verbunden. Diese Kontaktreihen werden oft als Plus- und Minuspol zur Stromversorgung der Schaltungen genutzt. In den anderen Kontaktreihen sind jeweils fünf Kontakte (A bis E und F bis J) quer miteinander verbunden, wobei in der Mitte der Platine eine Lücke ist. So können hier in der Mitte größere Bauelemente eingesteckt und nach außen hin verdrahtet werden. Kleine Steckbretter haben keine Längsreihen. Das Bild zeigt, welche Löcher auf dem Steckbrett miteinander verbunden sind.

## VERBINDUNGSKABEL

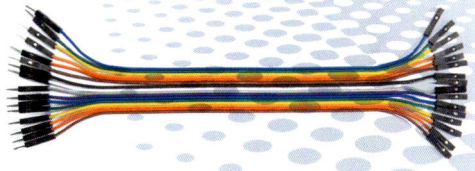

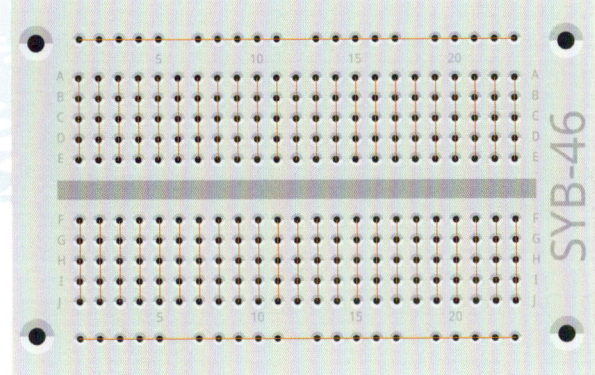

Die Verbindungskabel zwischen Raspberry Pi und Steckbrett brauchen alle auf einer Seite einen dünnen Drahtstecker, mit dem sie sich auf dem Steckbrett einstecken lassen. Auf der anderen Seite muss eine Steckbuchse vorhanden sein, die auf einen GPIO-Pin des Raspberry Pi passt. Solche Kabel kann man entweder günstig kaufen oder den Kabelstrang für die Front-LEDs und Reset-Taster aus einem ausgedienten Computergehäuse verwenden. Die Kontakte, mit denen diese Kabel am Motherboard angeschlossen sind, passen auf den GPIO-Port des Raspberry Pi.

> ### LÖTEN – EINFACH UND RICHTIG
> Wer sich mit Hardwarebasteleien rund um den Raspberry Pi beschäftigt, wird ab und an auch mal etwas löten müssen. Für den Profi ist das kein Problem, für den Anfänger eigentlich auch nicht, wenn du ein paar wichtige Tricks beachtest. *Löten ist einfach* ist ein unterhaltsamer Comic mit Basiswissen für Hobbylöter:
> *bit.ly/178qobA*.

# 14 Blinkende Spielautomaten – Scratch auf dem Raspberry Pi

## WIDERSTÄNDE

Ein Widerstand begrenzt den Strom, der durch eine Leitung fließt. Man kann ihn sich vorstellen wie ein dünnes Stück Gartenschlauch, das in ein Wasserrohr eingebaut wird. Durch die Rohrleitung fließt dann im Ganzen weniger Wasser, nämlich nur noch so viel, wie durch den Schlauch durchkommt.

Widerstände werden zur Strombegrenzung an empfindlichen elektronischen Bauteilen sowie als Vorwiderstände für LEDs verwendet. Die Maßeinheit für Widerstände ist Ohm. 1.000 Ohm entsprechen einem Kiloohm, abgekürzt kOhm. 1.000 kOhm entsprechen einem Megaohm, abgekürzt MOhm. Oft wird für die Einheit Ohm auch das Omega-Zeichen Ω verwendet.

Die farbigen Ringe auf den Widerständen geben den Widerstandswert an. Mit etwas Übung sind diese deutlich leichter zu erkennen als die winzig kleinen Zahlen, die man nur noch auf ganz alten Widerständen findet.

Die meisten Widerstände haben vier solcher Farbringe. Die ersten beiden Farbringe bezeichnen die Ziffern, der dritte bezeichnet den Multiplikator und der vierte die Toleranz. Dieser Toleranzring ist meistens gold- oder silberfarben, das sind Farben, die auf den ersten Ringen nicht vorkommen. Dadurch ist die Leserichtung immer eindeutig. Der Toleranzwert selbst spielt in der Digitalelektronik kaum eine Rolle. Die Tabelle zeigt die Bedeutung der farbigen Ringe auf Widerständen.

In welcher Richtung ein Widerstand eingebaut wird, ist egal. Bei LEDs dagegen spielt die Einbaurichtung eine wichtige Rolle.

| Farbe | Widerstandswert in Ohm | | | |
|---|---|---|---|---|
| | 1. Ring (Zehner) | 2. Ring (Einer) | 3. Ring (Multiplikator) | 4. Ring (Toleranz) |
| Silber | | | $10^{-2} = 0{,}01$ | ±10 % |
| Gold | | | $10^{-1} = 0{,}1$ | ±5 % |
| Schwarz | | 0 | $10^{0} = 1$ | |
| Braun | 1 | 1 | $10^{1} = 10$ | ±1 % |
| Rot | 2 | 2 | $10^{2} = 100$ | ±2 % |
| Orange | 3 | 3 | $10^{3} = 1.000$ | |
| Gelb | 4 | 4 | $10^{4} = 10.000$ | |
| Grün | 5 | 5 | $10^{5} = 100.000$ | ±0,5 % |
| Blau | 6 | 6 | $10^{6} = 1.000.000$ | ±0,25 % |
| Violett | 7 | 7 | $10^{7} = 10.000.000$ | ±0,1 % |
| Grau | 8 | 8 | $10^{8} = 100.000.000$ | ±0,05 % |
| Weiß | 9 | 9 | $10^{9} = 1.000.000.000$ | |

## LEDS

LED ist die Abkürzung für das englische Wort *Light Emitting Diode*, was wörtlich übersetzt

### LED IN WELCHER RICHTUNG ANSCHLIESSEN?

Die beiden Anschlussdrähte einer LED sind unterschiedlich lang. Der längere ist der Pluspol, die Anode, der kürzere die Kathode. Einfach zu merken: Das Pluszeichen hat einen Strich mehr als das Minuszeichen und macht damit den Draht etwas länger. Außerdem sind die meisten LEDs auf der Minusseite abgeflacht, also vergleichbar mit einem Minuszeichen. Leicht zu merken: Kathode = kurz = Kante.

Eine LED lässt in der Durchflussrichtung nahezu beliebig viel Strom durch, sie hat nur einen sehr geringen Widerstand. Um den Durchflussstrom zu begrenzen und damit ein Durchbrennen der LED zu verhindern, muss zwischen dem verwendeten GPIO-Pin und der Anode der LED ein 220-Ohm-Vorwiderstand (Rot-Rot-Braun) eingebaut werden. Dieser Vorwiderstand schützt auch den GPIO-Ausgang des Raspberry Pi vor zu hohen Stromstärken.

*Licht abstrahlende Diode* oder einfach Leuchtdiode bedeutet. LEDs können schön bunt leuchten, wenn Strom in einer Richtung durch sie fließt. In der anderen Richtung lassen sie nichts durch und leuchten dann auch nicht.

LEDs werden in Schaltungen mit einem pfeilförmigen Dreieckssymbol dargestellt, das die Flussrichtung vom Pluspol zum Minuspol oder zur Masseleitung angibt.

## DIE ERSTE LED BLINKT

Jetzt geht es los. Da nun der Raspberry Pi mit Pi_Scratch läuft, soll unser erstes Programm eine LED blinken lassen. Das klingt nicht weiter aufregend, liefert aber alles wichtige Fachwissen, um später weitere Elektronik anzuschließen. Wenn man es damit vergleicht, mit einem Windows-PC eine extern angeschlossene LED zum Blinken zu bringen, ist dann doch alles ganz einfach.

Baue die LED und den Vorwiderstand wie auf dem Bild auf dem Steckbrett auf und schließe das Ganze am GPIO-

**Schaltplan einer LED mit Vorwiderstand**

# 14 Blinkende Spielautomaten – Scratch auf dem Raspberry Pi

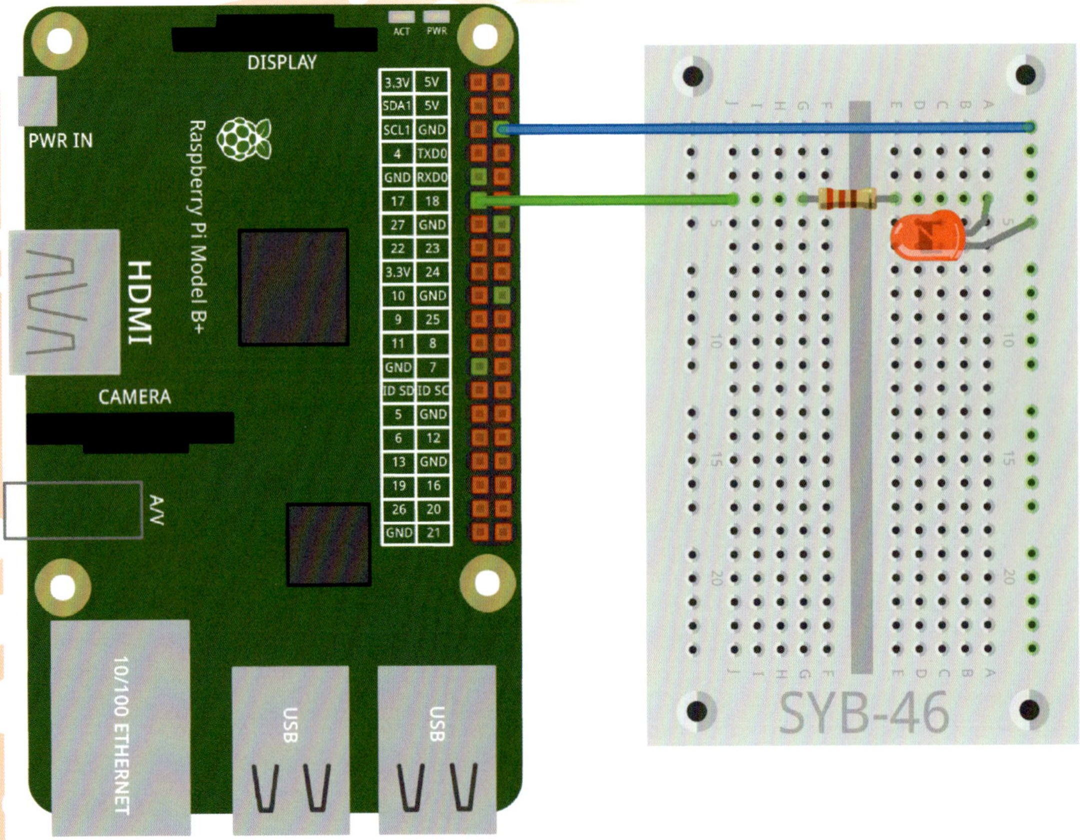

Pin 17 und an der Masseleitung am GND-Pin des Raspberry Pi an. Das gleiche Prinzip werden wir immer beim Anschließen von LEDs verfolgen.

Baue als Nächstes das Programm in Scratch zusammen. Scratch 1.4 auf dem Raspberry Pi funktioniert mit ein paar kleinen Unterschieden wie Scratch 2.0 auf dem PC. Vieles wird dir bekannt vorkommen.

 Das Programm startet wie die meisten Scratch-Programme mit dem Block *Wenn Fahne angeklickt*. Dieser ist in Scratch 1.4 auf der Blockpalette *Steuerung* zu finden.

162 Der kleine Hacker – Programmieren für Einsteiger

❷ Pi_Scratch verwendet für die meisten GPIO-Funktionen den Steuerungsblock *sende ... an alle*.

❸ Dieser Block enthält ein Feld, in dem freier Text eingegeben werden kann. Klicke darauf, erscheint eine Liste der zuletzt verwendeten Eingaben. Ein Klick auf *Neu* öffnet ein Eingabefeld für neuen Text.

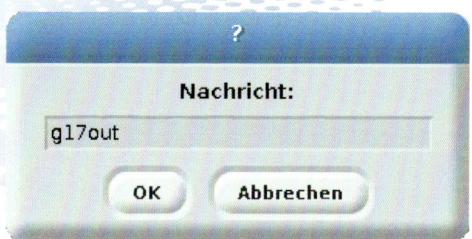

❹ Schreibe in dieses Feld *g17out*. Das definiert den GPIO-Pin 17 als Ausgang. Jeder GPIO-Pin muss, bevor er verwendet werden kann, als Ausgang (z. B. für LEDs) oder als Eingang (z. B. für Taster oder Knetekontakte) definiert werden.

❺ Danach soll das Skript eine Sekunde warten, da die Initialisierung der GPIO-Pins einen Moment dauern kann. Füge dazu einen *warte ... Sek.*-Block ein und schreibe in das Textfeld eine *1*.

❻ Jetzt soll eine Endlosschleife starten, die die LED blinken lässt, bis du auf das rote Stoppsymbol klickst.

❼ Innerhalb der Schleife wird als Erstes der GPIO-Pin 17 eingeschaltet. Ziehe dazu wieder einen *sende ... an alle*-Block in die Schleife hinein.

# 14 Blinkende Spielautomaten – Scratch auf dem Raspberry Pi

**8** Schreibe dann in das Textfeld des *sende ... an alle*-Blocks *g17on*. Damit wird der GPIO-Pin 17 eingeschaltet, und die LED wird leuchten.

**9** Danach soll das Skript eine Sekunde warten, bis die LED wieder ausgeschaltet wird. Füge dazu einen *warte ... Sek.*-Block ein und schreibe in das Textfeld eine *1*.

### TIPP

Soll die LED schneller blinken, verkürze die Zeiten in den beiden *warte ... Sek.*-Blöcken innerhalb der Schleife. Soll sie langsamer blinken, verlängere die Wartezeiten. Scratch verwendet wie viele amerikanische Programme den Punkt statt des im Deutschen üblichen Kommas. Eine halbe Sekunde Wartezeit schreibt man also *0.5* und nicht *0,5*.

⑩ Um die LED auszuschalten, füge wieder einen *sende ... an alle*-Block hinter der Wartezeit in die Schleife ein. Schreibe hier in das Textfeld *g17off*. Damit wird der GPIO-Pin 17 wieder ausgeschaltet.

Klicke auf das grüne Fähnchen, um das Programm zu starten. In Scratch 1.4 ist dieses Fähnchen ganz rechts oben.

## FUSSGÄNGERAMPEL MIT SENSORKONTAKT AUS KNETE

Eine einzelne LED ein- und wieder auszuschalten, mag im ersten Moment ganz spannend sein, aber dafür braucht man eigentlich keinen Computer. Eine Ampel mit ihrem typischen Lichtwechsel von Grün über Gelb nach Rot und dann über die Lichtkombination Rot-Gelb wieder zu Grün ist schon viel spannender.

Das nächste Projekt stellt eine einfache Ampelschaltung mit Fußgängerampel, die während der Rotphase der Verkehrsampel eine Grünphase für Fußgänger anzeigt, auf zwei Steckbrettern mit fünf LEDs dar. Das eine Steckbrett enthält die Verkehrsampel für die Autofahrer, das andere die Fußgängerampel mit einem Sensorkontakt aus Knete für den Drucktaster sowie bei Bedarf noch einem Massekontakt.

⑪ Zum Schluss kommt noch mal ein *warte ... Sek.*-Block mit einer Sekunde. Das bewirkt, dass die LED auch eine Sekunde ausgeschaltet bleibt, bevor die Schleife wieder neu beginnt und die LED einschaltet.

Vergiss nicht, das fertige Programm mit dem Menüpunkt *Datei/Speichern als* zu speichern, um es später wieder verwenden zu können.

# 14 Blinkende Spielautomaten – Scratch auf dem Raspberry Pi

## ELEKTRONIK MIT KNETEKONTAKTEN STEUERN

Nicht nur Ampeln, sondern auch Türöffner, Lichtschalter und Automaten werden heute oft mit Sensorkontakten gesteuert, die man nur zu berühren braucht. Taster, die wirklich gedrückt werden müssen, werden immer seltener. Mit etwas Knete und einem Stück Draht kannst du solche Sensorkontakte nachbauen und damit den Raspberry Pi steuern.

Ein GPIO-Pin, der vom Programm ein- oder ausgeschaltet werden kann, wird wie im ersten Experiment als Ausgang bezeichnet, da der Raspberry Pi hier ein Signal ausgibt, eine 0 für ausgeschaltet oder eine 1 für eingeschaltet.

**ACHTUNG**
Man darf auf keinen Fall einfach einen GPIO-Pin mit der +3,3-V-Leitung oder gar der +5-V-Leitung verbinden. Dies kann zu einem Kurzschluss führen und den Raspberry Pi beschädigen – und das, obwohl es sich nur um eine so geringe Spannung handelt, dass man sie bei Berührung mit dem Finger nicht einmal merkt.

Umgekehrt kann ein GPIO-Pin auch als Eingang benutzt werden, der dem Programm eine 0 oder eine 1 schickt. Dies hängt davon ab, welches Signal am Eingang anliegt. Man unterscheidet in der Digitalelektronik zwischen *Low*- (= niedrig) und *High*-(= hoch) Signalen. Dabei gilt:

 *Low* – Der Eingang ist mit der Masse verbunden.

 *High* – Am Eingang liegt eine positive Spannung an.

In elektronischen Geräten sind an solchen Stellen immer Schutzwiderstände eingebaut. Wir brauchen uns damit nicht herumzuärgern, beim Schalten mit Knetekontakten spielst du selbst den Widerstand. Das funktioniert, weil der Mensch Strom leitet – zwar nicht so gut wie ein Draht, aber gut genug. Das kann bei den geringen Spannungen, die wir für Knetekontakte verwenden, sehr nützlich sein, bei hohen Spannungen aber auch sehr gefährlich.

Das Prinzip der Knetekontakte ist einfach: Der verwendete GPIO-Pin ist über einen extrem hohen Widerstand (20 MOhm – Rot-Schwarz-Blau) mit +3,3 V verbunden, sodass ein schwaches, aber eindeutig als *High* definiertes Signal am GPIO-Pin anliegt.

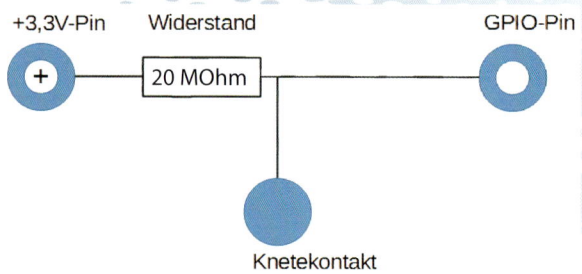

Fasst du jetzt mit einer Hand den Knetekontakt am GPIO-Pin an, wird das schwache *High*-Signal dort

## ACHTUNG

Berühre nie eine Steckdose oder ein nicht isoliertes Kabel, das am 230-V-Stromnetz angeschlossen ist! Auch diesen Strom würdest du, da du über deine Füße immer mit der Masseleitung Erde verbunden bist, direkt dorthin leiten – und das ist lebensgefährlich! Hier würde so etwas Ähnliches wie ein Blitzeinschlag in deinem Körper passieren. Ein Gewitter ist nichts anderes als ein Kurzschluss zwischen positiv geladenen Wolken und der Erde, der durch die feuchte Luft herbeigeführt wird.

von dem deutlich stärkeren *Low*-Signal der geerdeten Hand überlagert und zieht den entsprechenden GPIO-Pin auf *Low*.

Das bedeutet, dass der GPIO-Pin mit Masse verbunden ist, aber wie? Ein Mensch ist über seine Füße fast immer mit der Masse der Erde verbunden. Wie hoch allerdings der Widerstand zwischen deiner Hand und der Erde ist, hängt von vielen Dingen ab, vor allem davon, welche Schuhe du trägst und auf welchem Fußboden du stehst. Barfuß im nassen Gras ist die Verbindung zur Masse der Erde am besten, aber auch auf Steinfußboden funktioniert es meistens gut. Du kannst auch mit der freien Hand ein geerdetes Metallteil, wie zum Beispiel einen Heizkörper oder einen Wasserhahn berühren, um guten Kontakt zur Erde zu bekommen.

# 14 Blinkende Spielautomaten – Scratch auf dem Raspberry Pi

### KNETEKONTAKTE BAUEN

Knete leitet den Strom etwa so gut wie deine Haut. Sie lässt sich leicht in jede beliebige Form bringen, und ein Knetekontakt fasst sich viel besser an als ein einfaches Stück Draht. Die Fläche, mit der deine Hand den Kontakt berührt, ist deutlich größer. So kommt es nicht so leicht zu einem „Wackelkontakt". Natürlich kannst du auch andere leitfähige Dinge, etwa einen Löffel oder eine Münze, an ein Krokodilklemmenkabel klemmen und als Kontakt nutzen. Die neuartige leichte „Kugelknete" mit ihren eingebauten Kügelchen eignet sich dagegen nicht. Sie leitet den Strom nicht gut genug.

Für einen Knetekontakt brauchst du als Erstes ein Stück Knete. Forme daraus eine etwa 2 bis 3 cm große Kugel oder eine andere Form, die gut in der Hand liegt.

Besorge dir ein etwa 4 bis 5 cm langes Stück Draht, biege es zu einem „U" und stecke die beiden Enden so weit in die Knetekugel, dass der Draht nicht mehr von allein herausrutscht. Am Ende sollte die Drahtschleife noch etwa einen halben Zentimeter aus der Knete herausstehen. Klemme hier ein Krokodilklemmenkabel an.

Das andere Ende des Krokodilklemmenkabels soll mit der Elektronik auf dem Steckbrett verbunden werden. Schneide dazu noch ein kürzeres, nur etwa 2 cm langes Stück Draht ab und biege daraus ebenfalls ein „U". Stecke diesen Draht dann in das Steckbrett. Auf den Zeichnungen sind diese Kabelanschlüsse in Grau dargestellt, um die blanken Drähte von den farbigen isolierten Verbindungskabeln zu unterscheiden.

Es kann immer wieder vorkommen, dass der Knetekontakt kein eindeutiges Signal liefert. Dies kann unter anderem durch Störfelder – oft auch als Elektrosmog bezeichnet – passieren. Solche elektrischen Felder entstehen durch Handys, Computer, Fernseher, Mikrowellen und zahlreiche andere elektrische Geräte in der unmittelbaren Umgebung, sie können aber bei bestimmten Wetterlagen auch natürlich auftreten. Sogar besondere Gesteinsformationen im Erdboden unter dir können elektromagnetische Unregelmäßigkeiten verursachen, die sich bei den geringen Strömen, mit denen unsere Knetekontakte arbeiten, schon bemerkbar machen können.

Baue deshalb noch einen zweiten Knetekontakt, den du bei Problemen mit der Masseleitung der jeweiligen Schaltung verbindest. Wenn du dann beide Knetekontakte gleichzeitig berührst, bis du eindeutig geerdet, und der verbundene GPIO-Pin wird auf *Low* gesetzt.

## SCHALTUNGSAUFBAU FÜR DIE AMPEL

Baue die abgebildete Schaltung auf zwei Steckbrettern auf. Die Schaltung passt mit etwas Geschick auch auf ein Steckbrett, aber in Wirklichkeit stehen Verkehrsampel und Fußgängerampel ja auch nicht direkt nebeneinander.

Achte beim Einbau der LEDs auf die richtige Richtung. Alle LEDs sind mit der Kathode (der flachen Seite) auf den Abbildungen rechts an der Masseleiste der Steckbretter angeschlossen. Ob du den blauen Knetekontakt an der Masseleitung wirklich brauchst, hängt von deinen Umgebungsbedingungen ab.

## DAS PROGRAMM FÜR DIE AMPEL

Das Programm setzt, wenn ein Fußgänger den Knetekontakt berührt, den Ampelzyklus in Gang, der wie auch bei einer echten Ampel aus sechs verschiedenen Lichtmustern besteht, die unterschiedlich lange leuchten.

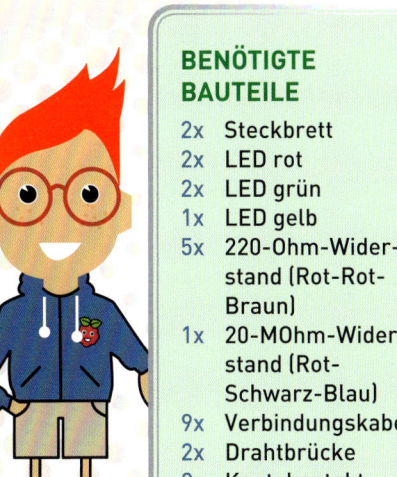

### BENÖTIGTE BAUTEILE

- 2x Steckbrett
- 2x LED rot
- 2x LED grün
- 1x LED gelb
- 5x 220-Ohm-Widerstand (Rot-Rot-Braun)
- 1x 20-MOhm-Widerstand (Rot-Schwarz-Blau)
- 9x Verbindungskabel
- 2x Drahtbrücke
- 2x Knetekontakt

### MASSEANSCHLÜSSE AM RASPBERRY PI

Beide Steckbretter brauchen für die LEDs eine Masseleitung. Gut, dass der Raspberry Pi mehrere Masse-Pins hat. Alle in der Zeichnung mit *GND* beschrifteten Pins können als Masseanschluss verwendet werden. *GND* ist übrigens die Abkürzung für *Ground*, das englische Wort für Erdboden.

# 14 Blinkende Spielautomaten – Scratch auf dem Raspberry Pi

 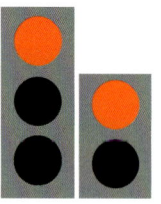  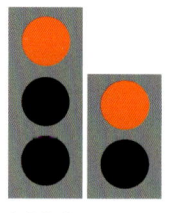  

0,6 Sek.    0,6 Sek.    2 Sek.    0,6 Sek.    0,6 Sek.    →= 2 Sek.

Mit dem letzten Lichtmuster – Fußgängerampel auf Rot, Verkehrsampel auf Grün – erreicht die Ampel wieder den Standardzustand. Das Programm muss allerdings dafür sorgen, dass auch dieser immer eine Mindestzeit einhält. Selbst wenn ständig Fußgänger auf den Knopf drücken, müssen die Autos auch mal fahren dürfen. In

### DER TRICK MIT DEM VERBINDE-BLOCK

Vielleicht hast du auch schon bemerkt, dass man den Text in den *sende ... an alle*-Blöcken später nicht mehr bearbeiten kann, sondern immer neu schreiben muss. Deshalb lohnt es sich auch nicht, diese Blöcke zu kopieren, wenn man ähnliche Programmteile zusammenbaut. Hier bedienen wir uns eines Tricks: Der grüne Scratch-Block *verbinde* aus der Blockpalette der *Operatoren* enthält zwei Textfelder, die frei bearbeitet werden können. Diese beiden Texte werden zu einem Text verbunden und können überall dort verwendet werden, wo sich ein Block mit abgerundeten Enden links und rechts einbauen lässt. Dieser Block ist kein Steuerungsblock, kann also nicht einfach unten an ein Programm angehängt werden, sondern passt nur an bestimmte Stellen in anderen Blöcken, wie zum Beispiel in den *sende ... an alle*-Block. Hinter dem letzten Zeichen im ersten Textfeld muss noch ein Leerzeichen stehen, da der *verbinde*-Block die beiden Texte direkt hintereinanderhängt. Ohne das Leerzeichen würde keine gültige Zeichenfolge entstehen.

unserer Modellampel sind das 2 Sekunden, bei einer wirklichen Ampel ist die Spanne natürlich deutlich länger.

① Wenn du auf das grüne Fähnchen klickst, werden als Erstes die sechs verwendeten GPIO-Pins initialisiert. Hier verwenden wir einen *verbinde*-Block.

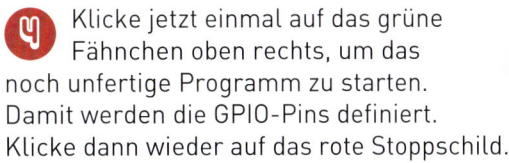

④ Klicke jetzt einmal auf das grüne Fähnchen oben rechts, um das noch unfertige Programm zu starten. Damit werden die GPIO-Pins definiert. Klicke dann wieder auf das rote Stoppschild.

⑤ Jetzt beginnt eine *wiederhole fortlaufend*-Schleife, die den Knetekontakt am GPIO-Pin 5 abfragt.

⑥ Vor der eigentlichen Abfrage muss noch ein ganz wichtiger Block eingefügt werden. Nimm dazu einen *sende ... an alle*-Block und schreibe in das Textfeld *update*. Damit fragt das Programm alle Sensoren ab – in unserem Fall nur den Knetekontakt am GPIO-Pin 5. So bekommt der

② Die Abbildung zeigt, welcher GPIO-Port welche LED steuert.

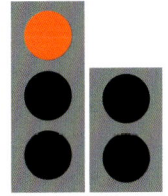  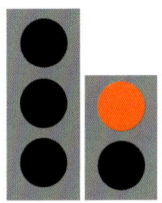 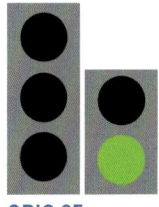

GPIO 17    GPIO 18    GPIO 23    GPIO 24    GPIO 25

③ Nach einer kurzen Wartezeit wird die Grundstellung der Ampel eingeschaltet, Grün für die Autos, Rot für die Fußgänger. Die anderen drei LEDs werden ausgeschaltet. Das Ausschalten ist hier am Anfang eigentlich nicht nötig. Es dient nur dazu, das Programm auf jeden Fall mit einem klar definierten Zustand zu starten.

### EINSCHRÄNKUNG

Leider kann Pi_Scratch nicht jeden beliebigen GPIO-Pin als Eingang oder Ausgang nutzen. Hier gibt es ein paar Einschränkungen, die andere Programmiersprachen wie zum Beispiel Python nicht haben.

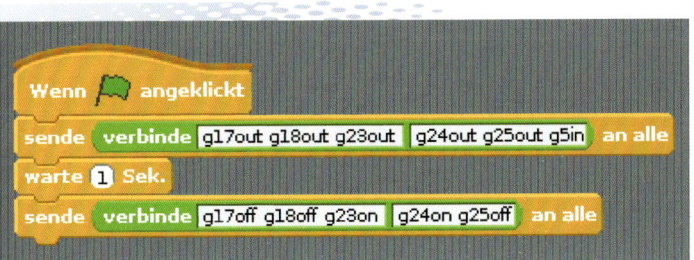

# ⓮ Blinkende Spielautomaten – Scratch auf dem Raspberry Pi

blaue Block in der *falls*-Abfrage, die danach startet, den aktuellen Wert des Sensors zu sehen. Ohne dieses *update* würde das Programm nicht merken, wenn du den Knetekontakt anfasst oder loslässt.

alle GPIO-Pins zur Auswahl angeboten, die als Eingang definiert sind. Deshalb musste das Programm einmal kurz gestartet werden.

❼ Zur Abfrage von GPIO-Eingängen wird der Block *Wert von Sensor ...* aus der blauen Blockpalette *Fühlen* verwendet. Wähle im Listenfeld des blauen Blocks den Sensor *GPIO-5* aus. Neben einigen vordefinierten Sensoren werden

❽ Wenn der GPIO-Pin 5 *Low* liefert, berührt jemand den Knetekontakt und verbindet diesen so mit der Masseleitung. In diesem Fall startet das erste Lichtmuster. Danach wartet die Ampel bis zum nächsten Lichtmuster 0,6 Sekunden.

> **GPIO-EINGANG ERSCHEINT NICHT**
> 
> Sollte der GPIO-Eingang auch nach einigen Sekunden nicht von allein in der Auswahlliste auftauchen, gibt es wieder einen Trick. Ziehe einen Block *sende ... an alle* in den Skriptbereich, hänge ihn aber nicht an das Programm an. Trage als Text *update* ein und klicke einmal auf den Block, um ihn manuell auszuführen. Danach erscheint der GPIO-Eingang in der Liste im Block *Wert von Sensor ...*

172  Der kleine Hacker – Programmieren für Einsteiger

**❾** Durch den Trick mit dem *verbinde*-Block kannst du diese beiden Zeilen jetzt einfach mit einem Rechtsklick duplizieren und jedes Mal nur die verwendeten GPIO-Pins ändern. Während die Fußgängerampel grün leuchtet, wird 2 Sekunden gewartet und ebenso am Ende des Zyklus, während die Verkehrsampel grün leuchtet.

Starte das Programm mit einem Klick auf das grüne Fähnchen. Die Verkehrsampel steht auf Grün, die Fußgängerampel auf Rot. Berühre dann den Knetekontakt und starte den Ampelzyklus.

# 14 Blinkende Spielautomaten – Scratch auf dem Raspberry Pi

## KNETEKLAVIER

In diesem Experiment bauen wir ein einfaches kleines Klavier, mit dem sich fünf Töne über Knetekontakte abspielen lassen. Für jede Taste gibt es zusätzlich eine LED, die kurz aufblinkt, wenn die (Knete-)Taste berührt wurde.

Baue die abgebildete Schaltung auf einem Steckbrett auf. Die Schaltung verwendet nur bereits bekannte Elemente. Wir nutzen für die beiden Steckbretter zwei getrennte Masseleitungen des

**BENÖTIGTE BAUTEILE**

- 2x Steckbrett
- 2x LED rot
- 1x LED grün
- 1x LED blau
- 1x LED gelb
- 5x 220-Ohm-Widerstand (Rot-Rot-Braun)
- 5x 20-MOhm-Widerstand (Rot-Schwarz-Blau)
- 13x Verbindungskabel
- 6x Drahtbrücke
- 6x Knetekontakt

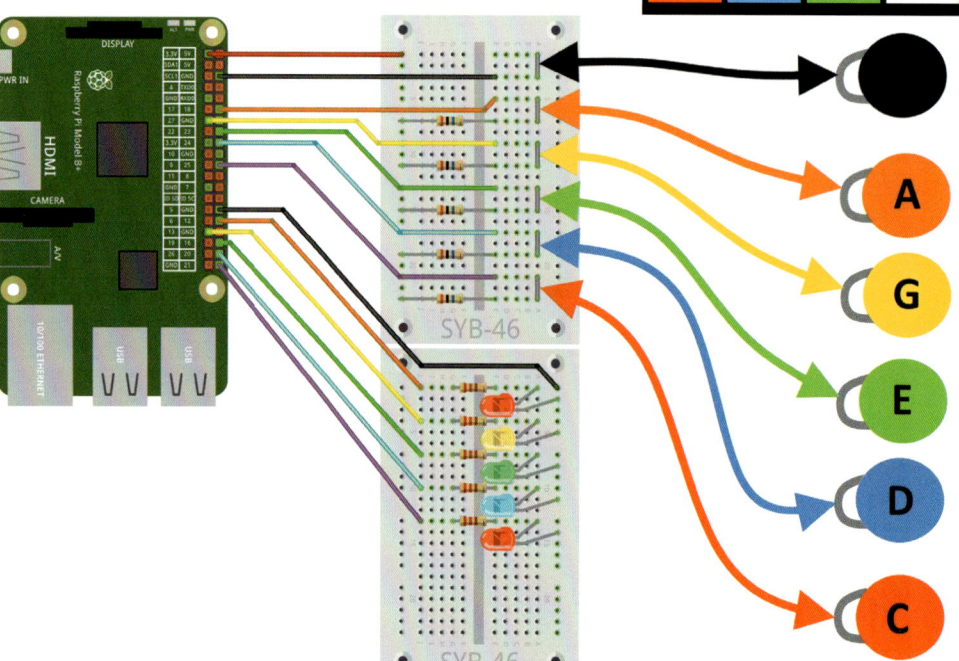

Raspberry Pi. So kannst du Steckbretter entweder zusammenstecken oder getrennt voneinander anordnen.

Das Kneteklavier verwendet fünf Knetekontakte als Tasten sowie einen Massekontakt (schwarz). Die Buchstaben zeigen die im Programm verwendeten Töne.

> **PENTATONIK**
>
> Natürlich kann der Raspberry Pi beliebige Töne abspielen. Damit du mit fünf Knetekontakten auch sinnvoll Musik spielen kannst, verwenden wir die sogenannte Pentatonik, eine Tonleiter, die nur aus fünf Tönen besteht – übrigens die älteste historisch nachweisbare Tonleiter, die schon um 3000 v. Chr. bei Knochenflöten verwendet wurde.
>
> Da sich das menschliche Gehirn fünf Töne gut merken kann, wird die pentatonische Tonleiter mit den Tönen C, D, E, G, A gern in Kinderliedern und Werbemusik verwendet. Ein paar Beispiele:
>
> Backe, backe, Kuchen (G-G-A-A-G-E)
> Laterne, Laterne, Sonne, Mond und Sterne (A-G-E, A-G-E, G-G-A-A-G-E)
> Old Mac Donald had a farm, hea hea ho! (C-C-C-G-A-A-G, E-E-D-D-C)

## DAS PROGRAMM FÜR DAS KLAVIER

**❶** Wenn du auf das grüne Fähnchen klickst, werden als Erstes die zehn verwendeten GPIO-Pins initialisiert. Hier nutzen wir wieder einen **verbinde**-Block. Fünf GPIO-Pins werden als Eingänge für die Knetekontakte gebraucht, weitere fünf als Ausgänge für die LEDs. Anschließend wartet das Programm eine Sekunde auf die Initialisierung der GPIO-Pins.

**❷** Danach beginnt die **wiederhole fortlaufend**-Schleife, die darauf wartet, dass du die

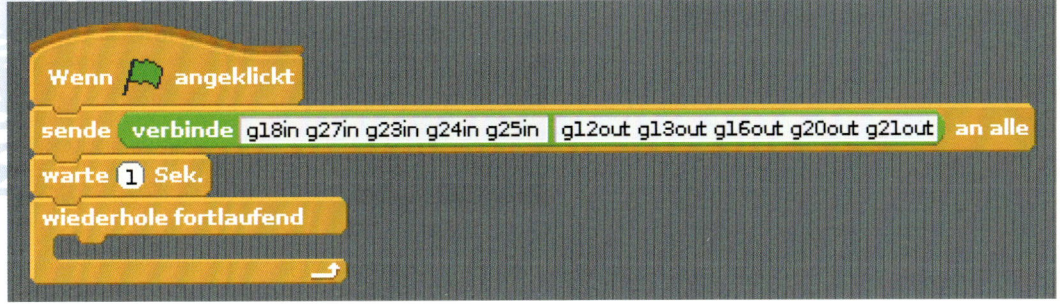

# 14 Blinkende Spielautomaten – Scratch auf dem Raspberry Pi

Knetekontakte berührst. Dazu wird in jedem Durchlauf ein *sende update an alle* geschickt, und dann werden alle fünf GPIO-Pins mit den Knetekontakten abgefragt.

❸ Jede dieser Abfragen besteht aus einem *falls*-Block, der prüft, ob der jeweilige Sensor den Wert *0* hat.

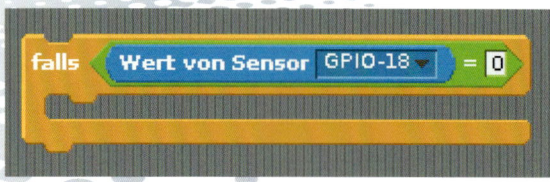

❹ Ist das der Fall, soll die zu dieser Taste passende LED einmal kurz blinken. Für ein ganz kurzes Blinksignal brauchen wir keine Wartezeit einzugeben. Hier reicht die technisch bedingte Verzögerung zwischen zwei Pi_Scratch-Befehlen völlig aus. In einem *verbinde*-Block hängen wir die beiden Kommandos zum Ein- und Ausschalten einer LED direkt hintereinander. Beachte das Leerzeichen am Ende des ersten Felds.

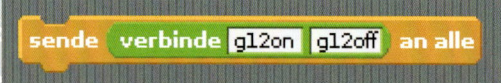

❺ Danach soll der Raspberry Pi den richtigen Ton erzeugen. Ziehe dazu aus der pinkfarbenen Befehlspalette *Klang* einen Block *spiele Note ... für ... Schläge* in das Programmfenster.

❻ Klicke einmal auf diesen Block im Programmfenster, und es erklingt der erste Ton. Klicke dann in das Zahlenfeld hinter *Note*. Es erscheint eine Klaviatur, auf der du den gewünschten Ton auswählen kannst.

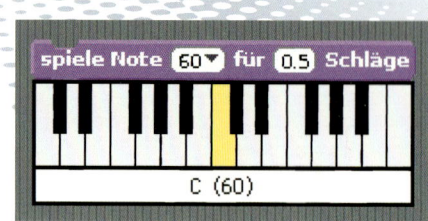

❼ Sollte die Klaviatur mal nicht verschwinden, wenn du einen anderen Block auswählst, klicke einmal in den grauen Balken neben dem Menü ganz oben im Scratch-Fenster.

❽ Dupliziere den ganzen *falls*-Block, bis du insgesamt sechs davon hast, um alle Tasten abzufragen.

**9** Ändere in jedem Block den GPIO-Pin der Taste sowie den GPIO-Pin der LED. Wähle dann auch für jede Taste den passenden Ton über die Klaviatur aus. Die Abbildungen zeigen alle Töne und GPIO-Pins.

**10** Ganz am Schluss ist noch ein **warte 0.1 Sek.**-Block in der Endlosschleife. Dieser sorgt dafür, dass die Schleife nicht zu schnell durchläuft, damit sie sich nicht sozusagen „überschlägt". Es könnte sonst passieren, dass die Abfragen nicht schnell genug ausgewertet werden, wodurch ab und zu mal eine gedrückte Taste „vergessen" würde.

Starte das Programm mit einem Klick auf das grüne Fähnchen. Halte den Massekontakt fest und tippe dann kurz auf einzelne Knetekontakte. Die zugehörige LED blinkt kurz, und es erklingt ein Ton – bei jedem Kontakt ein anderer.

# 14 Blinkende Spielautomaten – Scratch auf dem Raspberry Pi

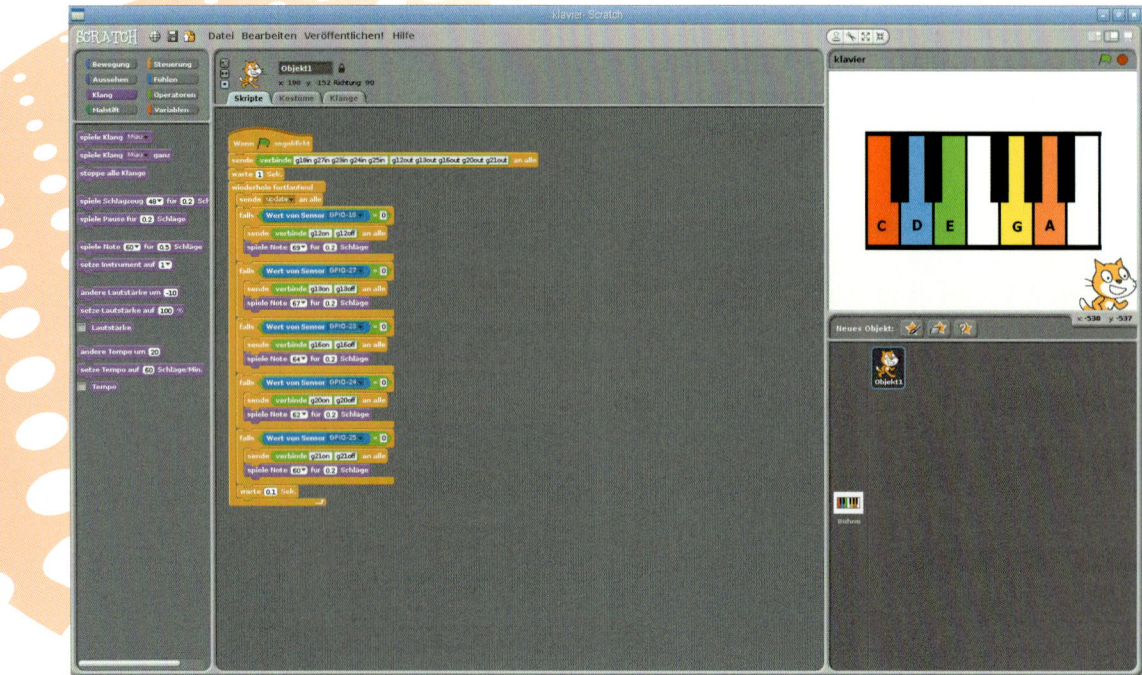

## WENN NICHTS ZU HÖREN IST

Der Raspberry Pi verfügt über zwei Audioausgabekanäle:

● Am analogen Audioanschluss können Kopfhörer wie auch Lautsprecher oder Stereoanlagen angeschlossen werden. Dies ist der kleine runde Anschluss neben dem HDMI-Anschluss.

● Das Audiosignal wird auch über das HDMI-Kabel ausgegeben und kommt so direkt auf einem HDMI-Fernseher an. PC-Monitore mit DVI-Eingang, an den sich über einen Adapter ein HDMI-Kabel anschließen lässt, verarbeiten meist nur das Videosignal, nicht aber das Audiosignal.

Scratch erkennt den verwendeten Audioanschluss normalerweise automatisch, sodass du dich nicht mit der Hardwarekonfiguration des Raspberry Pi auseinandersetzen musst. Sollte aber wirklich nichts zu hören sein, auch nicht ganz leise, hilft das Konfigurationsprogramm des Betriebssystems weiter. Dieses lässt sich allerdings nicht einfach mit der Maus anklicken, stattdessen wird es ganz klassisch über ein Befehlseingabefenster und mit der Tastatur gesteuert.

❶ Starte mit einem Klick auf das *LXTerminal*-Symbol in der Taskleiste am unteren Bildschirmrand ein Linux-Terminalfenster.

❷ Gib hier ein: *raspi-config*.

**3** Dieser Befehl startet das Konfigurationstool des Raspbian-Betriebssystems. Du kannst es mit den Pfeiltasten und der `Tab`- sowie der `Enter`-Taste bedienen.

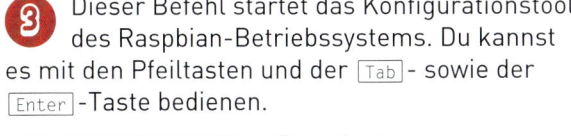

**4** Wähle den Punkt *Advanced Options* und drücke die `Enter`-Taste.

**5** Wähle den Punkt *Audio* und drücke die `Enter`-Taste.

**6** In den meisten Fällen sollte die voreingestellte Option *Auto* die richtige sein. Wenn sie nicht funktioniert, wähle *Force 3.5mm ('headphone') jack* für den runden Audioklinkenstecker aus oder *Force HDMI*, wenn du einen HDMI-Monitor angeschlossen hast, der ein Audiosignal über das HDMI-Kabel empfangen kann.

**7** Schalte dann mit der `Tab`-Taste auf das Symbol *<Ok>* und bestätige mit der `Enter`-Taste.

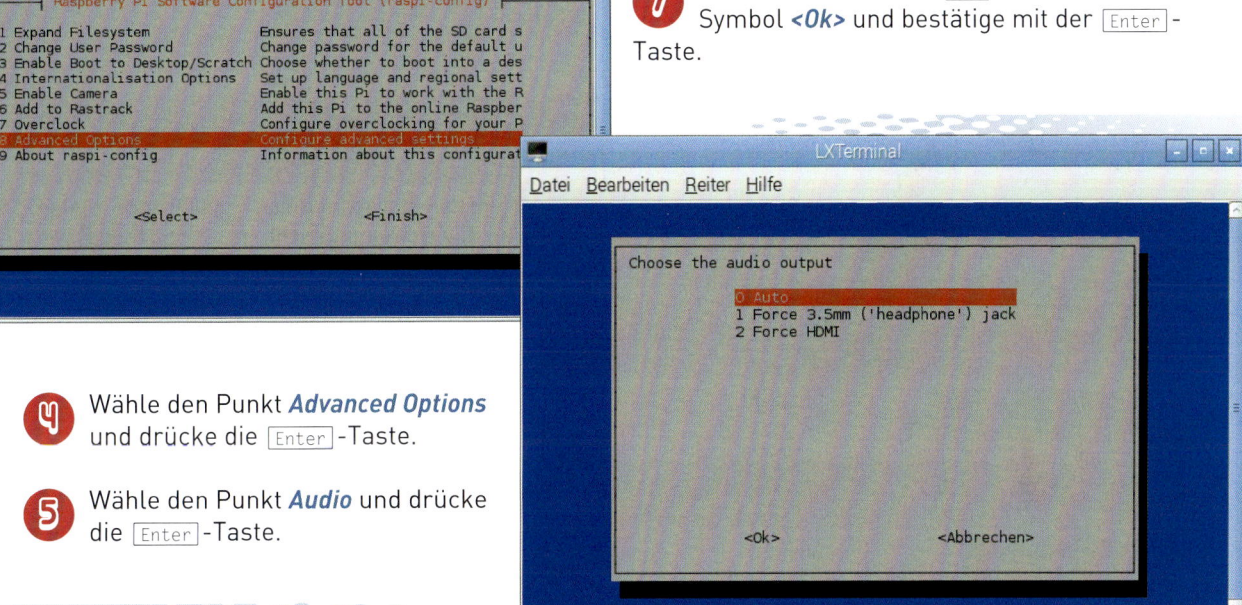

**8** Zurück auf dem Hauptbildschirm des Konfigurationstools, schalte mit der `Tab`-Taste auf das Symbol *<Finish>* und bestätige wieder mit der `Enter`-Taste. Anschließend kannst du das LXTerminal-Fenster einfach schließen.

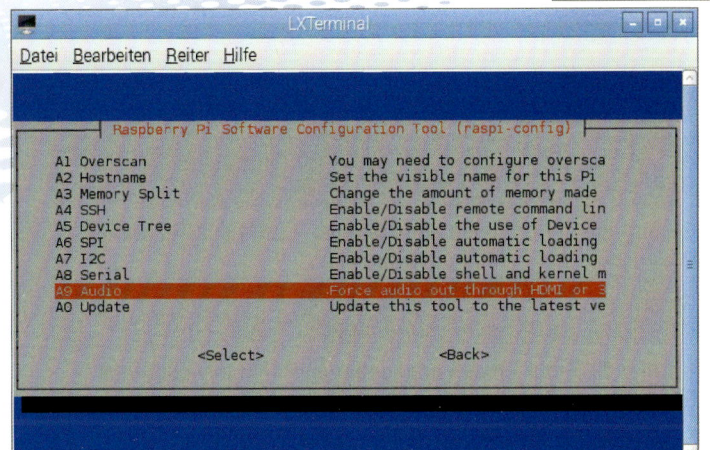

# 15 Für Profis

## REFERENZ: ALLE SCRATCH-BLÖCKE IM ÜBERBLICK

Die folgenden Tabellen zeigen alle in Scratch 2.0 verfügbaren Blöcke. Die grau hinterlegten Blöcke sind in Scratch 1.4 nicht enthalten.

## BEWEGUNG

Die Blöcke der Blockpalette *Bewegung* bewegen die aktuelle Figur oder helfen dabei, deren Position zu ermitteln. Bei Bewegungen unterscheidet man – nicht nur in Scratch – zwischen absoluten Bewegungen, die sich auf das Koordinatensystem beziehen, und relativen Bewegungen, die sich auf die aktuelle Position der zu bewegenden Figur beziehen.

| Block | Typ | Beschreibung |
|---|---|---|
| gehe 10 er-Schritt | relativ | Bewegt die Figur in der eingestellten Richtung um eine in diesem Block angegebene Entfernung. |
| drehe dich ↻ um 15 Grad | relativ | Dreht die Figur um den in diesem Block angegebenen Winkel im Uhrzeigersinn. Die Bewegungsrichtung für folgende Bewegungen wird mitgedreht. |
| drehe dich ↺ um 15 Grad | relativ | Dreht die Figur um den in diesem Block angegebenen Winkel entgegen dem Uhrzeigersinn. Die Bewegungsrichtung für folgende Bewegungen wird mitgedreht. |
| setze Richtung auf 90 | absolut | Setzt die Bewegungsrichtung auf den angegebenen Winkel. Die Figur wird ebenfalls gedreht. |
| drehe dich zu | relativ | Dreht die Figur so, dass ihre Richtung auf eine ausgewählte andere Figur oder zum Mauszeiger zeigt. |
| gehe zu x: 0 y: 0 | absolut | Bewegt die Figur zu einem angegebenen Koordinatenpunkt. |
| gehe zu Mauszeiger | relativ | Bewegt die Figur zu einer ausgewählten anderen Figur oder zum Mauszeiger. |
| gleite in 1 Sek. zu x: 40 y: 20 | absolut | Bewegt die Figur in einer angegebenen Zeit zu einem angegebenen Koordinatenpunkt. |
| ändere x um 10 | relativ | Bewegt die Figur um den angegebenen Wert in x-Richtung. Die y-Koordinate bleibt unverändert. |
| setze x auf 0 | absolut | Bewegt die Figur an den angegebenen Punkt in x-Richtung. Die y-Koordinate bleibt unverändert. |
| ändere y um 20 | relativ | Bewegt die Figur um den angegebenen Wert in y-Richtung. Die x-Koordinate bleibt unverändert. |
| setze y auf 0 | absolut | Bewegt die Figur an den angegebenen Punkt in y-Richtung. Die x-Koordinate bleibt unverändert. |

| | | |
|---|---|---|
| pralle vom Rand ab | relativ | Wenn die Figur bei ihrer Bewegung den Rand der Bühne berührt, prallt sie im gleichen Winkel vom Rand ab, wie sie zum Rand hingekommen ist. |
| setze Drehtyp auf links-rechts | absolut | Setzt den Drehtyp der Figur. Dieser legt fest, ob eine Figur sich bei einer Drehbewegung im Kreis dreht, nur nach links und rechts oder gar nicht. Die gleiche Einstellung lässt sich mit einem Klick auf das blaue *i*-Symbol der Figur manuell vornehmen. |
| x-Position | absolut | Zeigt die x-Position der Figur an. Mit diesem Wert kann wie mit einer Variablen gerechnet werden. |
| y-Position | absolut | Zeigt die y-Position der Figur an. Mit diesem Wert kann wie mit einer Variablen gerechnet werden. |
| Richtung | absolut | Zeigt die Richtung der Figur an. Mit diesem Wert kann wie mit einer Variablen gerechnet werden. |

## EREIGNISSE

Die Blöcke auf der Blockpalette *Ereignisse* lassen die aktuelle Figur auf bestimmte Ereignisse wie Klicks, Tastendrücke oder Ähnliches reagieren. Hier sind auch die Blöcke, die Nachrichten an andere Figuren versenden oder empfangen. In Scratch 1.4 sind die Blöcke der Blockpalette *Ereignisse* auf der Blockpalette *Steuerung* zu finden.

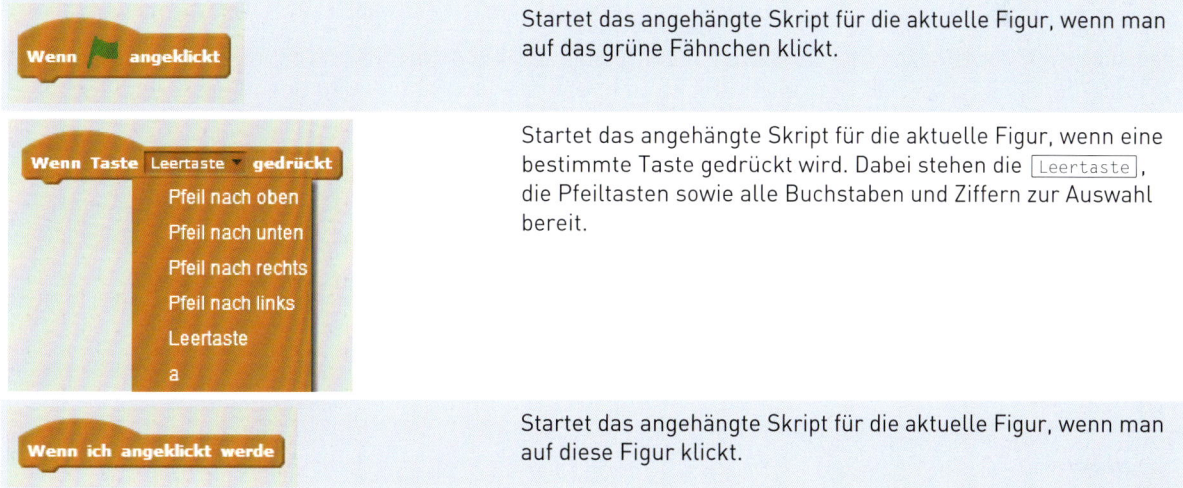

# 15 Für Profis

| | |
|---|---|
| 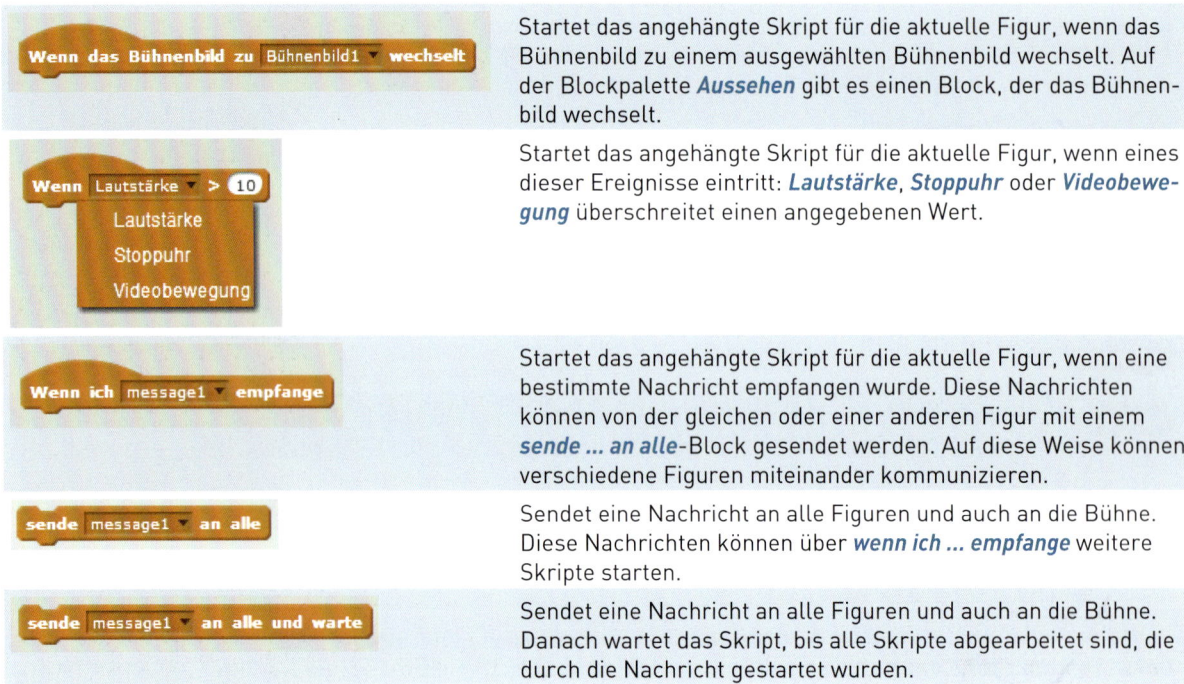 | Startet das angehängte Skript für die aktuelle Figur, wenn das Bühnenbild zu einem ausgewählten Bühnenbild wechselt. Auf der Blockpalette *Aussehen* gibt es einen Block, der das Bühnenbild wechselt. |
| | Startet das angehängte Skript für die aktuelle Figur, wenn eines dieser Ereignisse eintritt: *Lautstärke*, *Stoppuhr* oder *Videobewegung* überschreitet einen angegebenen Wert. |
| | Startet das angehängte Skript für die aktuelle Figur, wenn eine bestimmte Nachricht empfangen wurde. Diese Nachrichten können von der gleichen oder einer anderen Figur mit einem *sende ... an alle*-Block gesendet werden. Auf diese Weise können verschiedene Figuren miteinander kommunizieren. |
| | Sendet eine Nachricht an alle Figuren und auch an die Bühne. Diese Nachrichten können über *wenn ich ... empfange* weitere Skripte starten. |
| | Sendet eine Nachricht an alle Figuren und auch an die Bühne. Danach wartet das Skript, bis alle Skripte abgearbeitet sind, die durch die Nachricht gestartet wurden. |

## AUSSEHEN

Die Blöcke auf der Blockpalette *Aussehen* beeinflussen das Aussehen der aktuellen Figur: Kostüme, Farbeffekte, Größe usw. Hier sind auch Blöcke zu finden, die das Bühnenbild beeinflussen und Meldungen an den Benutzer ausgeben.

| | |
|---|---|
| sage Hello! für 2 Sek. | Zeigt einen Text in einer Sprechblase an der aktuellen Figur an. Das Skript wartet eine angegebene Zeit, danach wird die Sprechblase ausgeblendet, und das Skript läuft weiter. |
| sage Hello! | Zeigt einen Text in einer Sprechblase an der aktuellen Figur an. Die Sprechblase bleibt sichtbar, bis ein *sage ...*-Block mit einem leeren Textfeld folgt. |
| denke Hmm... für 2 Sek. | Zeigt einen Text in einer Denkblase an der aktuellen Figur an. Das Skript wartet eine angegebene Zeit, danach wird die Denkblase ausgeblendet, und das Skript läuft weiter. |
| denke Hmm... | Zeigt einen Text in einer Denkblase an der aktuellen Figur an. Die Sprechblase bleibt sichtbar, bis ein *denke ...*-Block mit einem leeren Textfeld folgt. |
| zeige dich | Zeigt die aktuelle Figur auf der Bühne, wenn sie vorher versteckt war. |

| | |
|---|---|
| `verstecke dich` | Versteckt die aktuelle Figur auf der Bühne. Eine versteckte Figur kann weiterhin bewegt und später an der neuen Position wieder gezeigt werden. |
| `wechsle zu Kostüm fröhlich` | Wechselt zum ausgewählten Kostüm für die aktuelle Figur. |
| `nächstes Kostüm` | Wechselt zum nächsten Kostüm in der Liste für die aktuelle Figur. |
| `wechsle zu Bühnenbild Bühnenbild1` | Wechselt zum ausgewählten Bühnenbild. |
| `ändere Farbe -Effekt um 25` (Farbe, Fischauge, Wirbel, Pixel, Mosaik, Helligkeit, Durchsichtigkeit) | Ändert einen von sieben auswählbaren Grafikeffekten für die aktuelle Figur um einen angegebenen Wert. Beim Klick auf das rote Stoppsymbol werden alle Grafikeffekte wieder zurückgesetzt. |
| `setze Farbe -Effekt auf 0` (Farbe, Fischauge, Wirbel, Pixel, Mosaik, Helligkeit, Durchsichtigkeit) | Setzt einen von sieben auswählbaren Grafikeffekten für die aktuelle Figur auf einen angegebenen Wert. Im Gegensatz zum Block *ändere ...-Effekt um ...* spielt es hier keine Rolle, auf welchem Wert der Effekt vorher stand. |
| `schalte Grafikeffekte aus` | Schaltet alle Grafikeffekte für die aktuelle Figur aus. Die Figur sieht wieder so aus, wie im aktuellen Kostüm festgelegt. Die Wirkung dieses Blocks ist identisch damit, alle Effekte auf 0 zu setzen. |
| `ändere Größe um 10` | Ändert die Größe der aktuellen Figur um einen bestimmten Wert. |
| `setze Größe auf 100 %` | Setzt die Größe der aktuellen Figur auf einen bestimmten Prozentwert gegenüber dem Original, unabhängig davon, ob die Größe bereits vorher verändert wurde. |
| `komme nach vorn` | Setzt die aktuelle Figur in den Vordergrund vor alle anderen Figuren. |
| `gehe 1 Ebenen nach hinten` | Verschiebt die aktuelle Figur um eine angegebene Anzahl von Ebenen weiter in den Hintergrund hinter andere Figuren. |

# 15 Für Profis

| | |
|---|---|
| Kostümnummer | Zeigt die aktuell verwendete Kostümnummer der Figur an. Mit diesem Wert kann wie mit einer Variablen gerechnet werden. |
| Bühnenbildname | Zeigt den aktuell verwendeten Bühnenbildnamen an. Mit diesem Wert kann wie mit einer Variablen gerechnet werden. |
| Größe | Zeigt die aktuell dargestellte Größe der Figur an. Mit diesem Wert kann wie mit einer Variablen gerechnet werden. |

## STEUERUNG

Die Blöcke auf der Blockpalette **Steuerung** steuern den Programmablauf für die aktuelle Figur. Hier sind Schleifen, Wartezeiten und Abfragen zu finden.

| | |
|---|---|
| warte 1 Sek. | Das Skript wartet die angegebene Zeit und läuft dann weiter. Andere Skripte werden nicht angehalten. |
| wiederhole 10 mal | Der Inhalt dieses Blocks wird so oft ausgeführt, wie im Zahlenfeld angegeben. |
| wiederhole fortlaufend | Der Inhalt dieses Blocks wird endlos wiederholt, bis das Skript durch einen Klick auf das rote Stoppsymbol oder einen Block *stoppe ...* angehalten wird. |
| falls dann | Der Inhalt dieses Blocks wird ausgeführt, wenn die angegebene Bedingung wahr ist. Als Bedingung kann ein Block mit spitzen Enden aus der Palette *Fühlen* oder *Operatoren* verwendet werden. |
| falls dann sonst | Der obere Inhalt dieses Blocks wird ausgeführt, wenn die angegebene Bedingung wahr ist, andernfalls wird der untere Inhalt ausgeführt. Als Bedingung kann ein Block mit spitzen Enden aus der Palette *Fühlen* oder *Operatoren* verwendet werden. |
| warte bis | Das Skript wartet, bis die angegebene Bedingung wahr ist, und läuft dann weiter. Andere Skripte werden nicht angehalten. Als Bedingung kann ein Block mit spitzen Enden aus der Palette *Fühlen* oder *Operatoren* verwendet werden. |
| wiederhole bis | Der Inhalt dieses Blocks wird wiederholt, bis die angegebene Bedingung wahr ist, und läuft dann weiter. Als Bedingung kann ein Block mit spitzen Enden aus der Palette *Fühlen* oder *Operatoren* verwendet werden. |

Je nach Auswahl werden alle Skripte, nur dieses Skript oder alle Skripte der aktuellen Figur gestoppt.

Dieses Skript startet, wenn eine Figur geklont wird, für den Klon.

Erzeugt einen Klon von der aktuellen oder einer anderen Figur. Dieser Klon ist eine temporäre Kopie und kann jederzeit wieder gelöscht werden. Der Klon erscheint an der Position der geklonten Figur, ist also zunächst nicht als solcher zu erkennen, bis er bewegt wird.

Löscht den Klon, für den das Skript gilt. Wird das Programm mit einem Klick auf das rote Stoppsymbol gestoppt, werden alle Klone gelöscht.

## KLANG

Die Blöcke auf der Blockpalette **Klang** lassen verschiedenartige Klänge ertönen.

Spielt einen Klang ab. Das Skript läuft sofort weiter und wartet nicht, bis der Klang zu Ende gespielt wurde. Ein Klang *Miau* wird mitgeliefert, weitere Klänge können über ein Mikrofon aufgenommen werden.

Spielt einen Klang ab. Das Skript wartet, bis der Klang zu Ende gespielt wurde.

Stoppt alle Klänge, die gerade abgespielt werden.

Spielt eine bestimmte Anzahl von Schlägen mit einem Schlaginstrument. Die Art des Schlaginstruments kann im linken Listenfeld ausgewählt werden. Die Dauer eines Schlags wird über den Block *setze Tempo auf ...* festgelegt.

Das Skript legt eine Pause ein. Diese wird in Schlägen gemessen. Der ähnliche Block *Warte* aus der Blockpalette *Steuerung* legt eine Pause ein, die in Sekunden gemessen wird.

**185**

# 15 Für Profis

| Block | Beschreibung |
|---|---|
| spiele Ton 60▾ für 0.5 Schläge | Spielt einen auswählbaren Ton ab. Dieser Ton kann als Zahl eingegeben oder über eine Klaviatur ausgewählt werden. Die Abspieldauer wird in Schlägen angegeben. |
| setze Instrument auf 1▾ (1) Klavier (2) E-Piano (3) Orgel (4) Gitarre | Wählt ein Instrument aus einer Liste aus, mit dem die Töne abgespielt werden. Diese Auswahl gilt nicht für das Schlaginstrument. |
| ändere Lautstärke um -10 | Ändert die Lautstärke um einen bestimmten Wert. |
| setze Lautstärke auf 100 % | Setzt die Lautstärke auf einen bestimmten Prozentwert gegenüber dem Original, und zwar unabhängig davon, ob die Lautstärke bereits vorher verändert wurde. |
| Lautstärke | Zeigt die aktuelle Lautstärke des Lautsprechers an. Mit diesem Wert kann wie mit einer Variablen gerechnet werden. |
| ändere Tempo um 20 | Ändert das Tempo um einen bestimmten Wert. |
| setze Tempo auf 60 Schläge/Min. | Setzt das Tempo auf eine bestimmte Anzahl Schläge pro Minute, und zwar unabhängig davon, ob das Tempo bereits vorher verändert wurde. |
| Tempo | Zeigt das aktuelle Tempo an. Mit diesem Wert kann wie mit einer Variablen gerechnet werden. |

## FÜHLEN

Die Blöcke auf der Blockpalette *Fühlen* ermöglichen der aktuellen Figur, auf Berührungen mit anderen Figuren oder Farben sowie auf Mausaktionen oder Tastendrücke zu reagieren. Im Gegensatz zu den Blöcken auf der Blockpalette *Ereignisse* werden diese Blöcke in Abfragen vorhandener Programmblöcke eingebaut. Außerdem sind die Blöcke zur Steuerung und Anzeige von Video, Stoppuhr, Datum und Uhrzeit auf der Blockpalette *Fühlen* zu finden.

| Block | Beschreibung |
|---|---|
| `wird ▼ berührt?` (Mauszeiger / Rand / Schläger) | Diese Abfrage liefert wahr, wenn die aktuelle Figur den Mauszeiger, den Rand der Bühne oder eine ausgewählte andere Figur berührt. |
| `wird Farbe ■ berührt?` | Diese Abfrage liefert wahr, wenn die aktuelle Figur die ausgewählte Farbe berührt. Dabei kann es sich um eine farbige Fläche auf dem Bühnenbild, eine vom Malstift gezeichnete Linie oder um eine farbige Fläche auf einer anderen Figur handeln. |
| `Farbe ■ berührt ■ ?` | Diese Abfrage liefert wahr, wenn eine Fläche in einer bestimmten Farbe auf der aktuellen Figur die ausgewählte Farbe berührt. Dabei kann es sich um eine farbige Fläche auf dem Bühnenbild, eine vom Malstift gezeichnete Linie oder um eine farbige Fläche auf einer anderen Figur handeln. |
| `Entfernung von ▼` | Gibt die Entfernung der aktuellen Figur vom Mauszeiger oder von einer ausgewählten anderen Figur an. |
| `frage What's your name? und warte` | Die aktuelle Figur zeigt in einer Sprechblase eine Frage an. Die Antwort muss in das Texteingabefeld eingetippt werden. Das Skript wartet, bis der Benutzer die `Enter`-Taste drückt oder auf das Häkchen klickt. Die Antwort wird in der Variablen *Antwort* gespeichert. |
| `Antwort` | Diese Variable speichert die eingegebene Antwort aus dem Block *frage ... und warte*. |
| `Taste Leertaste ▼ gedrückt?` | Diese Abfrage liefert wahr, wenn eine ausgewählte Taste gedrückt wurde. Dabei stehen die `Leertaste`, die Pfeiltasten sowie alle Buchstaben und Ziffern zur Auswahl. |
| `Maustaste gedrückt?` | Diese Abfrage liefert wahr, wenn die Maustaste gedrückt wurde. |
| `Maus x-Position` | Zeigt die aktuelle x-Position des Mauspfeils auf der Bühne an. Der Wert kann zwischen −240 und 240 liegen. Mit diesem Wert kann wie mit einer Variablen gerechnet werden. |
| `Maus y-Position` | Zeigt die aktuelle y-Position des Mauspfeils auf der Bühne an. Der Wert kann zwischen −180 und 180 liegen. Mit diesem Wert kann wie mit einer Variablen gerechnet werden. |
| `Lautstärke` | Zeigt die aktuelle Lautstärke des Mikrofons an. Mit diesem Wert kann wie mit einer Variablen gerechnet werden. Im Gegensatz dazu zeigt der Block *Lautstärke* auf der Blockpalette *Klang* die Lautstärke des Lautsprechers an. |
| `Video Bewegung ▼ auf diese Figur ▼` (Bewegung / Richtung) | Zeigt die Videorichtung oder Videobewegung für die aktuelle Figur oder die Bühne an. Für die Videoaufnahme wird eine Videokamera benötigt. |
| `schalte Video an ▼` | Schaltet die Videokamera ein oder aus. |

# 15 Für Profis

| | |
|---|---|
| `setze Video-Transparenz auf 50 %` | Setzt die Videotransparenz auf einen angegebenen Wert. Höhere Werte machen das Video transparenter. |
| `Stoppuhr` | Zeigt die aktuelle Zeit der Stoppuhr in Sekunden an. Mit diesem Wert kann wie mit einer Variablen gerechnet werden. Die Stoppuhr wird mit dem Block **setze Stoppuhr zurück** bei 0 gestartet. |
| `setze Stoppuhr zurück` | Setzt die Stoppuhr auf 0 zurück und startet sie. |
| `x-Position von Sprite1` (x-Position, y-Position, Richtung, Kostümnummer, Kostümname, Größe, Lautstärke) | Liefert verschiedene Parameter zu einem Objekt oder der Bühne. Mit diesen Werten kann wie mit Variablen gerechnet werden. |
| `Minute im Moment` (Jahr, Monat, Datum, Wochentag, Stunde, Minute, Sekunde) | Liefert verschiedene Werte der aktuellen Uhrzeit. Mit diesen Werten kann wie mit Variablen gerechnet werden. |
| `Tage seit 2000` | Liefert die Anzahl an Tagen seit Beginn des Jahres 2000. Dieser Wert erleichtert die Berechnung von Zeiträumen, da nicht mit Monaten und Jahren gerechnet werden muss. |
| `Benutzername` | Liefert den aktuellen Scratch-Benutzernamen des Benutzers, der das Programm gerade online ansieht. |

# MALSTIFT

Die Blöcke auf der Blockpalette *Malstift* steuern den Malstift, mit dem die aktuelle Figur auf der Bühne Linien zeichnen kann.

| Block | Beschreibung |
|---|---|
| wische Malspuren weg | Löscht alle Stiftspuren und Abdrücke. Danach ist das aktuelle Bühnenbild wieder zu sehen. |
| hinterlasse Abdruck | Die aktuelle Figur hinterlässt einen Abdruck auf der Bühne. Dieser Abdruck ist nur ein starres Bild und kann keine Programmblöcke ausführen. |
| schalte Stift ein | Schaltet den Stift ein. Die Figur hinterlässt dann bei jeder Bewegung eine Spur. Der Stift gilt nur für die aktuelle Figur und kann für jede Figur einzeln ein- und ausgeschaltet werden. |
| schalte Stift aus | Schaltet den Stift aus. Die Figur hinterlässt dann keine Spuren mehr. |
| setze Stiftfarbe auf | Setzt die Stiftfarbe der aktuellen Figur auf eine frei wählbare Farbe. Die Farbe kann mit der Pipette irgendwo auf dem Bildschirm gewählt werden. |
| ändere Stiftfarbe um 10 | Ändert die Stiftfarbe der aktuellen Figur um einen bestimmten Wert entlang des Farbkreises. |
| setze Stiftfarbe auf 0 | Setzt die Stiftfarbe der aktuellen Figur auf eine bestimmte Farbnummer im Farbkreis. 0 steht für Rot, 70 für Grün, 130 für Blau, und 200 ist wieder Rot nach einer Umdrehung des Farbkreises. |
| ändere Farbstärke um 10 | Ändert die Farbstärke der aktuellen Figur um einen bestimmten Wert. Der Standardwert einer Farbe beträgt 50. Kleinere Werte machen die Farbe dunkler, bis sie bei 0 Schwarz erreicht, größere Werte machen die Farbe heller, bis sie bei 100 Weiß erreicht. |
| setze Farbstärke auf 50 | Setzt die Farbstärke der aktuellen Figur auf einen bestimmten Wert. |
| ändere Stiftdicke um 1 | Ändert die Stiftdicke der aktuellen Figur um einen bestimmten Wert. |
| setze Stiftdicke auf 2 | Setzt die Stiftdicke der aktuellen Figur auf einen bestimmten Wert, gemessen in Koordinateneinheiten. |

## OPERATOREN

Die Blöcke auf der Blockpalette *Operatoren* ermöglichen Berechnungen und Vergleiche in Scratch. Hier stehen alle wichtigen mathematischen und logischen Operatoren zur Verfügung. Alle Blöcke mit runden Enden liefern einen Zahlenwert zurück, Blöcke mit spitzen Enden ein logisches *Wahr* oder *Falsch*.

| Block | Beschreibung |
|---|---|
| ◯ + ◯ | Addiert zwei Zahlenwerte. Alle Operatoren, die Zahlen verarbeiten, können auch mit Variablen rechnen, die Zahlen enthalten. |
| ◯ − ◯ | Subtrahiert zwei Zahlenwerte. |
| ◯ * ◯ | Multipliziert zwei Zahlenwerte. |
| ◯ / ◯ | Dividiert zwei Zahlenwerte. |
| Zufallszahl von -20 bis -160 | Liefert eine ganzzahlige Zufallszahl im angegebenen Bereich. |
| ▱ < ▱ | Liefert wahr, wenn der linke Zahlenwert kleiner ist als der rechte. |
| ▱ = ▱ | Liefert wahr, wenn beide Zahlenwerte gleich groß sind. |
| ▱ > ▱ | Liefert wahr, wenn der linke Zahlenwert größer ist als der rechte. |
| ⬢ und ⬢ | Liefert wahr, wenn beide Abfragen wahr liefern. |
| ⬢ oder ⬢ | Liefert wahr, wenn mindestens eine der beiden Abfragen wahr liefert. |
| nicht ⬢ | Liefert wahr, wenn die Abfrage falsch liefert, und umgekehrt. |
| verbinde hello world | Verbindet zwei Zeichenketten zu einer. |
| Zeichen 1 von world | Liefert das Zeichen an der angegebenen Position in der Zeichenkette. |
| Länge von world | Liefert die Anzahl der Zeichen in der Zeichenkette. |
| ◯ mod ◯ | Liefert den ganzzahligen unteilbaren Rest der Division zweier Zahlen. |
| ◯ gerundet | Liefert den mathematisch gerundeten Ganzzahlwert der Zahl. |

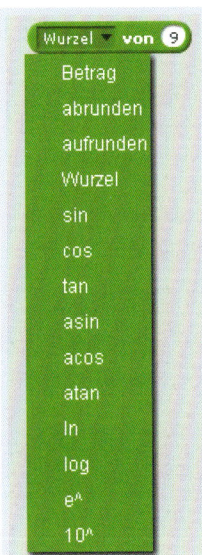

Dieser Block bietet verschiedene mathematische Funktionen zur Auswahl. Trigonometrische Funktionen werden in Grad berechnet.

## DATEN

Auf der Blockpalette *Daten* lassen sich Variablen und Listen anlegen. Wenn die erste Variable angelegt ist, werden Blöcke angeboten, um die Werte der Variablen zu verändern.

| | |
|---|---|
| Neue Variable | Legt eine neue Variable an. Diese kann lokal nur für die aktuelle Figur oder global für alle Figuren gelten. |
| Variable | Liefert den Wert der Variablen. Ist das Kontrollkästchen eingeschaltet, wird die Variable auf der Bühne angezeigt. Mit einem Rechtsklick auf diesen Block kann die Variable umbenannt oder gelöscht werden. |
| setze Variable auf 0 | Setzt den Wert einer Variablen auf einen beliebigen Wert. Im Listenfeld kann die Variable ausgewählt werden. |
| ändere Variable um 1 | Ändert den Wert einer Variablen um einen bestimmten Wert. |
| zeige Variable Variable | Zeigt die Variable auf der Bühne. |
| verstecke Variable Variable | Versteckt die Variable auf der Bühne. |

# 15 Für Profis

| Block | Beschreibung |
|---|---|
| Neue Liste | Legt eine neue Liste an. Diese kann lokal nur für die aktuelle Figur oder global für alle Figuren gelten. Eine Liste kann beliebig viele Werte enthalten. Die Anzahl braucht vorher nicht festgelegt zu werden. |
| Liste | Liefert aneinandergehängt und jeweils mit Leerzeichen getrennt alle Werte der Liste. Ist das Kontrollkästchen eingeschaltet, werden die Elemente der Liste und deren Anzahl auf der Bühne angezeigt. Mit einem Rechtsklick auf diesen Block kann die Variable gelöscht werden. |
| füge thing zu Liste hinzu | Fügt ein Element am Ende der Liste hinzu. Die Liste wird damit um ein Element länger. |
| lösche 1 aus Liste | Löscht das angegebene Element aus der Liste. Die Liste wird damit um ein Element kürzer. |
| füge thing als 1 in Liste ein | Fügt ein Element an einer bestimmten Position der Liste hinzu. Die Liste wird damit um ein Element länger. |
| ersetze Element 1 von Liste durch thing | Ersetzt ein Element der Liste durch den angegebenen Zahlenwert oder die Zeichenkette. |
| Element 1 von Liste | Liefert das angegebene Element aus der Liste. |
| Länge von Liste | Liefert die Länge der Liste. |
| Liste enthält thing | Diese Abfrage liefert wahr, wenn der angegebene Zahlenwert oder die Zeichenkette in der Liste enthalten ist. |
| zeige Liste Liste | Zeigt die Liste auf der Bühne. |
| verstecke Liste Liste | Versteckt die Liste auf der Bühne. |

## WEITERE BLÖCKE

Auf der Blockpalette **Weitere Blöcke** kann man eigene Blöcke mit selbst definierten Funktionen anlegen und auch Scratch-Erweiterungen zur Unterstützung spezieller Hardware hinzufügen.

| Block | Beschreibung |
|---|---|
| Neuer Block | Legt einen neuen selbst definierten Block an. |
| Erweiterung hinzufügen | Fügt eine Erweiterung aus der Scratch-Erweiterungsbibliothek hinzu. |